選手の潜在能力を引き出す

クリエイティブ・コーチング

CREATIVE COACHING

New ways to maximize athlete and team potential in all sports

ジェリー・リンチ［著］

水谷 豊＋笈田欣治＋野老 稔［訳］

大修館書店

CREATIVE COACHING

By Jerry Lynch

Japanese translation rights
arranged with Human Kinetics Publishers, Inc.
through Japan UNI Agency, Inc., Tokyo.

Taishukan Publishing Co., Ltd.
Tokyo, Japan, 2008

推薦のことば

ありがたいことに、多くの人たちがもう何年もの間、私がコーチングの構想を練るのに役立つヒントやアイディアを提供してくれている。なかでも本書の著者ジェリー・リンチは、選手に自己の潜在能力を発揮させようとするとき、それを促すために使えるほかにはない視点のものを提供してくれる。

コーチングというまさに「海図には載っていない未知の海域への旅」のなかで、うまく船を進めるためにリンチから得た教えを用いるべく、いったいどのくらいの時間を費やしたことか。

リンチは大学の選手を指導している若手コーチたちとコミュニケーションを深める場を設けて、精神面からコーチングを考える話し合いを重ねている。また、スポーツと人生における精神と知性の密接な結びつきを「東洋思想」、とりわけタオイズム（道教＝中国の老子の教え）に立脚して説いた書を何冊も書いている。本書は「東洋思想」を下敷きにしているわけではないが、リンチの思想に共鳴している人たちなら今度もまた、本書の一読を経て強く感化されるであろうことは言うまでもない。

コーチたるもの、コーチングを高めるためにはどのようなことであれ、その吸収を怠ってはならない。チームを育成し、選手の力量を育む過程において、リンチはまさしくそのまっただなかにいて、その成功を収めようと邁進するコーチたちを力づけてくれるのだ。

NBAロサンゼルス・レイカーズ ヘッドコーチ　フィル・ジャクソン

教えること、導くこと、動機づけること、そして勝つこと

本書を書こうと、こうして机に向かってつくづく感ずるのは「スポーツの世界にわが身を置いていたことがなんと幸運なことであったか」ということだ。それはスポーツ心理学者および競技力向上専門スタッフとして、情熱的で、競争心旺盛で、楽しい環境においてベストを尽くそうと務めるコーチや選手たちとまさに寝食をともにしてきたからだ。

ニューヨークのどまんなかにあるスポーツクラブで、かつて安月給のスタッフとして走りまわっていた駆け出し時代からこんにちまで、スポーツ界で歩み続けてきた私にとってみれば、いまの仕事は楽しくて、刺激的で、やりがいのある、まさに「理想の職業」なのである。

コーチングスタイルを幅広くとらえているコーチからは、綿密な練習計画、斬新な選手への動機づけの方法、やる気の引き出しかたなどを学んだ。そのすべてを頭のなかに叩き込み、思い起こし、競技力向上とスポーツ心理学の専門知識を結びつけ、そして、スポーツにおいて効果的でしかも結果を出せるリーダーシップを育てることができる、画期的で新しい方法を追い求めてきた。

こうした二十五年間の経験を顧みると、次のような確信に行きつく。

「結果を絶やさず出し続けているコーチングというのは、いつのときもチームや選手の練習過程における副産物にすぎない。つまり、コーチングの結果は、練習とトレーニングにかけたすべての時間から生まれてくるのである」

これと同じくらい重要なことは、「選手を育成する環境」と、「競技に打ち込む情熱、勇気、思いやり、粘り強さ、目標達成意識、信念、無私無欲、忍耐力」といった選手の勝利志向、勝利達成に結実する要素を育み、やる気を引き出すコーチの能力である。このような要素が、選手が競技水準の高さに屈することがないように、知性と競技への愛着を途切れさせず、最終的にはチームを結びつける「接着剤」となる。現役中（あるいは引退後も含めて）、結果を出せるコーチングとは、ここに述べたような要素をコーチ自身が自分にも身につけることであり、選手たちにそれを育む方法を編み出すことにほかならない。

ここ二十五年間ほどのコーチングを顧みると、その変化を指摘せざるを得ない。選手はかつての[*1]ヴィンス・ロンバルディ（Vince Lombardi）や[*2]ウッディ・ヘイズ（Woody Hayes）が活躍した時代よりも複雑な面が多くなったように思えるし、融通が利かなくなったし、自分がやって得になると思えることだけは嫌がらずに立ち向かう傾向が目立つ。たとえば、昨今の選手たちは自分の言うことを聞き入れてもらうことや、敬意をもって扱われることをつよく望んでいる。つまり、コーチや関係者に軽く扱われるのは我慢ならないのである。いつのときもそうだが、選手にはさまざまな権利がある。しかし、こんにち、選手はより自分の権利にこだわる傾向にあると思う。

昨今のスポーツ選手は競技場以外でも（競技場のなかと同じように）価値のある存在として、自分のことを立ててくれて、心配してくれて、気遣ってくれて、思いやりをもってくれるコーチに魅かれる。私は何年にもわたって、「なぜ、コーチを必要としているのか？」という観点からプロ、オリンピック、

*1
ヴィンス・ロンバルディ
［一九一三〜七〇］
NFL史に残る圧倒的な強さを誇った一九六〇年代のグリーンベイ・パッカーズのヘッドコーチ（一九五九〜六七）。就任してすぐに最下位だったチームを立て直し、七年間で五回のリーグ制覇に導いた。

*2
ウッディ・ヘイズ
［一九一三〜八七］
カレッジフットボールのオハイオ州立大学バックアイズのヘッドコーチ（一九五一〜七八）として活躍。一九五〇-六〇年代にかけて黄金時代を築いた。一九六八年には全米優勝の栄冠を手にしている。

大学、高校という各レベルの二千人以上の選手に質問調査をおこなってきた。その結果を見ると、ほぼ全員の者が「最高の状態で競技に臨めるように自分の気持ちを高め、導き、励ましてくれ、教えてくれ、助けてくれるからだ」と答えている。では、「どのようにしたら、コーチはこのように対応できると思うか?」という質問には、(驚いたことに)大半の者が「コーチは選手に対する配慮と理解に基づき、選手が聞くに値する話ができる"環境づくり"をする必要がある」という点で一致していたのだ。このような回答からすると、次のようなことが言えるのではないか。

「コーチは、それまでにない、何か斬新なコーチングメソッドをつくり出してこそ、コーチとして課せられた役割を初めてまっとうできる」

過去を振り返ってみると、コーチングが冴えわたっているとき、つまり、すばらしい結果を出しているときというのは、選手の言動を容認し、配慮したときだということに気づくのではないか。結果を出せるコーチングというのは、選手とスタッフとのさらなる開かれたコミュニケーションを通じて積極的、生産的環境を引き出す革新的な方法を見つけるということである。つまり、選手とコーチとの風通しがよくなることが、結果的に選手の実力の発揮に転じていく。

たとえば、あるNCAAディビジョンIのバスケットボールチームのコーチは、選手たちと同じ音楽を聞いている。これはコーチがある種とても深いところで選手たちと心の共通項をもつことになり、それぞれ違う持ち味と存在価値がある個々の選手をひとりひとり掌握していくことにつながっている。かつていっしょに組んだコーチのなかには、選手の年齢に近い者をアシスタントに置いたコーチもいた。これはコーチングスタッフと選手との距離を縮めるのに役立った。

こう考えてくると、すでに読者は次のことにお気づきかもしれない。

「結果を出せる、信頼も厚いコーチというのは、選手ひとりひとりの人間的成長、準備、望ましい成果につながるプレーの質を重要視している」

ＵＣＬＡ（カリフォルニア大学ロサンゼルス校）の伝説的名将たるジョン・ウドゥン[*3]（John Wodden）は、選手に「勝つこと」や「勝利」について語るのは稀だったという。たぶん、ウドゥンにとっても「勝つこと」は重要だったはずなのに、「相手をやっつけろ！」というようなことは一度として選手に言わなかったのだ。その代わり、並はずれたプレーや作戦・戦術をチームが完全に覚え込むまで徹底的に練習し、それをゲームでとことん発揮すべくベストを尽くすように選手に教え込んだ。

結果を出すコーチは、選手がパフォーマンスの向上に必要なリスクを冒すことのできる状況をつくり出す。さらに、その選手が挑む勝負のぎりぎりの限界とその選手の可能性（目一杯の力量）の追求・発見のなかで「勝つこと」を重視する。そのような結果を出せるコーチングスタイルは、選手に対して人間的な成長と厳しい競り合いにおける勝利をもたらすのだ。

結果を出すコーチというのは、情熱があり、無私で、選手の長所や特長から目を逸らすことがない。どのようなコーチングスタイルのコーチでも、このような特性をもちあわせることができる。だから、

＊3　ジョン・ウドゥン(1)［一九一〇〜二〇一〇］一九四八〜七五年、ＵＣＬＡのヘッドコーチ。インディアナ州ホール生まれ。プレーヤーとしては、同州マーティンズビルズ高校時代から非凡な力を発揮し、パデュー大学に進んでからはさらに群を抜く存在となる。現役時代はまさに賞を総なめで、フリースローの一三八本連続成功という記録も。固い床を物ともせず果敢に身を挺するプレーから〝インディアナの床拭き人〟という異名も。

いま本書を読んでおられるコーチは、現在のご自分のコーチングスタイルを変える必要はない。ただ、ここで述べているようなキー・コンセプトを用い、結果を出せる方法を自分のコーチングに反映させることを模索してみてはどうだろうか。

たとえば、NBAのロサンゼルス・クリッパーズのアシスタントコーチのジョン・ハモンド（John Hammond）や、ワシントン大学水泳部ヘッドコーチのミッキー・ウエンダー（Mickey Wender）を分析してみよう。

ふたりに共通しているのはすごい熱血漢だということだが、その思いを伝える方法はまったく異なる。ハモンドはどちらかというと、決して表には見せない「静かなる闘将」だ。他方、ウエンダーのほうは「瞬間湯沸器」なみ、カッとくるのを隠さない。けれども、選手たちはこのふたりのコーチがだれよりもバスケットボールと水泳に命を賭けていることを知り抜いている。

結果を出せるコーチはこういうことをよく悟っている。

「スポーツの真剣勝負においては、はた目で思う葛藤よりも、情熱や勇気、大胆さ、思いやりの維持など、目に見えない内面での葛藤のほうがはるかに大きい」

そういう意味では「コーチ」というのは情熱、勇気、大胆さ、思いやりを選手のなかにじっくりと育み、失敗やミス、つまずきを選手が自分のなかで上手に処理できるように導く方法をつくり出していく「教師」なのだ。そして、勝負に敗れることは結果を出すまでの（勝つまでの）道程において避けては通れない通過点だということを承知しつつ、「勝ちパターン」をつくるコーチングプランを練り上げていく。コーチは「勝つこと」を愛してやまない者なのだ。

まず初めにスポーツ（種目）ありき。コーチがなさねばならないすべてのことの大前提だ。しかしながら、結果を出せるコーチは、単にスコアボードの数字が相手よりも多いという勝利とは異なることも追求する。すなわち、「人生」というもっと大きなゲームでの勝利を目ざし、選手が自分の潜在能力をみごとに開花させるのに手を差し伸べる。ジョン・ウドゥンがかつてこういうことを述べている。

「コーチとしての自分の責務は、選手が人間としてもっている可能性を極限まで引き出すことであって、バスケットボールはそれを達成するための『一介のゲーム』にすぎない」

もはや知る人は少なくなってしまったかもしれないが、フットボール界の名将だった[*4]アロンゾ・スタッグ（Alonzo Stagg）は次のように語っている。

「自分のコーチングが成功したかどうかは二十年たってみないとわからない。選手たちがやがて年齢を重ね、人間的に豊かに成長を遂げたことが明らかになったときにこそ、初めてそのコーチは競技場の内でも外でも、『真の勝者』としての評価を与えられるのだから」

本書は、いかに選手の秘めたる力を存分に発揮させるかという、コーチングへのチャレンジに焦点をしぼった指南書である。本書で紹介する数々のリーダーシップに関する「教え」は、選手みずから

＊4 アロンゾ・スタッグ ［一八六二〜一九六五］バスケットボール発祥（一八九一）当時の国際ＹＭＣＡトレーニングスクールのフットボールコーチ。その後シカゴ大学に赴き（一八九二〜一九三二）、名門に育て上げた。バスケットボールの創案者であるジェームズ・ネイスミスの親友でもあった。

が自分たちの限界に立ち向かう意識を助長し、それが結果的に自己の力量を高め、より優秀な結果をもたらす方法を際立たせるものである。これから本書で述べる内容は、選手がチャンピオンとしてどうふるまい、どうプレーするのかを教えるための参考となることを願っている。

各章の末尾に、「コーチングのポイント」をまとめておいた。いずれも理解吸収し、コーチングに活用していくべき指針を強調することばである。繰り返し出てくるものもあるが、これは、行動の変化を起こすのに役立つ動作をあらわしたことばである。

本書がコーチング技術レベルを補い、いっそう結果を出せるコーチに成長していく手助けになることを願っている。

コーチングの世界に身をおける幸運さをいつも忘れないようにしたいものだ。すでに他界したが、学生バスケットボールの名将だったジム・ヴァルヴァーノ[*5]（Jim Valvano）が遺したことばは、私たちの気持ちを代弁している。

「ほかの人たちはサラリーマンになっている。だが、私はコーチというまさに天職に就くことができた。ラッキーだと思う。神の加護があったのだと思っている」

コーチ人生をこれまでよりもさらに一段、二段と高めていくのかと思うと心は躍る。とりわけ、「いまの自分は停滞気味だ」と感じている（私もときどきそう感ずることがあるのだが）コーチにとってはひとしおのものがあるだろう。

＊5 **ジム・ヴァルヴァーノ** ［一九四六〜九三］ジョンズホプキンス、バックネル、イオナ、ノースカロライナ州立の四つの大学で指導し、一九八三年にノースカロライナ州立大学をNCAAチャンピオンに導く。ガンのため、四十七歳の若さで他界するが、亡くなる前にがん治療者を励ます「V財団」を設立。

本書から感じ取ったことを聞かせていただきたい。それは私に専門的成長をもたらす種子《たね》となる。そういう読者の皆様となら、自分をさらに高めていけるものと思っている。

ジェリー・リンチ

目次

PART

I

リーダーシップを育む

Developing Qualities for Successful Leadership

第1章

キャラクターを磨く

Cultivating Character

Creative Coaching

間違っていないと確信していることは貫き通す。

競技においてどのような結果を出せるかは、コーチングキャラクターとおおいに関係している。コーチングキャラクターとは、どれだけ熱意をもって選手を引っぱり、指導していけるかということである。それは、単にどのような指導スタイルを選択しているのかという問題ではない。結果を出せるコーチになるためには、チームに規律をもたらすコーチングキャラクターに、そのコーチの持ち味であるパーソナリティをうまく重ね合わせなければならない。その意味で、全米カレッジフットボール[*6]界の強豪校、フロリダ州立大学の名将ボビー・ボウデン[*7（写真）]（Bobby Bowden）は、典型的なタイプのコーチだ。独特のユーモアのセンスととっさの機転で相手を自分に引き込んでしまう。

たとえば、コーチングクリニックで五千人ものコーチを前にして講義を頼まれたとき、会場の雰囲気がかた苦しいとみるや、それがルールでは認められないことをみんなわかっているのを百も承知のうえで、「相手にタッチダウンを狙われるロングパスをやられたときには、出番を待っている控えの選手にインターセプトさせるのがいちばん効き目がある」と意表をつくようなジョークを大真面目に

*6 全米カレッジフットボール
毎年九月初めにシーズンが開幕し、十二月初旬までのレギュラーシーズンを経て、翌年の年始におこなわれるボウル・チャンピオンシップシリーズ（BCS）と称される一連のボウルゲームを頂点とする大会が繰り広げられる。

＊7　ボビー・ボウデン
［1929～］
13歳のときリューマチ熱と診断されて闘病を余儀なくされた。このとき、闘病のベッドでアラバマ大学フットボールチームの活躍をラジオ放送で聞くのが唯一の楽しみであり、このことが自身のフットボールへの目覚めになった。病床での夢をかなえてアラバマ大学に進学し、本格的なフットボール人生の始まりとなった。1976年からフロリダ州立大学（FSU）で指揮をとり、1993年と1999年にはナショナルチャンピオンシップ。ボウデン語録ー「最後に失敗するのではと思う理由で成功するよりも、最後には成功するのではと思う理由で失敗するほうがベターだ」。
（Photo by Rob Tringali, Jr./Sports Chrome-USA）

かませる。「ボウデンのことばを聞き逃さないように、真剣にメモをとりながら耳を傾けていたコーチたちは一転して、どっと笑いころげ、たちまち場は盛り上がるのである。

選手のボウデンに対する反応は早い。「誠意に満ちた気配り」を感じ取っているからだ。チームの新入生選手とその親たちは、他大学のチームのコーチとボウデンとを入部を決める前に見比べている。しかし、どうしても他大学チームのコーチたちからはボウデンほどの「誠意に満ちた気配り」を感じ取れない。だから、結局はフロリダ州立大学に息子を入学させることになる。ならば、チームの選手全員がいつもボウデンの言いなりかというと、そうではない。こんにちのスポーツ界ではどのコーチであれ、そういうことはあり得ない。

では、何がほかのコーチたちと違うのか。それは、メディアガイドなどの出版物の内容、綿密な（ライバルチームの）分析、全米制覇がもたらす収入……、どれを取り上げても「うそ隠し立て」がないし、正直そのものだし、一九五九年にコーチに就いた当初からそうだが、やましい誘いや企てに絶対に乗ずることがない「心の強さ」を貫き通していることだ。

キャラクターというものは道徳的美点、つまり精神力や寛容さ、正直さ、良心のようなものを示すものである。これこそ、この章で強調したいことであり、結果を出せるコーチングの基本となるものかもしれない。

✓謙虚さ、柔軟性、聞く耳をもっていること、フェアな判断力、あるいは私欲のなさというものがキャラクターの要素としていかに重要か。

✓コーチがいかにして結果を出せるかは、このようなキャラクターの要素を選手にどの程度浸透させるかにかかっている。

コーチのひとつひとつの言動は、実はそのコーチのキャラクターのあらわれにほかならない。だから、選手に信頼されたければ、コーチみずからが信頼される人間でなくては話にならない。選手に対して、とうていできもしないことをさもやってやるぞと言わんばかりに思わせぶったり、そのつもりもないのに出任せを言ったりすることは厳しく慎まなくてはならない。そのような態度は選手を惑わせるだけなのだ。

大学のコーチは新入生の力量を練習やゲームで評価するが、そのためにじゅうぶんなチャンスを与えることを約束し、入部申込書にサインさせる。けれども、選手がひとたび正式なチームの一員になるやいなや、期待したものと違う能力を発揮して、チームにとってより価値があることがわかった場合には、コーチは選手との最初の話し合いに関係なく、その選手を使うだろう。選手のほんとうの潜在能力は磨いてみないとわからない。だから、その選手が成長し、うまくなるためのチャンスを与えられるように入念に取り組むことを約束してもらいたい。

選手は、コーチのキャラクターに不快感をもったり、チームのあり方に疑問を抱いたりすると、そこからどのようにして逃げ出そうかと、いろいろと考え始める。チームには留まっても、そういう状況では自分の可能性を生かす見込みがないと、気持ちのうえでは切れてしまったり、あるいはほかのチャンスを求めてチームから去る者も出てくる。

他方、完璧なキャラクターをチームに示しているコーチは逆に選手を惹きつけてチームに乗せることができる。選手はプレッシャーを感じることなく、チームに留まり、本気でプレーに打ち込むだろう。チームの歩みは延々と続くのだから、このほうがベターだし、個々の選手の成長という面からも望ましい。選手は安心して確実に競技にうち込めそうだという環境においてこそ、もっとも実力を発揮するのだ。

一般に選手は好ましいキャラクターを備えたコーチと組むと、さらにリラックスし、集中し、前向きになって最後までやり抜くものである。だれでも安心できる環境に置かれている場合のほうがより

＊9　ディーン・スミス
［1931～］
1961年から36年間、ノースカロライナ大学で指揮をとり、マイケル・ジョーダンを擁した1982年、および1993年にNCAA選手権優勝。自分本位のプレーがない盤石のチームワーク、粘り強いマンツーマンディフェンス、プレーヤーが交代を求めるジェスチャーなど、独創的なコーチングはあまりにも有名。カンザス大学では、伝説的名将フォッグ・アレンのもとでプレー。人種差別廃止には早くから深い理解を示し、黒人学生プレーヤーの地位・待遇などの改善に尽力した。
（Photo by David Johnson/Sports Chrome-USA）

高いパフォーマンスを発揮できる。たとえば、かつての全米カレッジバスケットボール[＊8]界の強豪、ノースカロライナ大学のコーチであったディーン・スミス[＊9（写真）]（Dean Smith）は、コーチがどの程度好ましいモラルを備えているのかレベル分けしていたことはよく知られている。そして選手に対しては「信頼でき、聞く耳をもっており、手厚い指導に応えようとする、きちんとした責任感を備えている大人」として、いつも選手の立場を尊重する気持ちをもって接していた。練習の場でもゲームの場でも、自分が示した方針のもと、つねにフェアな態度を貫き通した。主力選手とベンチの控え選手とを分け隔てることもなかった。そうすることが選手を十二分に掌握することになり、結果的にどの選手も自分の力量を精一杯発揮することにつながったのだ。

＊8　全米カレッジバスケットボール
三月から四月にかけて開催されるＮＣＡＡ選手権出場をかけて、毎年十一月から各カンファレンスのレギュラーシーズンが始まる。選手権がおこなわれる三月の熱狂ぶりは「三月の狂乱」（March Madness）と呼ばれている。

もちろん、どのコーチも胸の中では「好ましいキャラクターだけでは勝てっこない」と思っている。当然だ。スポーツ界でチャンピオンを育てることができるのは、必ずしも「名コーチ」と目されているコーチだけではない。実際には首をかしげざるを得ないような面をもつコーチだって堂々と大きな選手権大会で優勝している。だが、結果を出し続けているコーチをよくよく眺めてみると、好ましいキャラクターを備えたコーチのほうが、ちょっと首をかしげたくなるようなコーチよりも、はるかに選手から多くの可能性を引き出していることに気づく。キャラクターは、最強軍団をつくろうとするコーチの助けにならないかもしれないが、そのチームがベストな状態になるのを促す要因になるのである。

魅力あるキャラクターでコーチングすると、指導が的確になり、勝ち続けるようになり、チャンピオンが生まれる。そして、コーチング能力に自信がわいてくる。キャラクターがもたらす"力"をうまく使いこなしていけば、恐れも、高ぶりも、心配も減る。やることなすことすべてがうまくいき、好結果を出し続ける原動力になるのだ。

1　自分のキャラクターの持ち味を見つける

どのようなキャラクターでコーチングしたらよいのか。それには自分の長所・短所を見極めることが役に立つ。この疑問に選手や同僚に腹を割って答えてもらう方法のひとつは、次のような質問に無記名で答えてもらうことだ。

✓私がコーチとしてもっとも優れている特徴はなんだろうか?
✓私のコーチングで直すべき点はどんなことだろうか?

選手の反応も見過ごしてはいけない。たとえば、コーチが強調することをコピーしたように「おうむ返し」になってはいないだろうか。だれもが認めることだからと、ただ同調だけが際だちすぎてはいないだろうか。もしも、チームの半数もしくはそれ以上の数の選手が同じ不満をあらわし、批判しているときは、必ず気に留めておかなくてはいけない。それがおそらく結果を出すコーチングの障害にほかならないからだ。選手に対する接し方を変える時機だという虫の知らせかもしれない。選手の回答がコーチ自身の進化をもたらす。そして、それこそがコーチが備えるべき望ましいキャラクターにほかならない。

名コーチになるための特定のキャラクターの組み合わせというものはない。自分が不快に感じないことをするべきであり、何が不快で何がそうでないのかをときおり試してみるべきだ。経験の浅いコーチは、少しずついろいろなコーチングスタイルを試すことによって、やがて、選手にいちばんぴったり合ったスタイルがわかるだろう。一貫性はそのあとについてくる。

いっしょに組んで仕事をしたコーチを振り返ると、彼らが頑固でシャイで意志が強かろうとも、また率直でおしゃべりでユーモアたっぷりであろうとも、成功するコーチに共通するのは、彼らが選手たちの本音に対して本音で応じているということだ。つまり、そういうコーチたちの「正当性があり、うそをつくことなく、公平無私であり、思いやりがあり、尊敬の念をもち、我慢強さがある」というキャラクターこそ、選手の本音を引き出せることがわかっているのだ。

！ 選手に期待していることをコーチングの基礎にすれば、選手は忠実だし、信頼できるようになるだろう。コーチが求めるキャラクターの特徴と、それをいかに発揮するかをディスカッションしてもらいたい。

全米のバスケットボール関係者が敬意をはらう元ルイジアナ州立大学バスケットボール部コーチ、デイル・ブラウン[*10]（Dale Brown）がこういうことを述べている。

「結果を出せるコーチになろうとすれば、それが厳しいか寛大かどうかに関係なく、自分らしくあるべきだ」

ビル・リビー（Bill Libby）が書いた『The Coaches（コーチたち）』という本のなかでブラウンがこうも言っている。

「結果を出せるコーチになるはっきりとした方法はない。勝利を収めたコーチの真似をしたところで、勝てるわけがない。勝者となったコーチも、敗者となったコーチも、老・若、熟・未熟、難・易、激しい・穏やか、よい性格・いやな性格、立派か・下品か、明瞭・不明瞭、熱心・いい加減など、すべての要素の典型なのである」

＊10
デイル・ブラウン
［一九三〇〜］
ノースダコタ州ミノット生まれ。地元セント・レオズ高校では陸上競技（トラック種目）、フットボールでも活躍。一九六四年にオレゴン大学で修士号取得後、ノースダコタ州コロンバス高校でバスケットボール、レスリング、陸上競技のコーチ。一九七二年から二十一年間はルイジアナ州立大学で指揮をとり、一九八一年と一九八六年にはファイナル４進出。NBAプレーヤー、シャキール・オニールを育てた。

＊11　アドルフ・ラップ
［1901～77］
カンザス州ハルステッド郊外で農場を営むドイツ系移民の親のもとに生まれる。母が縫ったぼろ切れを詰めた丸い布袋をボール代わりに農場で練習した。地元高チームでプレーし、1919年にカンザス大学に入学、リザーブで活躍した。1931～72年の間、ケンタッキー大学のコーチ一筋。つねに精根尽き果てるまでの努力を要求し、チームは速攻中心の破竹の勢い軍団だった。
（Photo by Basketball Hall of Fame）

[*11（写真）]アドルフ・ラップ（Adolph Rupp）と[*12（写真）]ジョン・ウドゥン（John Wooden）のふたりは大学バスケットボール史では不世出の名将だ。だが、両者のコーチングスタイルはまったく異なり、それぞれ独特だった。

四十一年間をケンタッキー大学でコーチしたラップは「男爵」という異名をとった。激しく仕掛けるタイプで、ときには見苦しいばかりの振る舞いがあった。チームは突進型であり、さながら情け容赦なくコートを縦横無尽に駆けまわる戦士たちだった。ハーフタイムで34対4と大差をつけていても手を緩めないし、相手チームのポイントゲッターをとことんまで押さえ込み、「徹底的に走り勝って、相手を翻弄せよ」とチームに要求したものだ。教え子のひとり、NBA（National Basketball Association）でコーチしているパ[*13]ット・ライリー（Pat Riley）が恩

＊13
パット・ライリー
［一九四五～］
一九八一年から九シーズンにわたってNBAロサンゼルス・レイカーズの監督をつとめ、四度のファイナルを制覇、一時代を築いた。ニューヨーク・ニックスの監督を経て、一九九五シーズンからマイアミ・ヒートの監督。二〇〇五・〇六には五度目のファイナル制覇。

＊12　ジョン・ウドゥン
［1910～2010］
1948年に、UCLAに着任。1967～73年にはNCAA選手権7年連続制覇という不滅の偉業を達成。コーチングの持論を包括した『成功のピラミッド』は今やバスケットボール界以外にも知られている。また、「クイック！だが、急ぐな！」「準備における失敗は失敗を準備するようなものだ」「達成をめざすなら今やっていることでミスをするな」「ささいなことが大きなハプニングをひき起こす」「激しさは自分を奮い立たせるが、感傷は弱気になるだけだ」などの語録がある。
（Photo by Rich Clarkson/Sports Illustrated/AFLO）

師に似た厳しいキャラクターでチームを引っ張り、断固、相手を寄せつけないゲーム展開を好むのはもっともだ。

一方、大学を卒業してから十一年もの間、高校で英語を教えるかたわらコーチにたずさわっていたウドゥンは、ラップとはまったく対照的だ。中西部（インディアナ州）の住人らしい慎み深さと細かな配慮をもち、一九四〇年代末のUCLAのキャンパスにやってきた。以来、二十七年間にわたってチームを指導し、NCAA[*14]選手権に十連勝し、NCAAバスケットボール界におけるUCLAの地位を揺るぎないものにした。サイドラインのベンチでジッとゲームに見入っているウドゥンの一枚の写真がある。筒のように丸めたプログラムを片手に握りしめ、冷静にアシスタントコーチや選手に指示を与えている様子が写っている。それはゲーム

＊14　NCAA
National Collegiate Athletic Association の略で全米大学体育協会のこと。現在は、インディアナ州インディアナポリスに本部があり、二十三競技種目で八十八大会を運営し、一二〇〇以上の大学から四万人以上の選手が参加している。一九五二年からNCAA規程が定められており、その違反が明白になったときは当該の大学の「管理能力欠落」とみなされ、資格停止や活動停止などの措置できびしく懲罰される。

の状況に合わせて大声を出しながらベンチ前を動きまわる、多くのコーチのイメージとはまるで異なる。ウドゥンは、「何ごとにおいても選手が主役であり、練習で適切に指導していたら、本番のゲームにおいて選手に指示することはない」と確信しているのだ。だから、どのゲームに対してもチームのフォーメーションプレーは完璧だ。あたかも指揮者が自分の思い通りに演奏するオーケストラのメロディーにじっと聴き入っているようなものだ。

望ましいコーチのキャラクターは次のようなものだろう。

1. 誠実さ
2. 正直さ
3. 親切さ
4. 我慢強さ
5. 信頼性
6. 一貫性
7. 寛容性
8. 謙遜
9. 公正さ

＊15　クリス・ウエラー
［1945～］
1975年から27年間メリーランド大学女子チームひとすじ。2002年に引退（57歳）。通算戦績499勝286敗（.636）。負け越しはわずか5シーズン。ACC（アトランティックコースト・カンファレンス）制覇8回、NCAA選手権ベスト4、3回。1992年のジョーンズカップ（タイペイ）ではヘッドコーチをつとめ、8勝0敗で優勝も。
（Photo by Courtesy Maryland Sports Information）

この九つの「たいせつさ」を評価するだけではなく、それを実行しているか、ということも省みてほしい。それをせずして、自分のキャラクターを見直し、是正するチャンスはほかにはないだろう。

　この九つはキャラクターのメインになるもので、もちろん、人によっては追加するものもあるに違いない。ともかく、それぞれについて感ずるところを文章にしてみて、日々のコーチングでどう生かすのか考えてみてほしい。日々のコーチングにおいてこのような九つを選手にきちんと示すことができないと、やがては選手とのトラブルにつながりかねない。自分のリストを作成して、毎日目につくところに置いてほしい。

　メリーランド大学女子バスケットボールチームのヘッドコーチ、クリス・ウエラー[*15（写真）]（Chris

Weller）は、このやり方を実践している。「勇気」、「大胆」、「思いやり」というようにカードに書き込み、オフィスのボードに貼りつけている。そして、チームの素顔はこのことば通りだ。また、選手それぞれにことばを選んでポスターを作成している。ウエラーが選んだことばのそばには、それぞれの選手の名前が書いてある。プレーをする前に、選手はそれぞれのことばに触れてそれを暗唱する。さらに、そのことばは週ごとにおこなうチームミーティングのときのキーワードにもなっている。

おそらく、ウエラーが言う「勇気」、「大胆」、「思いやり」は、ほかのどのチームも同感だろう。もちろん、これに限ることなく、ほかの要素を考えているコーチもいるだろう。とにかく、思いついていることばを大きなカードに書き上げ、ロッカールームやほかに目につきそうな所に手当たりしだい貼っておくことだ。

2 目標の設定

コーチングにおいてキャラクターを改善するためになすべき第一歩は、内心「絶対に達成するぞ」という強い決心で、ほかのコーチが思い浮かべないような目標を立てることだ。自分自身に問いかけてみてほしい。

「チームが担っているミッションは何なのか？」

たとえば、ＮＣＡＡ選手権に優勝すること、あるいは所属カンファレンス[*16]で優勝を遂げること、な

＊16 カンファレンス
日本でいえば野球の東京六大学、フットボールの関西学生アメリカンフットボールリーグなどにあたり、数大学ずつの所属校によって構成されている。メリーランド大学はＡＣＣ（アトランティク・コースト・カンファレンス）に所属している。

どだ。だが、そこまでではなくとも、いまのチームの水準をこえる「何か」でもかまわない。目標を絶対に達成するには、挑戦する意欲をもたなければいけない。実践し、つねにそれを意識していなければいけない。それは、達成するために必要なことをすべておこなう熱意と決断を起こさせるようなものでなければならない。毎日、決めた目標を達成するためにすべきことに追われるようでなければならない。そして、そのどれもが次のような問いかけの答えになっていなくてはいけない。

「何をすべきか？　真剣に取り組んでいることをどうやってわからせたらいいのだろうか？」

目標の設定はコーチをミッションの達成に邁進させる。したがって、理屈のうえでは、目標をひとつひとつ達成していけばミッションを完遂できることになるわけである。

コーチが意識するミッションには、チームの向上をいかに真剣に考えているかということをチームに示し、チームが納得すれば、チームが前向きに取り組むであろうと思われるあらゆることが含まれる。たとえば、ある選手にこう尋ねてみる。

「より高いレベルを目指すために、練習や試合においてしなければならないことを四つ、五つ挙げてみてくれないか」

予想される答えとしては「オフェンスからディフェンスに切り替わったときは、つねに早く帰陣する」、「絶えずルーズボールは積極的に取りに行く」、「ボールを取ったらショットに結びつけるアシストパスをくれる仲間と攻め込む」というようなことではないか。いずれも選手がゲーム中に徹底しようと思っていることであり、結果的にそれが勝つためのミッションということになる。

メリーランド大学女子ラクロス部ヘッドコーチのシンディ・ティムキャル[*17]（Cindy Timchal）は、全米制覇したいと燃えていた。その目標達成に欠かせない、ささいなことにもちゃんと目を向けていたのだ。たとえば、すべての選手のひとりひとりが、攻防の技術の自己課題を明確に頭のなかにたたき込んでいた。その選手がその課題――それをミッションと言い換えられると思うが――に取り組むかぎり、レベルアップが続いたことは間違いない。攻防の技術の自己課題の意識づけはチームを活性化させ、その結果、練習もゲームも熱気にあふれたものとなった。コーチングスタッフはシーズン中、毎週の個人練習のときでもゲームのときでも、各選手がよくなるよう促す方法を見つけて、この流れを絶やさないように守り続けた。このように、一歩前進一勝利の繰り返しで選手にはプラスの連鎖状態を生んだのだ。

シーズン中この調子を持続させるために、ティムキャルはこんな提案をしたことを覚えている。

「毎週の練習において個人的目標を三つ決め、全員が真剣にそれを達成しようとがんばること。たとえば、練習開始時刻よりも早く集合したり、居残り練習をしたり、練習中にディフェンス側に対してふだんよりも強いプレッシャーを求めるなど、その目標は、集中およびその度合いを高めるちょっとしたものでいい」

チームの自覚を徹底させるためにスタッフは選手ごとの目標を書いた一覧表を作成し、チーム内で回覧している。あらかじめスタッフは、ゲームに対する個人目標を各選手から聞いておく。そして、ゲーム中のプレーや態度が記録用紙に書き込まれ、ゲーム終了後にそれが選手全員にわたされる。だから、

＊17
シンディ・ティムキャル
［一九五四〜］
一九七二年、ウエストチェスター大学（ペンシルバニア州）に入学して、ラクロス部で活躍。一九八二〜一九九一年、ノースウエスタン大学でヘッドコーチ。メリーランド大学に移ってからの通算戦績は二三三勝三四敗（.八七三）。NCAA選手権八回優勝。二〇〇六年から海軍兵学校（メリーランド州アナポリス）女子ラクロス部コーチに転身。

だれにも一目瞭然だ。こうして、チームのあくなき闘志が持続されるのだ。

シーズン中の毎日の練習における各選手の課題意識とチームの強化の明快さが勝利に結びつく。結果的にこのシーズンはNCAA選手権六回目の優勝を勝ち取ったのである。そして、その決勝戦までに得点やディフェンスでいくつかの新記録を残した。さらに特筆すべきは、チームの勢いが止まらなかったことだ。シーズンオフに入ってもチームの熱気は冷めず、そのまま新年度シーズンに突入したのだ。彼女たちは一段とパワーアップし、目標をさらに高く掲げる準備ができていたのだ。

このような成功の鍵は、コーチがチームのミッションを明確に示していることにある。コーチが選手にきちんとミッションを指示しなかったり、綿密に話し合いをしておかないと、チームはゲームプランがあいまいな状態のままゲームに臨むことになる。だから、コーチの思い通りのゲーム展開になるわけがない。そうなるとコーチはいらだつ。それが選手にも伝わって、当然のことながらチームの調子に悪循環をきたす。

3　プラスの点に集中させる

コーチがひとたびチームの目標を定めたら、あとは有言実行あるのみ、その達成に向けてまっしぐらに進むことだ。コーチが熱血漢であればあるほど、チームと選手のやる気を引き出し、勢いに乗せることができる。実はこうすることこそチームがミッションを達成するのに役立つ。日々の練習において目的とミッションの達成を明確に掲げることが、チームや選手に毎日の充実感を抱かせ、ひいては意欲を培うことにつながる。だから、練習でコーチが求めているようにピタッと反応している選手を見落とすことなく、「そうそう。いいぞ。その調子だ」と声を掛け、ほめることが重要になってくる。

練習というものは、コーチが選手のミスプレーをひとつひとつ丹念に修正することによって、ゲームで重大なピンチを招かないようにするにはどうすべきかを理解させていく場だと言えよう。けれども、マイナスの面ばかりに目がいくようだと、選手のほうは間違いなくやる気をなくす。

スタンフォード大学のある競技チームのヘッドコーチが、スタッフと選手に向かってこう話したことがある。

「順調なときこそ兜の緒を締めよ。得てして、そういうときこそ、まずいことが起こるものだ」

これは一見手堅いようだが、実は逆効果だ。チームに落ち込みを誘発し、やる気を殺ぎ、選手のコーチに対する面従腹背を生み出す。チームが一丸となって目的に邁進するエネルギーが失せ、緊張のあまり、いい結果を出せなくなる。この実情を知らないほかのチームは、全米を制覇するに余りある強豪がいったいどうして負けたのか、不思議だった。もちろん、答えは言うまでもない。そういう締めつけられ方が原因となって、あら探しが疑心暗鬼と化し、コーチと選手は全米制覇という目標に対して浮き足立ち、二の足を踏み、気力をダウンさせてしまったのだ。

これでは、コーチが選手の課題を自覚させ、練習を支援し、やる気がみなぎる前向きな姿勢につなげていけるわけがない。よいことに気づくことは、選手によい方向への変化の可能性をもたらす。言

＊18　フィル・ジャクソン
［1945～］
ノースダコタ大学で活躍し、NBAニューヨーク・ニックス入り。1978年、ニュージャージー・ネッツに移籍、1980年までアシスタントコーチ兼任プレーヤー。1987年、シカゴ・ブルズのアシスタントコーチに就任、2年後にヘッドコーチ。1990－91年、決勝でロサンゼルス・レイカーズを退けて初優勝。ここからＮＢＡ3連覇。その後、1995～97年度の2度目の3連覇を最後に辞任。1999年、ロサンゼルス・レイカーズのヘッドコーチに就任していきなりNBAタイトルを獲得。さらに、2001年度まで通算3回目となる3連覇。2003－04年シーズン後に退任。そして、2005年に復帰した。チームの和を重んずる指導観で知られる。また、読書を通じて古今東西の思想にも詳しい。
（Photo by Brian Spurlock/Sports Chrome-USA）

い方ひとつにしても、「○○をやるな」という表現よりは「もし、○○をやれば、もっとよくなるだろう」のほうがいいに決まっている。選手やスタッフとの日々のコミュニケーションに、この「プラスの点に集中する」ことを取り入れる方法については第2章でも触れたい。

4　謙虚さを失わないこと

あのシカゴ・ブルズを率いて六回もＮＢＡファイナルを制覇し、現在はロサンゼルス・レイカーズの指揮を執っているフィル・ジャクソン[＊18 写真]（Phil Jackson）は、ブルズ時代を振り返って次のように述べている。

「確かに数々の記録を達成したかもしれない。だが、その大半は個々の選手というよりはチームによって成し遂げられたものにほかならない」

自分の謙虚さにかこつけて言っているのではない。チームとして為したあらゆる努力を感ずるまま正直にこう表現しているのだ。これこそジャクソンの偽らざるキャラクターの片鱗である。見てのとおり、ゲーム中の印象が「物静か」だと感ずる人は多い。ほかのNBAコーチに見られるような派手さは嫌いなのだ。多くのコーチは次のようなことをなかなか認めようとしない。

「コーチのキャラクターとの相性は選手たち次第だ。彼らとうまく噛み合えばチーム力は高まる。コーチのキャラクターに納得しているチームでは、どの選手も勝利への駒として力を発揮する」

謙虚で慎み深いリーダーというものは、選手とコーチ間の相互依存の関係を理解している。それはコーチと選手が共通目標のもと協働作業を分かち合いながらじっくりと取り組んでいく人間関係だ。このことを理解していれば、チームの人間関係がしっくりといき、コーチとしての本物の魅力を醸し出す。つまり、コーチも選手も偉業を達成する道程においては、しっかりとお互いの力を自覚し、信頼し合うことが必要なのだ。

謙虚さと慎み深さは、選手を率いている間、かけがえのない重要なキャラクターである。自分や他人のコーチ人生を省みて、見栄をはったらそれが裏目に出てしまうことはわかっていると思う。けれども、もし適切な対応や、ともに歩もうとする姿勢、明確な実績を選手に経験させるなど、謙虚さを失わないリーダーシップの成果を経験したコーチなら、このアプローチの成果は理解できるだろう。

前述したティムキャル（P.18参照）は、この「謙虚さをたいせつにしたコーチング」で強豪チーム

＊19　ジョー・パターノ
［1926〜］
1944年、ブラウン大学に入学してフットボール部へ。クォーターバックとコーナーバックをこなす。1950年、ペンシルバニア州立大学（PSU）のアシスタントコーチに。途中、NFL数チームからの誘いを一切断り、1966年にヘッドコーチに昇格、その後もPSUひとすじ。1982年と1986年の2回、全米大学選手権優勝。苦学生の体験からか、学生競技選手は一般学生のようにアルバイトで生活費を稼ぐ時間がないという理由で、給付金を授与している。ブラウン大学時代に得たヒントで“最優秀挑戦賞”なる学内褒賞制度を提唱、みずからその褒賞金を寄付。また、スー夫人とともにPSU、学外諸機関に400万ドルを超える寄付も。
（Photo by Rob Tringali, Jr./Sports Chrome-USA）

を築いた。十年間で通算百六十九勝十二敗、全米制覇七回という、信じられないような戦績だ。だが、与えられた役割をまっとうするために、ジッと縁の下の力持ち役に徹した選手であろうと、耐えに耐え忍んでがんばり通した選手であろうと、優勝に向かって関わったすべての選手を分け隔てなく信頼しきっている。こういう彼女の謙虚な姿勢がチームに好感を与え、それがコーチに対する忠誠心と敬意を生んでいる。ティムキャルのオフィスには一枚のポスターが貼ってある。そこにはこういう象徴的なひと言が書いてある。

「やり遂げたのはコーチではない。選手たちなのだ」

ペンシルバニア州立大学フットボール部を率いるジョー・パターノ[＊19（写真）]（Joe Paterno）はこういう信念をもっている。

「チームのなかで謙虚さを絶えずもち続ける方法のひとつは、お互いのジャージの背に自分の名前を書かないことだ」

パターノはいまや名将と呼ぶにふさわしい優れたコーチだが、ことさら人目をひくようなことはチームにしないし、何か単独の選手のことが話題になるようなことも好まない。ミッション、水準、目標など、すべてが一貫したプログラムのほうが、ひとりの選手のこと以上に重要だと考えているからだ。パターノにとって謙虚さは、自分のキャラクターの一部であると同時に、コーチングを通じて選手にも植え付けていきたい指導内容でもあるのだ。

謙虚さで知られるコーチングタイプはティムキャルやパターノばかりではない。NBAのインディアナ・ペーサーズのヘッドコーチだったラリー・バード[20](Larry Bird)もそうだ。こういうことを自覚していたという。

「NBAのほとんどのコーチは経験が豊富だが、自分はまだコーチ歴が浅い。だから、ベテランのアシスタントコーチをほかのチームよりも駆使するスタッフ構成を心がけなくては」

これがゲームのどのような場面で実践されているのか。たとえば、タイムアウトのさいちゅうに選手に向かってしゃべっているのはバード以上にアシスタントコーチたちなのだ。だからといって、選手のバードに対する敬意と集中が変わることはなかった。彼はこの方法がチームにいちばん合っていると考えていた。だから、多くのコーチたちがやるように、ベンチから大きな声でコート内の選手に対してシューティングコントロールもやらないし、いわゆるコーチとしての我《が》のむき出しというよう

＊20 ラリー・バード
[一九五六〜]
一九八〇年代、NBAボストン・セルティクスのプレーヤーとして活躍し、ライバルのマジック・ジョンソン率いるロサンゼルス・レイカーズと激しく覇権を争った。引退後、一九九七年から二〇〇〇年まで、インディアナ・ペイサーズの監督をつとめ、一九九八年には、NBAの年間最優秀コーチに選ばれた。

なこともなかったのだ。

！ 謙虚さあふれるコーチングは選手の忠実さをもたらし、勝利への礎にもなる。

いろいろなコーチたちを見ていると、選手に要求する前にまず自分自身に変えるべき点が多い者が少なくない。それは選手の満足感、チーム、スタッフ、チーム活動そのものにとてつもなく悪影響を及ぼしかねない不安定要素とでも換言できる。コーチがいつも自分のコーチングの修正（自己開発）に努めていたら、どのようなことがたいせつなのか、おのずと見えてくる。自己開発を怠ると、コーチングにおける問題点の処理に難渋するようになる。だからこそ、コーチはつねにチームの進歩、向上を念頭に置いて、チームを的確に掌握していなければならない。

また、選手の育成というたいせつな本務をすっかり怠って、日々、やみくもに、かつ横柄な態度でチームに臨んでいるコーチがなんと多いことか。彼らのやり方は、命令し、服従させることばかりだ。それではチームの敬意も自信もやがては失ってしまう。こういうコーチのもとで選手が全力を尽くすとは思えない。もちろん、こういうタイプのコーチでもチームを優勝に導いたコーチもいる。しかし、選手のひたむきに打ち込む一貫性が長続きしないし、ろくな結果も得られない。

その好例がある。ボビー・ナイト[*21]（Bobby Knight）が長く指揮を執り、所属カンファレンスやNCAA選手権での常勝チームだったインディアナ大学バスケットボール部のことだ。ナイトの退任五年前から顕著になった、「チームの瓦解」を思い出してもらいたい。シーズンの終わりが近づくと、選

＊21
ボビー・ナイト
［一九四〇〜］
一九七一〜二〇〇〇年の間、インディアナ大学で指揮をとり、NCAA選手権で三度の優勝。二〇〇一年からはテキサス工科大学で指揮をとり、歴代トップの勝利数をほこっている。一九八四年のロサンゼルスオリンピックの監督。

＊22　マイク・キャンドレア
［1955～］
1986年からアリゾナ大学ソフトボールチームを手がける。NCAA選手権には1991年の初優勝から2007年までに8回優勝。カンファレンス（Pac-10）では9回優勝。アメリカ代表チームのヘッドコーチとして臨んだ2004年のアテネオリンピックでは、開会式まであと10日という日に28年間連れ添った夫人が亡くなる悲報に遭ったが金メダルを獲得。2008年の北京オリンピックにもナショナルチームを率いる。前アリゾナ大学学長は彼のことを「（ソフトボールの）フィールドでなにごとが起ころうとも、本学には世界一のコーチがいるのだということを知ることになろう」と称えている。
（Photo by AFLO）

手たちは強烈な金縛りに遇ったように重圧感を露呈し、明らかに動揺が走っているのがわかった。しかも、勝利への粘りが日に日に失われていくのが手に取るように見えた。これと対照的だったのが、イリノイ大学バスケットボール部の前コーチのロン・クルーガー（Lon Kruger）だ。同じカンファレンスどうしで、毎年、インディアナ大学のメンバーと比べると劣っており、よくてせいぜい互角程度の戦力しかないチームにもかかわらず、ナイトのインディアナ大学とは八勝二敗という戦績を残している。両者の差異が露骨に出たのが、一九九八年二月の対戦のときだった。ゲーム中に審判のテッド・バレンタイン（Ted Valentine）がナイトに対して三回目のテクニカルファウルを吹いた。そして、「退場」を宣告した。これにナイトが激怒し、インディアナ大学チームの選手も加わって大混乱と

なった。だが、イリノイ大学チームにとっては、対岸の火事も同然。チームはまったくエキサイトすることなく、われ関せずを決め込み、ベンチで静かになりゆきを見守っていた。そして、勝負はイリノイ大学の楽勝で終わった。

対照的なのがアリゾナ大学ソフトボール部コーチのマイク[*22（写真）]・キャンドレア（Mike Candrea）だ。かなり昔のことだが、彼は何かを決めるときは選手との対話を重んじてきたコーチだった。優秀な教師であり、優れた知将であるキャンドレアは、通算勝敗数では偉大な数字を残している。それを成し遂げた理由は、キャンドレアがいつも選手を信頼したコーチングを心掛けていたことに尽きる。よほどのときにしか用いないような融通の効かない手法にこだわり、選手を押さえ込んでしまうようなコーチがいるけれども、キャンドレアはチームの持ち味を引き出し、選手には達成可能だと思うさらなる上を目ざして挑戦させる。

ごく自然に人々の注目を集め、名声を得ていくコーチもいる。しかし、そうだとしても、謙遜や謙虚が礎《いしずえ》にあってこそだ。たとえば、ユタ大学男子バスケットボール部ヘッドコーチのリック[*23（次頁写真）]・マジェラス（Rick Majerus）は、彼の体格のよさ、すばらしいユーモアのセンス、それともコーチングの見事さのためなのか（その理由は特定できないが）どのゲームでも多くのファンがスタンドを埋め、満席状態だった。チームの戦いぶりは「無私無欲」、「洗練」という表現がピッタリだった。この魅力が高く評価され、いくつものチームから引き抜きの誘いがマジェラスのもとに舞い込んだが、頑としてユタ大学を離れなかった。彼にコーチングの極意を伝授した恩師が、マーケット大学バス

＊23　リック・マジェラス
［1948～］
1971年、母校マーケット大学のアシスタントコーチ就任。ヘッドコーチのアル・マクガイアを師として12年間コーチングを学ぶ。その後、NBA（バックス）のアシスタントコーチ（1986-87年度）などを経て1989年にユタ大学に着任。その年に心臓のバイパス手術をするも、1991年にはマラソンを6時間で完走。翌年にはユタ州教育委員会委員候補にノミネートされた。1994年のFIBA世界選手権カナダ大会では、ドン・ネルソンのもとアメリカ代表チームのアシスタントコーチ（ロシアとの決勝で勝ち優勝）。1998年ＮＣＡＡ選手権ではユタ大学をファイナル4に。2004年にユタ大学を離れた後、テレビ解説者を経て2007年にセントルイス大学のコーチに就任。
（Photo by SportsChrome-USA）

ケットボール部のコーチのアル・マクガイア[＊24]（Al McGuire）であることはよく知られている。一九七七年度のＮＣＡＡ選手権大会優勝が最後になったが、就任当初からずっとそれまでマクガイアはメディアに注目され続けたコーチであった。

5　心を許すこと

！　選手がすばらしい競技成績を収めたからといって、すぐに心を許すのは避けたほうがよい。
その前に努力の賜物の尊さを選手自身にきちんと認識させることである。

コーチが選手に心を許せるのは、チーム内でうまいへたの分け隔てをしていないと彼らが感

＊24　アル・マクガイア
［一九二八～二〇〇一］
アイルランド系移民で酒場を営む親のもとに生まれ、貧しい暮らしで育った。セント・ジョンズ大学卒業後、ＮＢＡでプレー。引退後、一九六四年からマーケット大学（カトリック校）で指揮をとり、一九七七年にＮＣＡＡ選手権優勝。二〇〇一年一月、白血病で死去。マーケット大学学長は「卓越したコーチであり、アイルランド人の敬虔なカトリック教徒として秀でた語り手でもあった」と追悼。

じているかどうか次第だ。コート外における選手のできごとはしばしばプレーに影響する。コーチが選手に心を許す判断基準には、彼らが手抜きすることなく精一杯力を発揮し、チームの一員として仲間とうまく調和してやっているかどうかも含め、選手を価値ある人間として受けとめられるというのが大前提となる。そして同時に、選手が、レベルの高いスポーツ活動に参加できるということは当然の権利ではなく、勝ち得た権利なのだということを認識できるかどうかも前提となる。その特権を得るための前提条件としてのプログラムの成功と失敗の分かれ目は、チームにおける役割の遂行のために要求される努力をみずからが受け入れることをちゃんと納得しているかどうかということである。ひとりひとりの選手に適材適所で的確な役割を与え、その遂行にあたって最大限のやる気を引き出せるコーチこそが多くの成果を引き出せるのだ。選手に役割を与えるときに忘れてならないことは、勝つためにその役割がいかに重要であるのかをよく理解させることである。このことが、選手が役割を受け入れ、専念することに役立つのである。

日々のチーム活動の流れのなかで、選手に心を許していることを伝えるには、いろいろな表現のしかたがある。笑顔で「ミーガン、今日の練習中のがんばりはよかったぞ。存在感があったな」と言えば、スッと選手の心に染み込んでいく。「クリス、授業のほうはどうかね？　キャロフイン、休暇の過ごし方は決まったかい？」や「今週は授業でどんなことを勉強するんだい？　どんな目標を立てているのかい？」というふうに選手にダイレクトに尋ねてみるのもよい。

そうすることで、選手がどのように生活しているのかということへの関心や相手を立てる気持ち、心遣い、思いやり、オープンな気持ちを示すことができるのである。丹念に聞き集め、選手それぞれにとって、何が大事なことなのかを知るのだ。それから、少しずつ、なぜ大事なのかということを理解させていく。

　こういう観点から言えば、ミズーリ大学バスケットボール部コーチのクウィン・スナイダー[*25(写真)]（Quin Snyder）はその典型的なひとりだと思う。初めて組んで仕事をしたとき、スナイダーはデューク大学バスケットボール部でヘッドコーチ補佐だった。当時、選手にはユニークな方法で接していた。主力のスター選手であれ、エントリー落ちの選手であれ、バックアップの選手であれ、いっさい分け隔てしなかった。練習やゲーム中にはかつて見たことがないような態度で接した。それは、選手の名前を、愛情と心遣いが感じられる独特な愛称で呼んでいたのだ。クリス・ボーゲスだったら「ボーグ」だったし、クリス・キャラウェルだったら「C・ウェル」、スティーブ・ウォジェコウスキーだったら「ウォジョ」という風である。これはスナイダーのコーチとしての配慮をいやというほど感じさせ、選手に対する思いやりとしては最高だった。練習ではしょっちゅう笛を吹いて中断し、選手に向かって「いまのプレー、気に入ったぞ！　そう、そう。そのプレーがいいんだ！」と大声でほめちぎっていたものだ。これ以外では、こういうセリフもよく聞いた。

「うちのチームはお前が要るんだ！　お前はうちのチームの大黒柱なんだ！」

　選手たちはもしスナイダーに「やろう！」と言われたら、すなおにフロアに膝をついて、本気で掃除を始めるにちがいない。それほど選手たちは心底から彼に惚れ込み、いっしょにいるのが楽しかっ

＊25　クウィン・スナイダー
［1966～］
1989年、デューク大学卒業直後にNBAインディアナペーサーズのトレーニングキャンプに参加。デューク大学法学大学院入学後、1991年、休学届を出してNBAロサンゼルス・クリッパーズのアシスタントコーチに就く。ベンチコーチをつとめるかたわらウエスタン・カンファレンス（大学）のスカウトも。さらにプレーヤー考課担当スタッフを手伝い、ドラフト分析などの仕事にも加わった。その後、デューク大学に復学。1993～95年の間、院生とヘッドコーチ補佐の「二足のわらじ」をはく。1999年にミズーリ大学男子バスケットボール部ヘッドコーチに就任。2006年の辞任までの通算戦績は126勝91敗。
（Photo by Chris Covatta/NBAE via Getty Images/AFLO）

たのだ。スナイダーには、選手は人間なんだという意識がつねにあった。見下げず、人格をきちんと認めた誠実な態度で接し、心を許した温かい目で選手を見守っていた。選手たちはそういうチームの雰囲気をとても気に入っていた。だから、目一杯のがんばりを見せた。スナイダーは、ひとりひとりの存在によってチームをつくりあげていることがどんなにうれしいか、選手に言って聞かせていた。これはどにも「個」を尊重したコミュニケーションを徹底していたので、まさにスナイダーには休む間もなかった。

スナイダーはミズーリ大学バスケットボール部ヘッドコーチに就いている間、コーチングの理念を変えることはなかった。「さらに上手になろう」、「さらに上を目指そう」という目標の達成の途上にある選手たちに対して、心を許した姿勢を変えることはなかった。心を許すということは、厳しく咎めず寛大にすることではないし、落ち込みに対して励ますことだけでもない。だから、コーチは選手に「毎日毎日、うまくなろうとがんばっている。その気持ちをもち続けるかぎり、うまくなれないはずがない」と言えるのだ。

このひと言は、選手が変わるように「心を許し、励ます」コミュニケーションにほかならない。変化の可能性をつくり出すのは、心を許す環境なのである。

！ コーチはすべての選手に対し、心を許した姿勢で接すること。それが選手の大きな向上心を育む源となる。

では次に、心を許した姿勢を見せる具体的方法を示す。

✓聞く耳をもつこと：話を聞いてくれていると思えば、選手は「心を許してくれている」と感ずる。言うこともシンプルに「ちゃんと聞いているよ」のひと言でよい。

✓その選手がチームにいることを「ありがたいことだ」と感じている気持ちを伝える：プレーの巧拙、優劣本位のみで選手を評価しているのではなく、心を許せる人間的な理由を示すこと。

✓選手に話しかけるときはファーストネームで呼ぶこと：呼ばれたほうは悪い気はしないはずだ。

✓選手との個別ミーティングを定期的に時間をかけておこなう：いつもの軽口っぽくしゃべるおしゃべりと混同しないように、授業や成績のこと、家族のこと、友だちのことなど、差しつかえのない程度にプライベートなことにしぼるようにする。コーチがコートを離れたところからも選手を見守っていることを感じさせるようにすること。

✓態度で選手を差別してはいけない：その選手の態度をよしとしていないとしても、心を許すようにする。たとえば「お前はほんとうにすごいやつだよ。だけど、練習をさぼるから信用できないな」というようなことは口に出してはならない。

「心を許した姿勢」にはこういうことも求められる。それは、自分のチームの可能性を率直にとらえ、それに基づいたチームの戦績を収めるように計算するということだ。基礎的能力がないチームに高望みをしてはならない。たとえば、アーカンソー大学女子サッカー部コーチのアラン・カークアップ[*26]（Alan Kirkup）は前任のサザンメソジスト大学で長年にわたって結果を出し続けていた。しかし、最近、ちょっと手こずると思われるアーカンソー大学を、だれもが不可能だと考えるレベルまで引き上げる挑戦を引き受けたのである。カークアップはあきらめることとチームの現在の能力を受け入れることを混同したりはせず、ただ、「いまあるチームをベストを尽くしてコーチングし、前に進み続けたい」と考えたのだ。

まず、綿密に戦力計算をやって、いつか全米を制覇するために欠かせない大黒柱となる選手を入部させるべきだと考えた。それまでのカークアップは「やがて大舞台で通用するまでになるには若い選手への先行投資が不可欠であり、目先の結果うんぬんには目をつぶる」という考えをもっていた。これをアーカンソー大学でも貫いた。そして、次第に手応えを感じ始めていた。着任一年目、シーズン

＊26
アラン・カークアップ
［一九五九〜］
一九七二〜七六年、マンチェスター・ユナイテッド（イングランド・サッカーリーグ）でプレー。一九八五〜一九八八年、サザンメソジスト大学男子サッカー部アシスタントコーチ、一九八六年〜一九九六年、同大学女子サッカー部ヘッドコーチ兼任。NCAA選手権に六回出場し、一九九五年には準決勝まで勝ち残った。

最後のゲームで、全米ベスト3のフロリダ大学を破ったのだ。そして、チームは自信をつけ始めた。二年目のシーズンにはカンファレンスで優勝したのだ。

コーチは、心を許した姿勢で臨むとき、神経質になる必要はない。たとえば、ゲームに負けたときに寛大に受け止めることで、敗北から「次のゲームまでに何を立て直し、どんなことにチームの誇りをもつべきか」ということを選手やスタッフに学び取らせることに徹すればよいのである。

！選手に心を許すと、選手から思いがけない力を引き出せたり、もてる力をふだんどおり発揮させることができる。

心を許した姿勢は、自分が持っているものを生かすことにもなる。得てして、都市中心部のコーチほど施設や用器具、コーチどうしの刺激などが少ない。それに引き替え、郊外や町のコーチたちが得ることができる放課後のスポーツ活動への支援は恵まれている。フットボールのコーチをやっているボブ・シャノン[*27]（Bob Shannon）は、全米で低所得者層とみなされている人々が多く居住し、犯罪発生率も高いとされる地区にあるイースト・セントルイス高校で実績をつくったのだ。シャノンは、チームの維持だけでなく、イリノイ州高校選手権大会で六回も優勝を遂げるという結果を出した。そればかりか、コーチ仲間は彼を、次のように称え、敬意を表した。

「イースト・セントルイス高校の地元の人たちは、生徒（選手）たちの人間的成長に驚き、心から称賛している」

＊27 ボブ・シャノン
アメリカ版『リーダーズダイジェスト』誌（一九九一年）には、次のような記事が掲載されている。
メディアに対してシャノンはいつもこのように説明していた。「私たちはきびしいハンディを背負っている。でも、敗北の言いわけをとりつくろう気持ちはない。たえず勝利する道しるべを追い求めているのだから」。なるほど、これなら、犯罪がはびこっているイースト・セントルイス地区において、シャノンのチームが勝ち続けるのは少しも不思議ではない。

町の人たちがこぞってチームの選手たちの（規律とスポーツマンシップが行き届いた）変わりように驚いていた。ほんとうに「すごい」としか、言いようがなかったのだ。シャノンの練習をがんばり通した選手の親は、シャノンが息子に与えてくれたプラスの刺激を目の当たりにすることができた。教え子の多くは大学で奨学金を授与され、学位を修め、かつて、社会の底辺のような恵まれない環境で育ったことが信じられないほどに大成した。

だが、シャノンは現場の施設、用器具、給与、どれひとつとっても潤沢ではないし、学校側の配慮、支援も細々としていた環境下で、実績を積み重ねたのだ。いまはもう退職してしまったが、彼の実践したことは、どのようにしたらコーチとしては恵まれない環境でも選手権大会に勝てるようになるのか、どのようにしたら選手に生き甲斐をもたせることができるようになるのか、ということについてのかけがえのない例となっている。

6　柔軟性を失わないように

つねに変化を伴うのがコーチングという仕事だ。選手の入・退部、けがの発生、選手のモチベーションの変化、競技規則の変更、天候の移ろい、スケジュールの突然の変更など、いくつもある。したがって、ゲームであれ、何かのイベントであれ、それともシーズンであれ、いつなんどき急な変化が生じても、すぐに対応できるようにパターン化しておくとよい。臨機応変さはコーチが備える望ま

＊28　トム・ランドリー
［1924～2000］
1960年、NFLダラス・カーボーイズのヘッドコーチに就任。以後、29シーズンにわたってチームを率いた。5年目までは散々な戦績で低迷していたが、オーナーは「ランドリーに10年間チームを任せる」と明言。その後チームはもち直し、1985年のリタイアまでの間に、スーパーボウル優勝2回（1972、78）、カンファレンス優勝5回、ディビジョン優勝13回という偉業を達成。1966～85年の連続勝ち越しシーズン記録は、高い評価を得ている。もの静かで信仰心の厚い人柄でクリスチャン競技選手会の活動に熱心だった。2000年、白血病で他界。選手たちはそのシーズンのゲームではすっかりおなじみの“フェルト製のソフト帽をかぶったランドリー”を描いた喪章をユニフォームに付けて哀悼の意を表した。
（Photo by Brian Drake/SportsChrome-USA）

しいキャラクターとして欠かせない。緊急な場合であろうと、時間的ゆとりがある場合であろうと、いろいろな変化に適切に柔軟に対応しなくてはいけない。むしろ、なにかまずいことが生じたときに自分の信念を貫く能力と換言したほうがよいかもしれない。過剰に寛大・寛容になって、安易に妥協・譲歩してしまうと、そのコーチは選手やスタッフたちから信念や判断力を疑われてしまう。コーチは毅然たる態度や一貫性をもっていると思われているので、安直な妥協や譲歩はチームの信頼を失ったり、失望を与えることになりかねない。

　コーチが備えている柔軟性というものはファンにはいつも見えているわけではない。たとえば、いまや伝説的コーチと言えるＮＦＬ（National Football League）のダラス・カーボーイズのトム・ランドリー[＊28（写真）]（Tom Landry）がそ

＊29　ビル・パーセルズ
［1941～］
1979年のNFLニューヨーク・ジャイアンツのコーチに就任。1980年からの1年間、ニューイングランド・ペイトリオッツに転出するが、戻ってきて1983年、ヘッドコーチに昇格。1986年、1990年の2度、スーパーボウルを制覇。1991年から2年間、テレビ局のアナリストを務めた後、ニューイングランド・ペイトリオッツのヘッドコーチに就任（1993～96）。ニックネームが“大きなマグロ”であることは有名。ヘルメットに小さなマグロの絵のシールを貼りつけていた選手たちに対して、とっさに「俺を大マグロだと思え。えさを吸い込んじゃう魚を知っているよな？あれだよ」と応じたことがきっかけになったという。現在、NFLのマイアミ・ドルフィンの事業統括役員をしている。
（Photo by Ezra Shaw/Getty Images/AFLO）

うだ。ゲーム中、自分の気持ちをおし殺していっさい感情を表面に出さないタイプのコーチのひとりだ。この正反対が同じくNFLのビル・パーセルズ[*29(写真)]（Bill Parcells）だろう。まさに感情むき出しだ。両者ともスーパーボウル[*30]を制しており、NFLでは指折りの名将と言っても過言ではない。そのふたりに共通しているのは、許容とか柔らかさがない印象を漂わせていることだ。チーム育成の指針、方法は長年の間に培った信念と基準で練り上げられており、そう簡単に揺らぐものではない。それでいて実際は、選手の言うことにはよく耳を傾けるし、自分にもチームにもプラスとすべく外部からの情報にも敏感だった。

　ランドリーの仏頂面はよくテレビのコメディーに出てくる役柄にそっくりだった。彼のもとでプレーしていた名クォーターバックのロ

＊30　スーパーボウル
NFLの優勝決定戦。ナショナル・フットボール・カンファレンス（NFC）の優勝チームとAFC（アメリカン・フットボール・カンファレンス）の優勝チームの間で争われる。スーパーボウルに優勝したチームには、ヴィンス・ロンバルディの名を冠したトロフィーが授与される。

ジャー・ストーバック（Roger Staubach）の話は印象的だ。

「ある日のテキサスでのゲームのときのことだった。相手にリードされていた。だから、タイムアウトになったので、てっきり、すばやい指示があると思ってサイドライン際にいるコーチのところに行ったよ。そして、横でいまかいまかと待っていた。でも、まったく指示を出すような様子がない。気づいたら、ずっと上を仰いだきり、まるで天井の穴でも見ているように一点をじっと見つめているだけで、ひと言もないんだ。しばらくして、ようやくこっちに視線を移して、指示してくれた。タイムアウトが終わってゲームに戻るとき、『コーチ、不思議でしょうがないんだが、いったいどうやって指示を考え出しているのかい？』と聞いたのさ。そばにいたスタッフたちが笑っていたから聞こえていたのは間違いない。でも、肝心の本人だけはそしらぬふりだったんだ」

一方で、ランドリーは変化に適応し、そして、どれだけ柔軟であるかを示して、選手の敬意を得た。アメリカンフットボール殿堂入りしている名ランニングバックのトニー・ドーセット（Tony Dorsett）はこう述懐している。

「だいぶ前にランドリーに会ったが、ずいぶん、人柄が丸くなっていたなあ。引退した多くの先輩たちが成し遂げたことを知らない現役の若い選手たちとジェネレーションギャップを生じないように自分を変えたのだろう。練習中のグラウンドでも以前とは違ってリラックスした雰囲気を漂わせていたし、選手のほうもランドリーの前でのピリピリした過緊張状態が減っていたみたいだ」

さきほど述べたパーセルズのほうのチームは、コーチされたとおりプレーし、命じられたようにゲーム運びをしていた。彼のもと、おおむねコントロールされていた。だから、一九九〇年、彼のニューヨーク・ジャイアンツが、バッファロー・ビルズをスーパーボウルで破っても、少しも不思議ではなかった。古典的なタイプのパーセルズはどんなときにも決して喜び・満足などを表面に出したことがなかった。いつも目標水準が高く、精神的にも身体的にもみずからの犠牲を惜しまなかった。選手にもときには度をこえた犠牲を強いていた。それでいて、選手は非常に忠実に彼の指示を受け止めようとしていたのだ。歴代のラインバッカーのなかでもトップクラスのローレンス・テイラー（Lawrence Taylor）はこう述べている。

「その場面で全力をぶち込み、がんばっていると認めた選手には甘かった」

！柔軟性あるキャラクターがコーチとしての強さとパワーをいっそう高める。

柔軟性を適切に備えているコーチは、ゲームだけでなく、人間関係においても多くの成功を得られる。たとえば、ある選手がコーチに対して反感、敵意むき出しで抵抗してきたとき、柔軟性を備えていれば、醜悪な角の突き合いを回避することができる。ある優秀な大学野球チームのコーチが選手との対立をみごとに解決したのを知っている。コーチは一気に畳みかけるのではなく、問題の焦点にいたるべく対立をあらゆる観点から見直し、選手の訴えをじっくり聞いたうえで話し合った。やがて、対立が氷解したのだ。この場合、柔軟さが強力な力となり、選手は自分の申し立ての不合理さに気づき、コーチへの反目の態度を謝った。

ベテランの実力のあるコーチの目的は、選手のスピリットや感覚を守ることで、壊すことではないことを肝に銘じておくべきだ。選手と闘うことはない。柔軟性とユーモアが選手との対立を解きほぐす効果的な「道具」となる。選手ひとりひとりにこうして対応することによって、問題が起こるリスクを回避し、選手が頭にきたり、コーチの努力を踏みにじるような状態が起きる芽を摘み取ることができるのだ。

あるベテランの高校陸上競技部のコーチは、カッとなって手に負えない、やっかいな選手に対する対応策を練っていた。選手が反抗的な言動でフラストレーションをぶつけてきた場合、十分間そのまま続けるように促す。ひと言も遮ることなく十分間やらせると、フラストレーションが和らぎ、反抗的な言動が消える。その選手の態度が落ち着き、コーチもその間に選手への返答をまとめることができるわけだ。このように選手にじっくり耳を傾ける方法だと、選手の品位、敬意、自覚を失わせることはない。コーチもこのやり方で選手をコントロールしていくじゅうぶんな手応えを感じ取る。要するにこれは、コーチと選手の双方の、開かれた学習の場となるのである。

合気道では、いかにして柔軟に相手の力をも利用して勝つかということを修業する。ＮＦＬのヒューストン・オイラーズで活躍していたヴィンス・ストロス（Vince Stroth）からかつて相手チームのラインマン（前衛）を効果的に突破する方法を尋ねられたことがある。「合気道がヒントになる」と答えたところ、彼はさっそく試してみた。サイドライン沿いに走り込むと、いつものようにラインマンがガツンと当たってきた。その勢いをそれまでのようにまともに受け止めるのではなく、いわば相撲でいう立ち会い直後の「はたき込み」のように、相手の突っ込みを利用して労せずして相手の突っ込みを阻むことができた。かくしてストロスは「柔軟な発想と強い力を効果的に用いることによって、相手とまともに正面から激しく組み合わなくても、もっと合理的に勝てる」ということを学んだという。

目をつむってリラックスした状態で、ある選手がすごい勢いで怒鳴り込んできた場面を想定してもらいたい。どのくらい激昂しているのか、見極めなくてはならない。髪を振り乱し半狂乱気味に迫ってくるその選手にはどう反応するか。たいてい、厳しく、感情的にきついことばで言い返すのではないか。でも、そうではなくて、身構えて、自分をプロテクトする緊張感を漂わせることはせず、「よし、まず、君の言い分を聞こうじゃないか」とオープンな態度を見せて、その選手のすごい剣幕を吸収するぐらいでないといけない。ただ、心のなかでは「黙りっぱなしでは終えないぞ」という断固たる気持ちをもつ。他人に左右されることはよくない。でも、穏やかな物腰で、詰め寄られている気分を率直に話し、問題をすべて取り除くために相手を話し合いに誘ってみる。相手に耳を貸さなくてはいけない。それから、穏やかな態度のなかにもきちっと筋を通す姿勢で相対して、相手の言い分に答え、自分の言いたい点を明確に理解させる。コーチは誠実に選手に応対し、選手は品位をもってコーチに対するということを忘れないでもらいたい。頭にきている選手と高ぶりを抑えているコーチの両方にとって、これを忠実に守るということが難しいことはわかる。だが、険悪な雰囲気を少しでも和らげるために努力してもらいたい。いつもこういうふうに対応するのはなかなか難しいことだが、回数を重ね、うまくいけばいくほど、結局このような方法を選択することになるのではないだろうか。

柔軟性を失わないようにする一方で、結果を出せるコーチというのは、ちょうど強い風が吹いてもしなやかにたわむ柳の小枝のようだ。それにひきかえ、権威をふりかざし硬直的な考えしかできないコーチは、何か圧力がかかるとメリメリと裂けて、折れてしまう木に似ている。察知するのがスローで、有効な手だてをすばやく考え出せないと、硬直的な考えしかできないコーチは「ぐずぐず言ってないで、言ったとおりやればいいんだっ！」とあたかもそれが最善の選択であるがごとく、プレッシャーをかけまくる。「これじゃあ、やってられない」と選手が感じたら、そのコーチが何と言おうと、練習をボイコットするようになるし、練習に出ても手抜きをするようになるし、プレーにムラが出てくる。こういうことを考えると、インディアナ大学男子バスケットボール部のヘッドコーチのボビー・ナイトは最悪だと思う。典型的な権威をふりかざすコーチだが、にもかかわらず、コーチングにかけては非凡の才の人だ。しかし、あのコーチングのもとで、秘めたる可能性を発揮できないままチームを去っていった選手は少なくないだろう。

！ 結果を出すコーチやチームは状況に対応する能力がある。だからこそ、より進化し、向上し、成長するのだ。

あのNCAA選手権十連覇という大偉業をやり遂げたUCLA男子バスケットボール部コーチだったころのウドゥンを思い出してみてもらいたい。どちらかというと、近づき難い雰囲気だった。しかし、そう感じさせた理由は、彼が選手とスタッフをまったく公平に扱い、だれからも尊敬されており、選手が心の底からウドゥンに従っていたからだ。かたくななまでに公平無私だった。あるとき、当時の選手だったビル・ウォルトン（Bill Walton）があごひげを伸ばしたまま練習に来て、「自分のあごひげなんだから、どうしようと僕の自由だ」と当然のようにウドゥンに言った。それを聞いた彼は「いや、そうじゃない。ヘッドコーチの私が決めることだ。断固たる信念があり、仲間が信頼して集まってくる選手を私は高く評価する。事実、そうしている。おそらく、チームは君のいなくなるのを寂しく思う事態になるだろう」と、ビシッと制したという。ウォルトンは聞き分けがよい選手だった。すぐさま、ひげを剃り落としてきたという。

ウドゥンのチームでプレーする選手は、彼が定めた、きちんと自分を律している選手を思う温かい気持ちと敬意が基礎になっている「きまり」を守らなくてはいけない。冒瀆、不敬、毒舌、という次元の要素はウドゥンの教えに入り込む余地はない。一見、厳しく一方的に押しつけるような感じがしないわけではない。しかし、ウドゥンのチームに対する誠実さは「人として守るべき道」と「人間のあるべき態度」をきちんとふまえたものだ。だから、ときにはこんなことまで!?　と馬鹿馬鹿しく思えるような「きまり」でも、選手は彼が定めているとおりにちゃんと従っているのだ。

7　対立ごとの解決は公平に

結果を出しているコーチはたいていの問題は退部者や休部者を出すことなく、「きまり」を変えることもなく解決する方法を心得ている。けれども、そう深刻ではない諸問題には、柔軟性を失わないことがいっそう必要となる。

シーズン前に毎日練習を課そうと計画しているコーチの場合を想定しみてもらいたい。そのコーチは「やがて来るシーズンをがんばり通せるたくましさと忍耐力を育成するにはこれしかない」と信じ込んでいる。ところが、選手のほうはと言えば、疲労困憊、ストレスも残っており、回復が遅れているけがや病気など、まさにイライラした状態にあり、練習を休みにしてほしいと申し出ている。しかし、コーチは「なんて軟弱なやつらだ！」と思って取り合おうとしない。でも、選手がなかなか引っ込まないので、耳を傾け始めて、選手が納得する譲歩案を示した。これまで以上の猛練習をやった次の日は練習を休みにしたのだ。そうしたところ、リフレッシュした選手たちは、ちゃんと猛練習を続ける準備を整えて練習に戻ってきたのだ。これは、コーチにとっては図星だったし、選手としては、自分たちの要望を聞き、公正、柔軟に対応してくれたと、いっそうコーチを信頼する結果を生んだケースだ。

毎日の練習ですごいがんばりを示し、コーチを信頼し、仲間を励まし、引っ張っている、というようなことはコーチングスタッフが判断することだ。それも的確、適切に判断されるべきことで、不当に操作されてはならないものだ。このような基礎的な判断基準をたいせつにすることで、コーチはたくましさ、求心力を培っていく。選手はコーチが話を嫌がらずによく聞く気があって、いたずらに杓子定規に考えないということを感じ取るだろう。そして、コーチが下す決定にすなおに従い、課せられたチームの使命の達成に全力を尽くす。コーチの一貫した倫理的な態度は、コート内外を問わず、選手のパフォーマンスレベルをより高いレベルまで駆り立て、導くことができる。こういう状態にもっていくには、コーチにはまず自分自身に偽りがないことが求められ、分別ある人々が共感する正しいことを遂行することも求められる。そのようにすれば、おのずからそうなっていくものである。

秀でたキャラクターを備えていないコーチは、選手に支持されない決定をしたり、犠牲を強いる勝ち方をともなうことになろう。チームのスター選手が「門限破り」を犯したとき、チームにとって最適の解決策は、相手に敗れるおそれが生じようとも、その選手を出場停止にすることだ。

柔軟性を失わないこととオープンであることがフェアに対応していくことを示すものではあるが、何ごとにおいても第一の決定者はコーチであるということを繰り返し強調しておきたい。だからこそ、結果を出すコーチは、公平無私であることが重要なのだということを肝に銘じておかなければならない。その公平無私とは、固いチームの結束を築き上げる際に得る、あるいはそれに値する本質である。選手の能力、チーム内の役割、ゲーム中の貢献度などに基づいて対応を変えると、選手には公平ではなくなってしまう。言うまでもないことだが、人種、性、宗教などによる偏見や先入観は絶対に許されない。だからといって、何ごとも必ず同一でなければならないということではない。例を挙げれば、群を抜く信頼性があり、練習中も全力を出しきってがんばっている選手もいるし、他方、練習時間に遅刻したり、ときには練習さえさぼってしまう者もいる。あるいは、とかくトラブルメーカーになりがちな者もいれば、チームの秩序を決して乱さない選手もいる。だから、すべて同じというわけにはいかないのである。

! 公平無私であることは必ずしもすべての選手を分け隔てなく評価することではない。なかにはより多くの責任を果たしていた者がいたはずだ。

では、「公平無私」とはどういうことを指すのか？　要するに、何が容認でき、何が容認できないかをどう決めるかだろう。コーチはときに油断してしまい、対応が不公平になっていることがある。

たとえば、ある高校サッカー部の主力選手が練習中にかんしゃくを起こしていた。チームメイトにラフプレーをされたのに怒り、彼はチームメイトをひどくののしった。そして、あげくの果てに、帰ってしまい、練習に戻って来なかった。チームは動揺したが、コーチングスタッフは、この選手の言動が明らかにチームのきまりに違反するにもかかわらず、何も言わなかった。そして、ゲームが組まれている週末になって、その選手は、レギュラーポジションであるウイングに戻って来たのである。とうてい許されないふるまいでチームの「きまり」に背いて去った選手が、何ごともなかったように戻ってきたため、ほかの選手たちは明らかに動揺した。コーチにより事件は「気づかなかった」こととなり、コーチングスタッフは選手の身勝手を叱責するどころか、スタメンに入れることで報いたのである。これは公平ではない。

この顚末を知ったとき、ゲームが終わってからヘッドコーチと会い、懸念を伝えた。彼はチーム全体でミーティングを開き、この件についてどうすべきかを腹を割って話し合ったという。

このようにだれだって判断ミスをしてしまう。そして、それを修正するのに遅すぎるということはない。選手はコーチがチームのきまりに則り、さらに、スタッフの意向に添って、公平さをきちんと保ち、真摯に対応してくれることに安心するだろう。きまりをつくるときのひとつの効果的な方法は、公平にすべてのメンバーがかかわり、責任を負うために、シーズン前にチームの全員で作成することだ。言うまでもなく（とくに、そのきまりがチームの活動目的から逸脱しているときはそうだが）、最後の決定はコーチの判断による。

結果を出せるコーチは、公平とは揺るぎないものであることを心得ている。罰することや懲らしめることではないのである。ひとたび、きまりや約束ごとをチームで定めたら、優れたコーチはしっかりときまりを守ることによって公平性を示す。そういうことを選手もわかっている。はっきりと範囲が示されていると、選手はさらに安心だし、すなおに順守する気持ちになる。さらに、自分のために、チームのためにプレーした結果はもちろんのこと、何を期待されているのか、何を我慢しなければならないのかが率直にわかるため、より適切な選択ができるようになる。選手たちが決めた「チームのきまり」は全員が納得して決めたものであり、選手が勝手に都合よく解釈できるものではない。だから、選手がひとたび「チームのきまり」を破ると、それは違反ということになる。きまりをしっかりと守ることは、公平であることと同時に、選手に人間的な成長の機会を与えているということを示すことだ。このことを適切におこなうには、選手に好かれようと思ってはいけない。逆説的ではあるが、そうすることによって、コーチは選手の信頼と敬意を得ることになる。選手はますますコーチのことが気に入り、コーチを信頼するようになる。

したがって、公正さというものは気まぐれなものではないし、変化するものでもない。名実ともに秀でた選手に何か特別待遇や特権が与えられることでもない。評価の低い選手がより厳しく扱われるわけでもない。きまりや期待に反した行為をおこなった選手は、たとえそれまでにすばらしい記録を残していても、断固たる裁きを受けてしかるべきだ。どんな場合であれ、すべての選手は自己の言動には責任がともなう。チームの共通目標の達成を目ざして真面目に、一貫してがんばらなくてはいけない。固い意志でチームの水準を維持しなくてはいけない。これが「公正さ」というものだ。

チームのコーチングはときに庭の雑草を取るのに似ている。美しい草花を咲かせようとするとき、その生長を妨げる雑草を取り除かなくてはならない。自分に与えられたミッションの遂行に一所懸命な選手は問題ない。コーチが指示したミッションに努力しない選手は好ましくない。「雑草を取り除く」場合と同じだが、そう簡単にはいかない。しかし、明らかに好ましくないと確認されたら、その選手を退部させるのもやむを得ない。とくにコーチと反りが合わず、チームの足を引っ張るような存在になってしまった選手は、厳しい処置を受けてもしかたない。

あるＮＣＡＡディビジョンＩ[*31]に属するチームのコーチが、ゴールキーパーをやっている主力選手のことで相談に来たことがある。全米第二位にランキングされているチームだが、ＮＣＡＡ選手権で優勝を争うには、このゴールキーパーが欠かせなかった。だから、チームはいつも、その選手がゲーム中に自分の思い通りにいかないときにすねたり、仲間に耐えられないような表現でわめき散らしたり

＊31 ディビジョン
NCAAに所属する各カンファレンスは、その構成校の規模や強さによって、日本でいう一部リーグ、二部リーグに相当するディビジョン（Division）に分かれる。アメリカンフットボールの場合は全種目のなかでもっともランキングが厳しくディビジョンIもA（メジャー）とAA（マイナー）に分けられている。

する、不快かつ横柄な言動を我慢した。だが、このことはチームの士気やパフォーマンスに打撃を与え始めた。ほかの選手たちの態度は批判的になり、練習に集中できなくなった。そして、言い返したり、咎めたりするようになってしまったのだ。意を決したコーチは、ゴールキーパーのようすを見て、とうとう本人に最終宣言することを決めた。「自分勝手な態度を改め、仲間にこれ以上の不快感を与えないようにする」もしくは「チームから去る」というどちらかの選択を申しわたしたのだ。それが全盛期の終わりを意味するかもしれないことを知っていたが、コーチの意志は固かった。選手は、悪いところを変えることを選んだ。本人はチームに謝り、態度を悔い改めることを懸命に訴えた。メンバーは、その努力に刺激され、生まれ変わったゴールキーパーを受け入れた。チームは再び一点に集中した。そして、ＮＣＡＡタイトルを勝ち取るすごいチームが甦った。

！　選手は明瞭で簡潔な境界があることで安心する。みずからに責任があると感じると、さらに自発的にチームの「きまり」に従い、よりよい結論を出そうとする。

思い上がったわがままなゴールキーパーに対して、コーチが本人をなんとか立ち直らせようと考え、「最後のチャンスに賭けてみよう」と練ったシナリオで対応した結果だった。これは結果を出しているコーチから選手の操縦術を学ぶ好例であろう。ときには変化がチームには必要なのだ。もしゴールキーパーが進んで変わっていなければ、彼女のふるまいによるマイナスの効果をチームから取り除くことが、チームおよびその将来の成功に対する最良の選択だっただろう。公平であるためには、ときにはこのような選手を失うことも覚悟しなくてはならない。これは簡単なことではないが、ほかの選択肢をとることで損害が非常に大きくなることもあるのだ。たとえ、たいせつなシーズンをまるまる棒に振りかねない危険性があっても、断固とした態度、公正さがもっとも重要なファクターだ。どのようなレベルのチームであれ、選手をコーチングすることとは、彼らをより優れた人間に育てる環境をつくることにほかならないと確信できるだろうか。公正さとは、生涯にわたって欠かせない人間性だ。その長い間にあって、選手はコーチのまじめなアプローチを尊重し、自分にどのようなことを期待されているのか気づいていくだろう。

コーチのリーダーシップが公正かどうか判断するときに参考となる、次のような「三原則」を勧めたい。

1. 自分だったらこう対応してほしいと思うように相手に対応する。公正で、一貫していることが基本原則である。

2. 公平な決定を下す事態に直面した場合、他者の見解をオープンに聞く。「もし、君がコーチだったら、この場合、どのように対応するだろうか？」と選手に尋ねてみる。あるいは同じ質問をチームミーティングで選手全員に尋ねる。そうすれば、選手はしょっちゅう、もっとも公正な解決を想定するようになり、そういう課題に臨んでいるということを意識し始めるようになる。コーチのほうもつねに二言なき最善の解決策を模索するようにする。

3．力ずくではおこなわない。それをやってしまうと、ひとつひとつの戦闘に勝ったとしても、戦争、つまり全体的には負けてしまう。だから、揺るぎない姿勢で話さなくてはならない。そうすることで、おおかたの選手はルールに従うだろう。

8 冷静さをもつ

コーチには多くのプレッシャーがつきまとう。結果いかんで優劣を判断されがちだから、みずから辞任することはそう難しいことではない。ひとたび掲げた目標の達成に邁進する強い一途さが要る。コーチに課せられているのは、選手をシーズン中戦い通せるように、あるいは実績を積ませるように育成することだけではなく、将来、立派なひとりの人間として生きていけるように育てることでもある。まさに教育なのだ。しかし、コーチの心底から勝利を追求する姿勢に甘さがあると、この教育はうまくいかない。

勝つことはだれにも大事なことであることは明らかだ。だが、達成したかどうかを評価する方法は無数にある。「勇気」、「粘り強さ」、「物怖じしない強さ」、「全力投入」、「意気込み」なども また重視されるべきである。スコアボードの得失点にばかり気をとられて気をもむのではなくて、どのようにして勝負に勝つのか、じっくり見通す力が必要だ。負けてしまい、周囲が自分のチームを敗北者と冷視してもそれに耐える力が必要なのだ。コーチが冷静さを失わず、選手のがんばりを称え、チームが進むべき道を指し示すことができれば、結果はついてくる。早晩、それまでに達成したことがないような結果を出せるようになるだろう。

スタンフォード大学でコーチをやっていたとき、ジャック・エルウェイ[*32]（Jack Elway）はマスコミに「(結果を出していない）これまでのシーズンを振り返ってみて、どんなことを感じますか？」と尋ねられたことがある。彼は次のように答えている。

「チームはいつも”勝者“だったと思う。得点では負けても、ゲーム内容では明らかに勝っていたからだ」

マスコミの「チームは負け続けており、結果が出ていない」というコメントを引き出そうという「手」に断じて乗らなかったのだ。コーチングでは何点差で勝ち、何点差で負けたかという事実から学ぶことだけでなく、それ以外に勝敗のたびに学び取ることもある。

多くのコーチは、チームを覇者にすることという本来の使命を達成する能力をもっている。けれども、強固な遂行意志がない限り、覇者の地位にとどまり続けることは容易ではない。言ってみるならば、コーチは日々この意志との戦いなのだ。覇者の地位を維持するために、つねに新鮮な感覚でチャレンジしなければならない。できるなら、自分のスタンスを支持してくれる人を見つけるとよい。断っておくが、「人気コンテスト」をやっているのではない。自分の信念で正しいと思うことに打ち込めば、当然、反対も抵抗もあるのがつねなのだ。

*32 **ジャック・エルウェイ**
［一九三一〜二〇〇一］
ワシントン州立大学のクォーターバックとして活躍。モンタナ大学、カリフォルニア州立大学ノースリッジ校、サンノゼ州立大学を指導したあと、一九八四年から八八年まで、スタンフォード大学のヘッドコーチ。二〇〇一年、心臓発作で死去。クイックパスゲームなど新戦術を編み出したことで知られる。いつもユーモアを失うことなく、物事の軽重を正しく判断するということでも定評があった。

Coaching Point

1. 選手が積極的に努力しているのをほめるときは、謙虚な態度で臨むこと。
2. 自分のコーチングがチームに受け入れられていると感じたら、さらに工夫を重ね、勝つ可能性を追求すること。
3. 力を振り絞って、というよりは調和するように、しなやかに。そのほうが真のヘッドコーチらしい。
4. いつもぶれないで、公正な強いリーダーでいること。そうすれば、選手はコーチの決定に対して大きな敬意と信頼を抱く。
5. 自分のコーチング（流儀、人間性、倫理観）をかき乱すような選手もしくは状況を容認せず、拒むこと。

たくましいキャラクターの育成は効果的に結果を出せるコーチになる基礎である。道義にかなった芯となるべきものをもたなければ、優れたチームに育てる以前に、自分自身ひどく苦しむ羽目におちいる。ほかの追随を許さない優秀なチームとなるように、強いチームのきずなと環境をつくるためのたくましいキャラクターをもたなくてはいけない。そういう環境を築くことが選手とほんとうに腹を割って話し合える効果的なコミュニケーションスキルを大きく伸ばしていくことになるのだ。

第2章
コミュニケーションをはかる
Communicating Effectively

Creative Coaching

よきコーチングには よきコミュニケーションが欠かせない。

チームの選手やスタッフ、その他の関係者と固いきずなをつくるためにもっともたいせつであり、心がけなくてはいけないことは、「効果的なコミュニケーション」だ。目覚ましい結果を出しているコーチたちは、「中身があって、次に生かせるコミュニケーションというのは簡単なものではないが、それは優れたコーチングにおいては必ず鍵となる」という。

優れたコーチは「よきコミュニケーション」を通じて「自信」、「勇気」、「思いやり」、「助け合い」、「きずな」などを選手に育み、教え込む。そうすることによって、コーチも同じように選手から多くのことを学び取る。コミュニケーションの「とりかた」は欠かせないものであり、また、身につけることができるものだ。コミュニケーションがうまくいっているチームでは、それがどこであろうと、チームでなすべきことはきちっとうまくいく。

現代のスポーツ選手は、ひところよりもはるかにチャレンジ精神が旺盛だ。一方、プレッシャーや要求されることも増えている。選手は自分のことをきちんと認めてコミュニケーションをとってくれるコーチのいるチームやプログラム、学校を探し求めている。したがって、よきコミュニケーションは選手勧誘のときからすでに重要な要素になっている。チームが困難な事態におちいったとき、選手は「人」として扱われることを望む。コーチングスタッフとチームとのよきコミュニケーションは、ベストを尽くすことに集中させ、だれもが成長することができる、納得がいく環境をつくり、信頼を築くのに役立つのである。

コーチングにおいて、選手に対してプレッシャーをかけたり注文をつけるときに効果的なコミュニケーションがあれば、はるかに効き目がある。こういう場面では、選手とより効果的にコミュニケーションをとるために創意工夫を凝らさなくてはならない。

どうしたら効果的なコミュニケーション・スキルを身につけることができるのか、学ばなくてはいけないことは多い。だが、選手たち、スタッフ、関係者たちとの日々のやりとりのなかから感じ取っていることがその「手がかり」になるに違いない。ここでは、コーチがコミュニケーション・スキルを伸ばし、それまで関わってきた人たちとの密接な意志疎通にさらに役立つ重要な点をいくつか検討する。次の六点にしぼってみたい。

1. 相手の言うことに耳を傾けること。
2. 自分のメッセージを発信すること。
3. 前向きな視点に立つこと。
4. 他者への尊敬の気持ちを忘れず、自分にももってもらえること。

5. 信頼感を築き、それを絶やさないこと。
6. 思いやりの気持ちをもって対応すること。

望ましいコミュニケーションは、コーチの指示を理解させるときの「鍵」であり、結果として、さらに優れたコーチになっていく「鍵」ともなる。選手の「内面」と「外面」を分けてとらえてしまうことはいかがなものか。選手たちに「人間として、どうなんだ?」と批判するよりも、態度やふるまいを「こうしたら、よくなるんじゃないか」と指摘してやることが大事だ。

たとえば、単に、「ウィリアムス、お前はすごいやつだよ」と言うと、何か特別なことに結びつかないと、ばかにしているように聞こえるだろう。だから、

「チームにいるときの君の一〇〇パーセントフルに打ち込む姿勢はだれもが認める。でも、君がたびたび練習を休むことも気になっているんだ」

こういう言い方だと、コミュニケーションを妨げてしまうかもしれない選手たちの心のバリアを最小限におさえられる。

選手に声をかけるときのねらいは、否定的なメッセージを受け取るにしても、伝えるにしても、怒りや敵意を和らげ、より受け入れやすくすることである。

1　相手の言うことに耳を傾けること

　効果的なコミュニケーションをおこなうためには、コーチがまず選手に対して、言うことを理解してあげよう、聞いてあげようという気持ちをもたなくてはならない。ある選手がコーチのところに何か言いに来たとき、とにかく耳を傾けることだ。これは選手の立場を尊重し、話し合う時間をもとうとするコーチからの選手へのメッセージとなる。たとえ、その内容がコーチには些細なことだとしても、選手が言い終わるまではじっと聞かなくてはいけない。選手が口を開く前に、「どうした？　遠慮しないで、率直に言ってごらんよ」と声を掛け、その内容に同意できそうにないとしても、「君の力になるぞ」、「言わんとしていることはわかるぞ」というオープンな態度を崩さず、また、選手が話しているときに、それを遮ったり意見を言ったりして、選手を混乱させてはならない。

「聞く耳をもつスキル」のたいせつさを決して過小評価しないように。確かに「選手の言ってくることに耳を傾ける」ことは容易なことではない。そのスキルを磨くには我慢と時間がかかるからだ。選手がコーチに懸命に訴えているときに、コーチが反論を頭のなかで思い浮かべているようではいけない。そうすることによって、選手の言いたいことの真意を聞き逃してしまい、選手には「ああ、コーチは本気じゃないな」と思わせてしまうからだ。これを防ぐには「いま、この選手はどう感じているのだろう？」と、コーチがみずからに問いかけることだ。真摯に理解しようと耳を傾け、選手の立場を尊重しなくてはいけない。選手が話し続けている間、うなずいたり、「うん、それで？」とか「なるほど」とか、いわゆる相づちを入れて、自分がほんとうに「ちゃんと聞いているぞ」ということを感じさせなくてはいけない。

絶対に選手の話を遮ってはならない。骨は折れるが、選手がじゅうぶん思うことを話す機会を確保するのに効果的である。コーチは言いたいことをおさえて、あとでその気持ちを話すようにする。選手が話しているときに、もし、あとで言うことを忘れそうだと思ったら、途中途中にメモをとっておくようにするとよい。

選手が話しているのを途中で遮ることがないように、次のような方法をやってみることを勧めたい。これは話し手に「ちゃんと聞いているよ。言っていることはわかっているよ」ということを感じ取らせる方法だ。内容や感情、あるいは両方を反映させる。たとえば、ある選手が「出場時間をもっと増やしてほしい」とコーチに直訴してきたら、「そうか、もっとゲームに出ていたいんだな？」とその内容を反映して応える。また、「ゲーム出場時間が短すぎて、落ち込んだり、不信感をもったり、ショックだったわけだ」と、内容と感情を反映して選手に言うこともできる。こういうひと言は選手の反応を必ず引き出すことができる。そして、選手が納得するまでこういう問答を繰り返すことが可能だ。選手の悩みや心配に対するコーチの最初のことばが「それは残念なことだ。でも、出場時間をもっと増やせるほど、がんばっていないじゃないか」だとすると、コミュニケーションを途絶えさせたり、妨げてしまうことになる。選手が心の扉を閉ざしてしまい、「もう一度コーチと話してみよう」という気持ちをなくしたときは危険だ。コーチとしてのリーダーシップに対し、選手の信頼を失うおそれがあるからだ。

！　とにかく聞く耳をもて。

望ましい選手との心の通い合いを築く鍵はとにかくこれに尽きる。コーチは選手が言うこと、感じていることを反映させるのだ。

選手が話し終わるまでコーチが我慢強く待ち、それから意見を交わし始めるやり方は建設的だ。選手の訴えに対して、何ができるかを前向きに導き出せる。例を挙げよう。

コーチが「ようし、問題は大体、はっきりしてきた。僕たちふたりにとって何をどうしたら、その解決につなげられるのか、君の考えを聞かせてくれないか」と言う。このとき、具体的に実行可能なことを選手から引き出すためにヒントになることも添えなくてはいけない。それでも、問題はこの会話が終わるときに完全には解決しないかもしれない。しかし、選手は、尊敬と自信を感じながら部屋をあとにできるだろう。完全に問題をクリアできなくても、これから話し合いをどう続けていくのかを決めて、建設的に進めていくことを確認できるだろう。

「相互信頼」はこういうプロセスでは大きな力となる。選手はコーチに対して、単にコーチとしてだけではなく人間的にも尊敬の念を深めるのではないか。選手の言うことを聞くことにより、その場が混乱するだろうと心配してはいけない。選手との真摯な話し合いの時間を設けることによって、実際には、選手の信用や信頼を勝ち取る過程において、選手をよりよくコントロールできるようになるだろう。そのうえ、問題をどう伝え、どう建設的に解決するかということを選手に教えるのに役立つのである。

2 自分のメッセージを発信すること

さて、コーチが選手にメッセージを伝える際に、選手のなかに聞きたくない者がいる場合はどうしたらいいのだろうか？　たとえば、プレシーズン練習にすなおに取り組まない選手がいるとする。選手たちは週三回の「二マイル走」を課せられている。ところが、それに反抗して走ろうとしない選手がチームの中心的な選手だとする。「走らない」ことによって努力の欠如を露呈し、反チーム的メッセージを仲間に発信していることになり、同時に本人のフィジカルコンディションをみずから悪化させる行動をおこなっているも同然である。こういう場面が生じてしまったとき、コーチとチームスタッフはどう対処するのか？　もちろん放置できない。その選手に規律を守らせなければ、チームのほかの選手たちは、コーチと練習プランのお粗末さのせいだとみるだろう。その選手のことでチームミーティングをおこない、どれだけチームとみずからにダメージを与えたかを伝え、もし変わらないのなら罰則を適用せざるを得ないと言うか、または、コーチやその状況に対応している選手とミーティングをおこなうか、ひとりのコーチがその選手とその状況について話し合う一対一のミーティングをするかだろう。

ここでは、ヘッドコーチが選手に単独で会い、建設的なコミュニケーションをおこなうことを提案したい。

「そう感ずる・・・いつ・・・どうしてかと言うと・・・」というふうに話を進めて、選手の言い分を聞く。そして、選手として自分のとった態度を反省しているようであれば、「君が言う問題点を直すために、（コーチに）どう協力してくれるか？」とか「どうしたら、今度からそういうことがなくなるか？」とか尋ねる。こうすることによって、事態打開の鍵は選手にゆだねられる。おそらく、選手はなぜ練習を拒んだのか、わけを説明するだろう。たとえば、授業の予習、復習、宿題などで追われていて、気持ちが疲れていた、などである。しかし、もう自分を自分で追い込みすぎないようにし、ちょっとひと休みできるような生活に変えることができるようになるだろう。そして、みずから態度を改め、チームにもコーチングスタッフたちにも詫びるに違いない。

こういうやり方なら、オープンなコミュニケーションを維持できる。それは問題のある選手の「人柄」というよりも選手の問題行動を個人的なものとして取り上げ、その選手に自分の主張を言う機会を与え、解決にみずからが関わるチャンスを与えているからだ。また、その選手に自省する時間と今後の身の処し方を考えさせるチャンスを与えている間に、その選手のメンツを潰すことなく、コーチは選手にやたらと当たり散らすことなく言うべきことを言う状態を維持できる。

ここで留意しておきたいのは、その問題ある選手との話し合いの過程では、「選手とコーチとの人間関係」を傷つけてしまうおそれがある辛辣な、あるいは怒りの表現はいっさい使ってはいけないということだ。また、選手が意固地になってしまい、「本音の語り合い」ができないような状態に選手を追い込んではいけないということだ。正当な理由なくして練習に出ないということは、たとえその選手が主力選手であろうと、退部とか出場停止とか、それ相応の処分をしても無理はないし、妥当であろう。けれども、大事なことは、選手みずからが考えを改め、態度を改め、自発的に練習に復帰し、コーチがやむを得ずコーチの権力で選手を懲罰してしまうことがない、建設的な問題解決策を可能なかぎり追求することだ。

! 選手とよきコミュニケーションをはかるためには「批判」、「非難」、「こきおろし」、「呼び捨て」、「厳しい脅し」など古典的な方法を用いても逆効果である。

このような古典的な方法で選手と対応しても、解決策を生み出せないのがつねである。選手を間違った方向に追いつめ、歩み寄りができなくなってしまう。選手との話し合いがうまくいかない、さらに選手のなかにはコーチとのやりとりに応じない者もいる。そのようなら、率直に、正直に、前向きに、穏やかに選手と向き合う。敵意は効果的だったためしがない。同じことをくどくど言うのもよくない。たとえば、「走る練習をさぼるな」と言う代わりに、「まず、練習計画通りやってみて、どういう結果が出るのか、それからその練習をするかしないかを決めたらいいじゃないか」とチームの規律を守ることによって前向きな効果を強調する。「走力アップの練習を欠かさずやることによって、体力をものすごく強化できるぞ」というように。

攻撃的な態度を誘発するような、刺激的な言い方はしないほうがよい。「何を考えていたんだ？」「どうしようと思う？」「なぜ、やらないのか？」というような表現は避けるべきだ。個人的な脅迫まがいの表現になってしまう。コミュニケーションというものの半分は、駆け引きのようなものであることを覚えておいてほしい。選手の背中を軽くたたく、肩に手を置く、などするのは「思いやり」、「誠実」、「気遣い」の気持ちを選手に伝える効果が高い、無言のコミュニケーションだ。

ほかのスタッフ、選手の親たち、審判、チームの部長など、うまくコミュニケーションをはかろうと望んでいる人々にもここで述べたようなスキルを身につけてもらいたい。こういうものは、日々の練習こそがもたらしてくれる。

3　前向きな視点に立つこと

コーチングにおける「熱意」というものは単なる情熱やひらめきではない。「感情のほとばしり」、「気持ちの高揚」、「喜び」、「勇気」、「大胆さ」、「無私」、「愛情」、すなわち、われわれすべての者に「やる気」、「動機」、「ベストを尽くす能力」をもたらしてくれる資質としてあらわれるものなのだ。

「熱意」は、重要なものであることは言うまでもないが、だれにでも認知されるわけではない。日々のコーチングにおける目的、使命に没頭するなかで育まれる、純粋な副産物だ。コーチ、選手、マネージャー、トレーナーは、すべての関係者に「熱意」を伝える役割を果たしているのだということをわかっておく必要がある。だから、その態度を促すためのことばを書き留めた紙をロッカールームやスタッフの部屋に掲示しておくことを勧める。その文章はこんなものである。

「チームから〝熱意〟を失わせようとする者は許さない」

コーチが言う「目的」に合わせて、どのようなことばを作成して、どのようにその意味を徹底するのか、選手たちと話し合う場をもうける。コーチが明確にことばでビジョンと使命を説明できれば、コーチと選手は計り知れないエネルギーと熱意をみなぎらせてシーズンを乗り切るモチベーションと根気強さを十二分に備えたことになる。

目的達成に立ち向かう純粋な熱意は見分けがつく。ときにはモチベーションのアップにつながるし、妬みや羨望をもたれたり、他人を欺くことも起こしかねない。その日の気分で「熱意」が変わるようなコーチは、やけに生き生きとしているときもあるだろうが、ひとたび深刻なスランプがチームを襲ったときには、チームを壊滅状態にしてしまう。そう珍しくないことだが、たまたまその日の気分でチームが好調になり、あっという間にゲームに勝ってしまうことがある。しかし、それはいつも期待できる状態ではないから、逆に思わぬ負けを喫することもある。「熱意」というものは、外面から見てわかる高揚、消沈をともなう熱狂的な心の動きではなく、興奮や喜び、愛情といった心の内面に存在し、ちょっとやそっとではぶれない安定したものだ。

第1章で触れたスタンフォード大学のヘッドコーチの話を思い出してもらいたい（P.20参照）。「順調なときこそ兜の緒を締めよ」とコーチングスタッフや選手に語りかけたコーチだ。消極的な気持ちはマイナス感を生み、チームのすべての者から熱意を奪ってしまう。コーチと選手は神経過敏になり、緊張し、ためらいがちになる。それに、スタンフォード大学の場合のように、使命遂行の可能性の発揮を妨げてしまう。もし、このコーチが積極的な言動を貫いていたら、選手にもっと思うように楽しさを味わわせることができたし、目標達成には不可避のリスクがあっても、その芽を摘むこともできた。注意深く状況を把握しているコーチは、余裕をもって対応できる。選手たちのがんばりを称え、先の見通しも描ける。選手たちも、コーチはどのような事態が起きようとも冷静に乗りこえる準備を整えていると思っている。人は落胆や失望が直接的な死因となることは少ない。けれども、ぎりぎりまで挑戦しなかったという強い後悔は、人をまちがいなく挫折させるのだ。

「前向きな視点にたつこと」とは、選手のレベルアップのためによかれと思って批判することではない。あるいは、選手のためによかれと思って問題ある言動を見過ごすことでもない。コーチが体裁のよい反応をすることをすすめているわけでもない。つまり、選手が練習中や試合中に実際によくおこなっていることを伝えることなのだ。

かつて、ゲームで五本続けてショットを外した選手を皮肉な表現で叱責した高校バスケットボールコーチの話を聞いたことがある。彼は選手をベンチに座らせ、こう言った。

「パスしろ。ショットするんじゃない。あんなへなちょこショットなら打たないほうがよっぽどましだ！」

しかし、その選手はボールサイドでのディフェンスでは粘っこく、実によくがんばっていたのだ。でも、コーチはこのディフェンスでの貢献をまったく評価しなかった。そう言われた選手はそのあとゲームには出されていたが、とうとうタイムアップまで一回もショットをしなかった。このゲームが始まる前までにこの選手がもっていた「熱意」は消失してしまったのだ。コーチはその選手にショットをどのように練習しておくべきか、一度は教えたようだが、選手の心には「自分はダメなんだ」ということしか残らなかった。コーチはその選手を横に座らせ、こう言うべきだった。

「マット、君はすごいシューターだ。だから、ショットの前に『俺は名シューターなんだ』と自分に言いきかせてからからショットをするんだ。それと、ディフェンスのほうは言うことない、すばらしいぞ」

このように選手への対応ができれば、選手のやる気を一気に引き出し、燃えさせることができるのだ。

カリフォルニア大学サンタクルス校のテニス部コーチを務め、NCAA選手権で四回全米を制覇しているボブ・ハンセン[*33] (Bob Hansen) のコーチングは、よく工夫が凝らされ、選手を前向きにさせることで評判が高い。選手の自尊心を傷つけることなく、プレーの悪いところをあげつらうのではなく、どのように修正していくかということに焦点を絞り、選手をリードしていくスタイルだからだ。たとえばこういう調子だ。

「ジョン、やろうとしている作戦は間違っていない。でも、もっと相手にダメージを与えるには、もっ

*33 ボブ・ハンセン(1) 一九七七年からカリフォルニア大学サンタクルス校で教え始め、三年後の男子テニス部を創部してコーチとなる。チームはNCAAディビジョンIII(D-III)だが、〝剛球豪打〟のパワフルテニスで知られている。一九八九、一九九五、一九九六、一九九八年とNCAA選手権D-IIIでチーム優勝を遂げ、二〇〇五年にも五回目の制覇を達成した。また、ダブルスでもNCAAタイトルを四回獲得している。

ともっと前に出て、ネットに張りついたほうが効き目は大きいぞ」

これなら、選手がやろうとしていることを評価し、同時に、相手をさらにうまく守るヒントを与えている。また、ミズーリ大学バスケットボール部ヘッドコーチのクゥイン・スナイダー（P.31参照）は選手に対して、こういう刺激的なことばをコート上で言うことにしている。

「そうやって自分のポジションで相手と厳しく競り合っているのがいいのだ。いまこそ、相手にボールを持たせないように食い下がるんだ。そして、ボールを奪い返すんだ！」

このスナイダーのコーチングでは、さきほど述べたハンセンの場合よりも自分の考えをやや強く指示している。けれども、両者ともに選手を厳しく叱りつけるようなことはしていない。さらに、選手の修正点は何か、どのように修正したらよいのかをはっきりとさせ、それを理解させるための適切なコメントをおこなっている。このような方法で選手に修正を求めるコミュニケーションのとり方によって、コーチは選手を指導する間、選手を励ましたり、士気を高めたり、前向きにさせることができる。ハンセンもスナイダーもコート上ではまさに「教師」そのものだが、ほかのすべてのコーチたちもそうありたいと思っているのだ。

！　選手が正しいことをやるように彼らの心をつかむことだ。

選手には余りある称賛を与えるべし。けれども、恩着せがましくてはいけない。

チームに関わっているすべての人々とコミュニケーションしていくなかで、積極性と熱意を維持するよう次のような方法も試してもらいたい。

✓選手がどのような結果を出したかということよりも努力を重視する。

アイオワ大学テニス部コーチのポール・ウォードロー（Paul Wardlaw）は「ゲームに備える過程での努力」と「ゲームでベストを尽くして戦う努力」に注目する。このやりかたは、主力選手よりもさほどマークされていない選手に効果が出る。日ごとか週単位で選手を選考し、彼らの長所をじっくり時間をかけて気づかせ、コーチとして彼らをどのように評価しているのかを理解させる。選手の努力を促し、直すべき技術を修正することは、よりよい結果を生む。

✓皮肉、嫌み、否定的なことばを使ってはならない。

とくに、若い選手には禁物だ。経験も浅いため、ひどく深刻に受けとめてしまうからだ。熱意を喪失させるだけで、ろくなことはない。そればかりか、レベルアップにどうしても欠かせないリスクを犯してでもがんばろうという純粋な気持ちをも妨げてしまう。

✓選手とは公平かつ一貫したコミュニケーションで尊敬されるように。

選手には信頼でき、安心できる環境を与える。そうすれば、選手はコーチを尊敬し、コーチとの距離を積極的に縮めようとする。

✓コーチが抱いている懸念は選手とのコミュニケーションのなかで明らかにするように。

たとえば、チームが惨敗したあとに選手の気持ちを聞いてみようと電話をかける場合、その本人だけでなく、ほかの選手のようすも必ず聞くこと。練習中に、それぞれの選手の長所をひとつは見つけて言うようにする。

✓選手に期待していないことよりも、期待していることを言うように。

たとえば、「自分の相手に抜かれるな」と「相手とゴールとの間に位置をとれ」という表現の違いに注意する。後者のほうが修正すべき点が補われていて、選手に理解させるためにより建設的だし、前向きである。

✓コーチの意図が明確に理解され、現実的に達成可能かどうかを確認するように。

ミッションがはっきりしていなかったり、実現不可能なものだと、コーチングや選手に熱意を生み出すことは容易でない。

✓無私無欲の態度で、コーチ自身、およびほかの人々の熱意を引き出すように。

気配りと親切な行動は、小さくても重要なものであれば熱意が育つ環境をもたらす。いままで以上に笑みを絶やさず、チームの人々の努力にいかに感謝しているのかを語り、その日の調子はどうかと尋ね、チームの名誉を分かち合うパーティを開いたり、特別表彰の夕べを企画し、ひとりひとりの選手のそれぞれの努力をほめたたえるように。

✓予期しないハプニングが起こってしまったら、解決に敢然と立ち向かう態度を示すように。

✓苦しいときや、難しいときには「強さ」、「支援」、「激励」を選手に感じ取らせるために、チームミーティングをおこない、気持ちを奮い立たせる。

苦しいときに直面している問題を話すことは、チームがひとつにまとまっているときにこそ、選手たちの自信をよみがえらせる。固いきずなはチームの熱意の蘇生を助ける。

熱意を保つためには、自分がやっていることを本心から好きにならなければいけない。それはつまり、心も魂もすべて注ぎ込むぐらいでないとやっていけないということだ。それができないと、本当の勝利を呼び込めない。「熱意が失せたな」と感じたときは選手やスタッフとともに歩み、多くの人に前向きな影響を与える立場にあったことを振り返ってみるとよい。そして、ほかのコーチたちと話し合ってみると、新しい発想も浮かんでくるだろう。自分が尊敬している、あるいは教わってみたいと思っているコーチについて書いてある本を読むこともたいせつなことだ。どのような経緯でコーチになったのか、どのように熱意を保ち続けているのか、そこから読み取れるだろう。

優れたコーチのなかには、コーチングスタイルや日常のライフスタイルを変えたりして、教えている競技に対する気持ちに再び火をつける者がいる。そうすることによって、新しい重要な目標を設定できるし、それまで以上に選手ひとりひとりに集中できるだろう。しかし、コーチにはいつかチームから去ろうと考えるときが来る。熱意が徐々に萎えてきたなと思ったら、それは第一線から身を退くべしというサインだ。あのディーン・スミス（P.８参照）はこのようなことを言っていた。

「新しいシーズンが始まる九月になって、バスケットボールのコーチングに対する熱意がいつものようにふつふつとわき起こってこなくなったら、引退する」

やがて、このことばどおり、きっぱりとヘッドコーチの座を降りた。

4　他者への尊敬の気持ちを忘れず、自分にももってもらえること

勝ちたいと願うあまり、他人を軽蔑したり、心を傷つける態度をあらわにする選手やコーチの例を耳にすることがあまりにも多い。ＮＢＡでプレーしているゴールデンステイト・ウォリアーズのラトレル・スプリュウエル（Latrell Sprewell）が、コーチのＰ．Ｊ．カーリシモ（P.J. Carlesimo）に襲いかかり、首を絞めるという暴力を振るった。メジャー（野球）のロバート・アロマー（Roberto Alomar）は審判に唾を吐きかけ、すっかり悪名を高くしてしまった。選手やスタッフ、あるいは相手チームからも尊敬されることのたいせつさを、しっかり心に留めておくのを忘れないように。

真の尊敬はその人の肩書きや地位ではなく、いつのときも信頼でき、道義にかなった言動をとる人間性に対して生まれるものだ。その秘訣は、「自分が尊敬されたいと願うのであれば、他人に対していつも尊敬する気持ちをもつ」ということだ。これは、ロケットの打ち上げ技術のような難しいサイエンスの話ではない。肩書きや地位とは関係のない人々の間で互いに敬い合う人間関係が生まれ、育っていくのは、自然の法則なのだ。

よきコミュニケーションはチームのきずなをつくる接着剤となる。そして、尊敬はすべてのしっかりとした人間関係の礎となる。コーチとしての本当の強さと影響力を備えていたら、選手やスタッフを尊敬しつつ、彼らとうまくやっていける。

選手に少しでも「軽く扱われた」という感じを抱かせると、頻繁に反抗的になったり、怒りをぶちまけるようになるのがわかるだろう。そして、だらだらしたり、無関心になったり、さぼったり、かたくなになったり、ひねくれたり、手抜きするなど、あらゆる抵抗手段で面従腹背を始める。この場合、コーチは選手との個人的ないさかいには勝てても、もっと大きな勝負には負けることになるのだ。

！ 尊敬の念はあらゆる強力な人間関係を築き上げる源となる。それなくして、成功はあり得ない。

『ゲームの価値』という本を執筆、出版した元ＮＢＡプレーヤーのビル・ブラドレー*34（Bill Bradley）は、「尊敬を得る方法は、そのコーチによって違う」と述べている。

＊34 ビル・ブラドレー
一九六四年東京オリンピックでアメリカ代表として金メダルを獲得。その後、ＮＢＡプレーヤーを経て、民主党上院議員に。

＊35 ハンク・アイバ
〔一九〇四〜一九九三〕一九三四年から三六年間、オクラホマ州立大学のコーチ。一九四五〜四六年、ＮＣＡＡ選手権連覇。「鉄壁のディフェンス公爵」という異名をとり、理詰めの指導で完璧主義だった。また、オリンピック代表チームコーチとして二回の優勝（一九六四年東京大会、一九六八年メキシコ大会）。三回目のミュンヘン大会で、当時のソ連を相手に疑惑の決勝戦で敗れた。

ブラドレーのコーチはオリンピック・コーチのハンク・アイバ[*35]（Hank Iba）だった。彼の練習における徹底度を知らない者はいない。それが多くの尊敬を集める理由となった。練習中、黒板に書いてオフェンスの動きを説明し、選手にはそれをノートに書き留めさせた。つねに詳しくオフェンスの動きを説明して、選手の頭の中にたたき込んだ。一方、ブラドレーがプリンストン大学のチームでプレーしたときのコーチはバッチ・バン・ブレダ・コルフ[*36]（Butch van Breda Kolff）だった。彼の練習は、アイバのように細かいところまで説明することはなかったが、ひとたびゲームになるや、選手に「動きの工夫」を厳しく要求した。このスタイルに多くの尊敬が集まった。つまり、あらかじめ決めた「動き」を展開して攻めるセットプレーではなく、いわば即興性の高いオフェンス、すなわち、その瞬間、瞬間に選手がとっさの判断で攻める創造力を培うフリーランスな攻め方だったのだ。これほどにもアイバとコルフのコーチングスタイルは異なっていた。でも、ふたりに対する尊敬はすごかった。

つい最近のことだが、ＡＰ通信社が全米でよく知られているふたつの大学のヘッドコーチの交代を伝えた。ひとつめのケースは、選手の練習ボイコット騒ぎで、その根っこにはコーチに対する不信感という理由があった。もうひとつのケースは、選手に対する暴言問題だった。納得がいかない選手たちは態度を硬化させ、コーチとひどく対立してしまったのだ。このふたつの事件について、ウエイク・フォーレスト大学のトーマス・ハーン（Thomas Hearn）学長は次のようにコメントしている。

「伝えられているように、コーチがほんとうに選手を罵倒し、屈辱を与え、悪口を言ったとしたら、即座に解雇となろう。これは当然のことだ」

＊36　**バッチ・バン・ブレダ・コルフ**
［一九二二〜二〇〇七］一九六三〜六七年、プリンストン大学をコーチし、二年目にはＮＣＡＡ選手権第三位に。一九六七年、ＮＢＡロサンゼルス・レイカーズのコーチに就任し、二年連続でファイナルに進出するもボストン・セルティクスに連敗。以後、一九六九〜七六年にＮＢＡのピストンズをはじめ四チームのコーチを歴任。本人は生前、「コーチングはコーチング。練習をがんばり、ゲームを学びたい十人のプレーヤーがいたら十分。観衆の数は気にしない」という言葉を残している。

ハーン学長のコメントは「コーチにはコーチとしてもつべき普遍的心構えがある」ということを明確に指摘している。遺憾なことだが、このふたつの大学で起きた不祥事は大学レベルにかぎったことではなく、子どもたちのリーグからプロにいたるまで、さまざまなケースで生じている。そのほとんどは公にされない。せいぜい、介入して軽い罰を科すくらいである。それにしても、このような話は大学から選手やコーチにどのように伝えられているのだろうか？　まさか、コーチのほうに加担しているのではないだろうか？

数年前に、将来を有望視されていた陸上競技のトラック種目の一万メートル走をやっている選手のコーチングを手伝ったことがある。ＮＣＡＡディビジョンⅠの選手権にも幾度となく出場しており、スタッフや仲間たちからの称賛に値するくらいのすごい競技成績の選手だ。陸上競技の世界では超一流にランキングされる。彼の地道なフィジカル、メンタル両方の努力は高く評価できる。

あるときその選手が、重要な選手権に出る前に、予選でもない競技会に出場したことがあった。大事な選手権が数日後に迫っていたときだったので、本番前の仕上げのつもりにしようと、ちょっと軽めに走った。当然、自己ベスト記録を下回る。そのことにコーチは激怒した。その選手は、コーチに自分の意図を説明しようとしたが、まったく聞き入れてもらえなかった。あげくの果てにコーチは、「出場しても結果が出せないので、自分のコーチングに恥をかかせることになる」と言い、選手権出場をキャンセルしてしまった。

こうなってしまうと、選手とコーチとのコミュニケーションは完全に切れている。両者の立場をお互いが認め合うことも吹っ飛んでしまっている。コーチは選手の言い分を聞こうとしないし、選手のほうも競技前のコーチとのコミュニケーションができていなかった。両者の信頼関係がじゅうぶんでなかったことが露呈したのだ。結局、選手は選手権出場のチャンスを逸し、コーチも選手権優勝ランナーのコーチという名声を得る機会を失った。すべては、ふたりが相互の尊敬の気持ちをなくし、コミュニケーションが足りなかったことが原因となった。

優れたコーチは、競技水準が高くなればなるほど、選手とは互いにより深く尊敬の気持ちをもち合い、より密接に心を通い合わせることが欠かせないことをちゃんと心得ている。

尊敬の念をもって選手に対応すれば、選手はますますやる気を発揮し、ベストを尽くそうとがんばり、忠誠心も育まれる。また、自分が尊敬されていると感じている選手は、チームの課題を達成しようともっとがんばるし、さらなる苦難に立ち向かうし、もっと縁の下の力持ち役に徹しようとする。

NFLのサンフランシスコ49ersとスタンフォード大学のアメリカンフットボールの優れたコーチだったビル・ウォルシュ[*37（次頁写真）]（Bill Walsh）は、多くの人たちから「偽りのない尊敬に値するリーダー」と目されていた。選手との関係はまさに率直そのものだった。だれかを非難するということはまず皆無に等しい。それでいて、結果を出し続けたのだ。大声を上げること、それ自体が悪いわけではない。でも、選手の誠実さや自尊心を傷つけるような表現をしてはならない。

選手に対し尊敬の念をもって対応しているコーチの例としては、ミズーリ大学男子バスケットボール部ヘッドコーチのスナイダー（P.31参照）がいる。ウォルシュと同様に、「競技者として」、「人間

＊37　ビル・ウォルシュ
［1931～2007］
ロサンゼルス生まれ。高校時代からフットボールを始め、サンノゼ州立大学ではタイトエンドとディフェンシブエンドとして活躍。「相性のよさ、フットボールに対する知識と精通さ、人柄が傑出している」と評された。1977～78年、1992～94年はスタンフォード大学監督。1979年にサンフランシスコ49 ersのヘッドコーチに就任後、不世出の名クォーターバック、ジョー・モンタナを擁して当時の数々の劇的な勝利をものにし、1980年代に黄金時代を築き上げた。互いの尊敬と誠実なコミュニケーションを選手と分かち合いながら、スタンフォード大学と49ersで結果を出し続け、他界するまでフットボールとの人生を歩んだ。
（Photo by Ron Wyatt/SportsChrome-USA）

として」選手を育てることをベースに置いている。選手と互いに尊敬し合う息はまさに完璧だった。それに、「勝つために厳しく戦う戦士の精神」をもち、選手とはバスケットボールのことだけでなく、ひとりひとりの成長についてまめなコミュニケーションを欠かさない、選手を支援する「教師としてのハート」を備えたコーチだ。だから誠実さや自尊心を傷つけることなく選手を叱ることができる。選手はいつも自分の言動には責任感を抱いている。

スナイダーがヘッドコーチに就任した最初のシーズンのとき、主力選手のひとりが練習中に新任コーチのスナイダーを試してやろうと、口答えをしたことがあった。そうでなくとも、選手たちに「どんなコーチなんだろう？」という複雑な気持ちがあったことは確かだ。でも、その選手の態度は適切ではなかった。スナイダーは、我慢できずにチームメイトの前でその選手を懲らしめたのではなく、ひと言も発することなく、十秒間ほど——その場のだれもがもっと長く感じていただろうが——その選手を見ていた。それからまた、プレーを再開した。練習後、スナイダーは先ほどの選手を呼んで、一対一で話し始めた。

「不満があるのはわかっている。だが、ああいう吐き出し方はいただけないな」

そう言われた選手は後悔して、泣きながらスナイダーに謝ったという。選手とチームに対する尊敬の気持ちを通して、スナイダーはその日、コート上でチーム全員に自分の「そう簡単にはぶっち切れない心の強さ」、「チームコントロールの手腕」、「問題の核心の把握力」を示したことになる。かくして、スナイダーは瞬く間にチーム全員からこぞって支持されるようになったのだ。

！　相互の尊敬は、高レベルのパフォーマンスには不可欠である。これがきちっと育まれていないと、そう簡単には勝てないし、常勝ということもありえないし、危なげのない勝ち方もできない。

当時、ヘッドコーチだったレッド・オーバック*38（次頁写真）（Red Auerbach）がボストン・セルティクスの強さの秘密を尋ねられたとき、ただひと言、こう答えた。

「選手に対する尊敬の気持ちだよ」

前述したハンセン（P.68参照）がNCAA選手権を四回も制覇できたのは、選手に対して無条件の尊敬の気持ちをもっていたからだ。選手たちがこういうことを聞かせてくれた。

＊38　レッド・オーバック
［1917～2006］
ニューヨーク州ブルックリン生まれ。若き日々はバスケットボールに明け暮れ、赤い頭髪と激しい気性から“レッド”（Red）というあだ名がついた。ジョージワシントン大学を1941年に卒業。この頃からすでに「速攻」の戦術的効果を意識していた。1950年にNBAボストン・セルティックスのヘッドコーチに就任。黒人プレーヤーを積極的に登用した。1959～66年まで8年連続でNBAを制覇、「ボストン王朝」と呼ばれる黄金期を築いた。タバコ好きで知られ、「オーバック以外は禁煙」と掲示するレストランがあったほど。中華料理を好んだことも知られている。
（Photo by Basketball Hall of Fame）

「コーチ（ハンセン）が自分たちに対して選手として、人間としてたいせつにしてくれるのがわかるから、言われることは何でもやろうと思う気持ちがわいてくるんです」

これは裏を返せば、選手たちも「コーチを尊敬している」ということである。ハンセンがシーズン中、いつも尊敬の念をもって対応している例をいくつか示したい。

✓選手に対して、練習とチームのなすべきことについての意見を求め、それに従って行動する：たとえば、「もっと我慢づよさが欲しい。エネルギーがなくちゃいけないときにはもうバテてしまっているように見える。どうしたらいい？」と選手に聞く。

✓遠征（アウェー戦）のとき、「チームのきまり」を引き合いに出しながら、門限の厳守を促す。

✓二言がない。裏がある言い方もしない：「気合いの入った練習ができたら、一度、休みにしよう」とチームに宣言したら、必ず、その約束を守る。

✓選手の不平・不満には先入観なく耳を傾け、やるべきことがある場合は的確に行動で示す。

これらは、選手に対する尊敬を示したい場合に実際にできる基礎的なガイドラインである。また、選手やほかのコーチから自分のコーチングへのフィードバックを求める方法にもなる。もう一度言っておくが、深い尊敬の念は開かれたコミュニケーションから生まれるのだ。

アシスタントコーチは、ヘッドコーチと選手との間の取り次ぎ役となる場合が多い。ある選手がアドバイスをもらいにアシスタントコーチのところに行くとする。それは、ヘッドコーチとじかに話し合うまでもないと考えたからだろう。だが、この場合、慎重さを要する。つまり、選手から尊敬されているという面と、選手にとって友だちという面との間に微妙な境界が存在するからだ。年齢が近いせいか、選手たちとうまくいく若いアシスタントコーチにこういう状況が多い。選手が言ってきたことのうち、何をどのように正しくヘッドコーチに取り次ぐのかという判断と方法も大事だ。選手のヘッドコーチに対する尊敬の気持ちをないがしろにしてはいけないからである。何かを言いに来たその選手に対しても「よく来てくれた」と尊敬の念をもたなくてはいけない。取り次ぐ内容は選手が言ってきたことに限ってよい。ただ、選手が受けるに値する尊敬の気持ちを選手に示せばよい。

尊敬というものの考え方はだれにとっても同じだ。ヘッドコーチでもアシスタントコーチでも、自分がそうしてほしいように選手に対応すれば、選手もそういう気持ちで接してくるだろう。

! ほかの者に対する尊敬は自分を尊敬することから始まる。

ほかの人を尊敬しようとしたら、何かを決意するときに必要な（第1章で述べたような）キャラクターを利用して、まず、自分がみずからを尊敬できるような人間にならなくてはいけない。尊敬される指導者になるには、わが身を範にして教えることだ。しかし、われわれ人間は道から外れることもある。人を敬うことで失敗したら、どれだけ早くそれを取り戻すかがたいせつである。ただ「申し訳ない。われながら取り乱してしまったようだ」と言うのが信用と尊敬を回復するのには効果的である。

スポーツというものは何ごとも、お互いの尊敬に基づく人間関係によって成り立っているということを選手に理解させなくてはならない。敗北やけがで自身を責めることがないように励ます。そして、選手たちがお互いに敬意をもって接し合うようにしなくてはいけない。

同時に、対戦相手を、自分たちの可能性を最高に発揮し、お互いのもてるものをすべて発揮し合って戦うパートナーとして位置づけるようにしなくてはいけない。スポーツはあたかも学校の教室の縮図のようなものだ。教師は教室では、子どもたちにとって「すべて」だし、ひとりひとりの子どものもっとも深い部分を引き出していくのが教師だからだ。お互いに尊敬し合うということは、自分はすべての人のなかに存在しており、すべての人のためにベストとなるものを求めることだと換言できよう。尊敬なくして固いきずなはあり得ないし、結果を出せるコーチングもできるわけがない。

5 信頼を築き絶やさないこと

チームに結果を出させようとしたら、リーダーシップへの「信頼」はその成否の決定的な要因となる。

！信頼はよきコミュニケーション、深い敬意の念、それを促す環境で育つのである。

最近、ある大学チームから指導の手伝いを頼まれたときのことだ。「コーチたちは正直じゃないし、公平じゃないし、誠実じゃない」と多くの選手が不満を抱いていることがわかった。選手たちの言い分はこうだ。

「今日の練習でがんばったら、明日は休みにしよう」とコーチたちが約束したので、選手たちは必死でがんばったのに、それを守らない。明らかに選手とコーチングスタッフとの間に亀裂が生じていた。それればかりか、チームはコンスタントに力を発揮しなくなり、その日のふたを開けてみないとわからないという状態を引き起こした。「どうだってよい」と選手は投げやりになるから、接戦や苦戦での粘りがなくなる。コーチの能力に疑問をもち始めて「信用できない」と感じているから、練習でも全力で臨もうとしなくなる。コーチングスタッフに何か言えば、別々のことばが返ってくるので、いったいどのスタッフを信用したらいいのか戸惑う。

かくして、信頼感は吹き飛び、チームはバラバラの状態となり、互いの心が傷つこうが、戦績が落ち込もうが、だれもなんとも思わない、ひどい状態と化した。信頼はガタ落ちになり、コーチの選手に対する不信感も募っていった。早急なチームづくりの建て直しが必要であった。

そこで「チームには好ましくない雰囲気が漂いつつある。早急に手を打つべきだ」ということを全スタッフに認識してもらうべく、ミーティングを提案した。そして、次のように説明した。

「選手たちは必ずしも特別にどうこうして欲しいと要求しているわけではない。コーチたちがうそをついて誤魔化さないで、もっと真剣にコミュニケーションしてほしいと要求しているのだ」

どうやら、コーチたちはチームに何か問題が起きつつあるらしいということは理解したようだが、具体的に何をすべきか、どうしたらよいのか、頭がそこまで回らなかったようだ。そこで、こうひと言つけ加えた。

「チームがこうなった原因は、選手とスタッフの関係がしっくりいかなくなったからだ。両者がともに問題を抱えているのだ」

ようやく事態を飲み込めたのか、コーチたちは信頼回復をはかろうと、チームミーティングをやることを決めた。そして、その席で、まず選手の不平・愚痴など、言い分に耳を傾けた。それから、建設的な方向にチームを変えていこうというコーチ側の考えを話した。選手たちの言い分を聞き、これから改めていくことの実践計画を立てた。選手がとくに求めたのは「明確なコミュニケーション」と「約束の履行」だった。コーチたちは選手の要求が徹底できているかどうか、全員の足並みがそろっているかどうかを点検するために、ひと月おきに会合をもつことにした。コーチたちはコミュニケーションの改善に取り組み、選手はコーチが決めた指示に従って課題をこなしていった。ミーティングで両者が腹蔵なく吐き出したことが問題解決に結びついた。

もちろん、ときにはやたらと反対するばかりで、コーチが困惑するのを見たいと思っている選手が、大きな不信の種となることもある。ちょうど「庭師が健やかな草木の成長を妨げる雑草を引き抜く」ように、コーチはチームの健康を損なうようなマイナス因子を取り去らなければいけない。けれども、そういうときはまず初めに「不平不満分子」と話し合うのを避けてはならない。彼らがチーム内に伝染するウイルスとしか映らなかったことをはっきり言うべきだ。彼らに方向の転換をさせるための前向きな解決方法と、そうでなければチームを去ってもらうという、もうひとつの選択肢を明確に示さなくてはいけない。もし、そういう選手がチームの主力だとしても、彼らのマイナス的言動はチーム全体に影響する。コーチが選手に対して断固とした姿勢を示さないと、チームの結束に亀裂が走る。

チームにおける信頼感を育て、維持する方法を示したい。チームに問題が表面化したら、たとえば、スタッフも選手もそれを無記名で洗いざらい書き上げ、持ち寄る。問題が相当「根が深い」場合は解決を求めて毎月おこなう。また、「早急に手を打ったほうがいい」と感じたときは直ちにおこなうべきだ。たぶん「好き勝手なことを書いている！」と選手の意見を承服できないこともあろうが、「なるほど」と納得がいく訴えもあるかもしれない。そういうときは適切に選手への対応を修正して、信頼を取り戻さなくてはいけない。ほかのスタッフとともに選手が書いた一枚一枚の内容をじっくり検討して、何をなしうるのか結論を出していかなくてはならない。選手から出されたチームの問題点を公にするミーティングを開き、今後の活動で改める点、変えなくてもよい点、またそれはなぜかを話し合うべきだ。チームの再生に向かってともに取り組むことだ。

！チームの方向づけを決めるプロセスでは タイミングよく選手を参加させなくてはいけない。

コーチは選手たちの素顔を理解しなければいけない。すなわち、ゲームに負けたり、けがをしてしまったり、もめごとが起きると、わざとその原因をコーチなどのせいにすり替えてくることがあるから、注意が必要だ。問題を共有、相互負担し合う責任が課せられていることを棚に上げて、チームの体制、組織が悪いのだと言い張る。選手はコーチに対する疑問があっても、よい結果を出そうと時間と努力を費やそうとはせず、ゲームに全力投球することを拒むのは言うまでもない。自分たちの限界まで練習に打ち込んだり、相手と闘わなかったりするチームはゲームに勝てるわけがない。選手たちがコーチに対してどのような気持ちを感じていようと、コーチはチームに対して、お互いが尊敬し合い、誇りをもって「フォア・ザ・チーム」のスピリットに徹することを改めて意識づけしなければいけない。

こういうことをあらかじめコーチがちゃんと選手たちにやっておくと、シーズン中ならその直後に文句のつけようがないベストゲームで勝つ。ところが、その翌週のゲームでは一転してプレーの冴えが消え、互角の相手だというのに連敗を喫するという、予想しなかったチームに変わってしまう。いったい、どうしたのだろうか？　答えはこういうことだ。

コーチが「不信感」の核心を的確に把握できておらず、その核心に迫る絶対的な策を講じていなかったからだ。

「みんながひとつにまとまってがんばろう」程度のコーチの話は、選手にとってはしょせん見え透いたリップサービスにすぎない。これでは別の不信感が生まれるだけだ。コーチに一言があったら、信頼感は崩壊する。だから、「こういうときはどのようにしたら信頼感を確立することができるだろうか？」と、いつも自問していなくてはならない。そして、一挙手一投足の労を惜しんではならない。

選手たちとコーチとの信頼関係が崩れてしまうと、チームは妥協も譲歩も和解もあり得ない深刻な状態と化す。お互いが何を言っても不信感が先に出てしまうから、平行線のまま溝の埋めようがなくなる。選手のなかからは「もう、嫌だ。もうたくさんだ」の一点張りで、退部を言い出す者も出てくるし、コーチの話に聞く耳をもたなくなってしまう。

信頼して欲しいなら、コーチは思いきって選手を信頼するしかない。先ほどの話では、コーチが選手に信頼を示すことにより、一時的に関係悪化の悪循環を好転させた。しかし、スタッフはその過程を維持しなかった。そして結局、事態は再び崩れ始めたのである。このようなことが起こったとき、ただ危機を取り繕うという対応ではなく、コミュニケーションをとり、一貫したことばを通すことが、良好な関係を保つためには必要なのである。

！思いきって選手を信頼すべし。
さもないと、選手はコーチの信用を得ようとへつらう。

まわりに信頼感を感じさせ、信頼されるやり方はいろいろある。緊密な信頼関係を築く効果的な方法をいくつか示しておく。

✓選手とスタッフには「頼りにしているぞ」という姿勢でコミュニケーションする。

✓意志決定のプロセスにチームを参加させる方法を探しておく。

服装規則、夜間の外出禁止令および欠席などの決定は、選手自身もいっしょに決めるべき重要事項である。コーチが選手を信頼して下駄を預ければ、逆に選手もコーチを信頼する。必ず彼らの考えを通すように。

✓いったん選手に指示したあと、彼らの責任を担う能力について探るのは避けるべきだ。

つまり、指示が実行されたなら、彼らに有利なように見守るくらいでちょうどいい。選手やスタッフを細かく管理することは、依存状態をつくり、自分で行動する自信がなくなるのではないかと彼らに邪推させる。コントロールを失うことを恐れてはいけない。皮肉にも、それほど頻繁にチェックをおこなわないほうが、選手やスタッフは信頼されたと感じて、率先して努力するだろう。

✓コーチの行動に、チームに課そうとしているミッションを反映させるか、一致させるようにする。

たとえば、あるコーチが自分のチームの選手にだけは「お互いに尊敬と信頼をもとう」と説くが、自分のスタッフやほかのチームのコーチには信頼も尊敬もしなかったとしたらどうなるか。ときどき選手の前でアシスタントスタッフを中傷するような態度をとっていると、お互いへの尊敬および信頼と逆の方向に選手を向かわせてしまうだろう。一貫した態度は、信頼の確立の鍵なのである。

自分の使命、目的、選手への指示をチームの信頼感のなかで展開していくためには、忍耐は欠かせない。きちっと練り上げ、結果を出せるコーチングなら、チームの歯車が狂うことはない。そういうチームの例はリーグ、カンファレンス、ＮＣＡＡ選手権で何度も目にしてきた。選手はリラックスし、和やかで、自信がみなぎり、スタッフと一枚岩になっている。しかし、前任のコーチと代わって新しく就任したばかりで、めぼしい結果をまだ出していないときはそうはいかない。信頼関係がなければ、選手はより神経質になり、コーチが言わなくてはならないことを聞きたがらないかもしれない。そして、そのことが成功の妨げとなるだろう。こういう状況だと、チームの進化はなかなか形になって見えてこないが、コーチはぶれてはいけない。信頼感の育成は焦ってはならない。信頼とは、公平、正直、隠し立てがなく、頼もしい、堅実な人柄と使命に従って行動するときに得られるものである。

！有言実行、終始一貫した行動が信頼感を築く鍵となる。

人を信頼するようになるまでには時間がかかるということを覚えておかなければならない。人の言動をじっと見ていると、その人が信頼に足りるか足りないか感じ取れるものだ。もし、アシスタントコーチのひとりがヘッドコーチのコーチング理念などに懐疑的であり、ヘッドコーチを信頼していないときは、相互理解し合うためにじっくり話し合うべきだ。疑問があるなら、徹底的に話し合う。信頼感にまつわるほとんどの問題の根底には「コミュニケーション不足」が横たわっている。こじれる前によく会話すべきだ。

これはどの競技にも当てはまる。アーカンソー大学サッカー部ヘッドコーチのアラン・カークアップ（P.33参照）が新コーチとして着任した最初のころもそうだった。移る前にサザン・メソジスト大学ですばらしい結果を出していたので、アーカンソー大学で同じように結果が出始めるまでに四、五年はかかるだろうと思っていた。しかし、いざ始めると、予想以上に難渋し、初めの一年半はたいへんだった。コーチングスタイルを飲み込ませ、自分のコーチ哲学を選手に理解させようとしたのだが、それまでのチームに染みついた好ましくない習慣を絶つのに、思いのほか時間がかかったのだ。

カークアップといっしょに組んだことがある。私たちは、それぞれの選手の特質は何か、その特質を発揮するためにひとりひとりが何をしたらいいのかを明確にした。たとえば、「勇気」という意味は「取れるか取れないか可能性は五〇パーセントというボールに食らいついていくこと」、あるいは

「ディフェンスするために全力で戻ること」と説明し、「大胆さ」とは「リスクがあるかもしれないことにひるまず挑むこと」であり、そうすることで、もっと優れた選手になるチャンスが増すと諭したのだ。また、「無私」とは「チームに貢献しようと自分しかできない方法を模索する前向きの姿勢を言い、その方法を実践すること」だと理解させた。

さて、カークアップが率いるアーカンソー大学サッカー部だが、時が経過していくうちに、選手は徐々に理解を深めている「勇気」、「大胆さ」、「粘り」、「無私」を発揮し、ヘッドコーチのカークアップに信頼を寄せるようになった。そして、「こうやって勝とう」と、カークアップが示した練習計画に基づいた練習が進むにつれて、選手は一致団結し、残り六ゲームのうち五勝してしまったのだ。カークアップと選手とスタッフとの相互信頼が確立し、それまで低迷していたシーズンがうそのように一気に燃え上がり、翌シーズンが待ち遠しい気持ちにまで盛り上がった。

スコア、得点、記録、結果などで、できそうにない高望みをしてはいけない。ましてや、信頼感は無理して得ようとするものではない。はっきり形になって見えないからと言って、信頼感を捨ててはいけない。

6　思いやりの気持ちをあらわすこと

思いやりとは、ある人の立場や気持ちをほかの者とともに理解するのを可能にさせる心のことだ。

コーチとして欠くべからざる資質だ。それを身につけているチーム（スタッフや選手などすべて）はすごい結果を出せる。

！思いやりは協調性を生み、高水準の優秀さを維持する支えとなる。

かつて、ＮＢＡのシカゴ・ブルズを率いていたころのフィル・ジャクソン（P.21参照）がこういうことを言っている。

「何にも増して、お互いの深い思いやりが何年にもわたってチームの水準の高さ、および優秀さを維持する源になった」

思いやりは選手がさまざまな違いを超越してお互いに認め合うことを促す。また、思いやりは、結果を出すときではなく、失敗したときに、その結果よりもその間の努力に注目し、受け入れることを意味する。選手が思いやりをもって扱われたら、より協力的で忠実になる。そしてパフォーマンスは改善し、結果的に本当の勝利はごく当然のごとく転がり込んでくる。

一九八二年のことだが、ジョージタウン大学は、男子ＮＣＡＡバスケットボール選手権決勝で全米制覇するまであと一歩のところまできていた。残り時間数秒のときだった。一年生のガードの選手、フレディー・ブラウン（Freddie Brown）が、信じられないことに最悪のパスミスをしてしまい、相手のノースカロライナ大学のジェイムズ・ウォーズィー（James Worthy）にショットを許して負けてしまった。ゲームが終わるやいなや、ヘッドコーチのジョン・トンプソン[*39（写真）]（John Thompson）は

＊39　ジョン・トンプソン
［1941～］
NBAボストン・セルティクスで1964～66年プレー。1972年、ジョージタウン大学コーチに就任。前年の3勝23敗の脆弱チームを一気に立て直して、24年連続勝ち越し戦績を収める。1979～92年の間、NCAA選手権14年連続出場（1982，1984，1985年の3回ファイナル4）。学外者からの薬物使用の誘惑などを排除し、学生として学業と選手生活の両立の方針を崩さなかった。ゲームのとき常に真っ白いタオルを肩に掛けていたことで知られる。1999年に退任。また、1976年のモントリオールオリンピックのアメリカ代表チームのアシスタントコーチ。1988年のソウルオリンピックではヘッドコーチをつとめたが、準決勝でソ連に苦杯。
（Photo by Mike Kullen/SportsChrome-USA）

ブラウンのところに行き、叱責するのではなく、「いいから、いいから。いっしょに早くロッカールームに戻ろう」と声を掛け、がっくりしているブラウンの肩をやさしく抱きかかえるようにして、いちはやく、フロアから連れ出した。そして、ミーティングでこう言ったという。

「ブラウンがいなかったら、われわれは決勝まで勝ち進めなかったにちがいない」

トンプソンがこのように、ブラウンに対する思いやりを示したことは、「ミスはつきまとうものだが、そこから学び取るものもある」ということをチームにいっそう理解させることにつながった。ミスをしないように緊張、萎縮させるのではなく、選手にリラックスして伸び伸びとプレーする状態をもたらした。勝とうとするなら、ミスを恐れてはならない。自分たちの偉大さを知るために、リスクを受け入れなくてはならないのだ。トンプソンはこれを実践して見せた。その証拠に、この事態を乗りこえて、二年後の一九八四年のNCAA選手権で優勝を遂げたのだ。

トンプソンが示したような選手への思いやりの言動は、めったに華々しく取り上げられることはない。それよりも、一九九六年のアトランタ・オリンピックで女子体操競技コーチのベラ・カローリー(Bela Karolyi)が、けがをしたケリー・ストゥラグ(Kerri Strug)選手を観衆の前で抱きかかえている姿のほうが、イメージとしては印象深い。でも、このトンプソンとカローリーのような話は日常茶飯事のように毎日いろいろなところで起こっている膨大な数の思いやりの態度のなかのわずか二例にすぎない。「思いやりをもつことはたいせつである」ということを体操コーチのカローリーのように多くの注目を浴びるなかで示す場合もある。だが、スポーツ界は一様ではない。なかにはマスコミがまったく取り上げないような目立たないケースもある。いまや伝説的な名コーチで、高校でクロスカントリーを教えるジョー・ニュートン(Joe Newton)は、練習において、毎日百名をこえる選手ひとりひとりにひと言ずつ声を掛けることにしている。その内容は、大きかろうと小さかろうと、選手のチームに対する貢献をほめることばだという。

選手を鼓舞する方法には、トンプソンのような分かりやすい方法以外にさまざまなものがある。南カリフォルニア大学バスケットボール部コーチのヘンリー・ビビー(Henry Bibby)は、思いやりの気持ちをあらわすのに「ほめること」を用いている。NCAA選手権の出場権がかかったカンファレンス優勝決定戦で苦杯を喫した後、メディアにはこう語った。

「目にはそう映らなかったかもしれないが、うちのチームはいろんな点で相手よりも優っていたと思うね」

思いやりがないと、どういうことが起こるだろうか？　よく見かけるのは手痛いミスをやってしまった選手をこき下ろしている場面だ。それもシーズン中の公式戦のさいちゅうだったり、ときにはホームタウンのサポーターの目の前でやっている。こういう場面は、選手はもとよりファン、コーチたちにも影響を及ぼす。

ミスしてしまったあと「チームに悪いことをしてしまった・・・」と悔やんでいる選手が、コーチたちのひどい叱責に口答えしているシーンをよく見かける。ミスした自分を責めているのではないと選手はわかっている。だから、心のなかは複雑なのだ。それが選手の尻込みを生み、ときにはミスを恐れずに積極的にプレーする気持ちから遠ざけてしまう。気遣いは選手の言動と密接に結びついている。突然冷静さを失い取り乱したとき、歯車が狂った状態のチームをみんなが必死で立て直そうとしているとき、それぞれの場面で気遣いを選手に学ばせることができる。コーチはこういうことを選手に言い聞かせる。

「しょっちゅう、君に声を荒げているかもしれない。でも、それは個人的に責めているのではなく、激しい競り合いのなかのイライラを吐き出しているだけにすぎない。君をどう評価しているかを示しているわけではないんだ」

チームや選手に対するこういう説明は思いやりをはるかに根づかせるのである。

！思いやりを心得ている選手はみずから「全力を尽くし」、「リスクを犯し」、「信じられないほど大胆不敵になって」プレーする。

ペンシルバニア州立大学陸上競技部ヘッドコーチ、ハリー・グローブズ（Harry Groves）は、自分が思っている通り正直に選手に対して思いやりを示す。競技本番前の緊張で恐怖感に襲われている選手を前にして、その不安な気持ちを和らげようとユーモアを用いたり、プラス思考を促したりする。レース直前、選手にこう言っているのを耳にしたことがある。

「もし、勝ったら、好きになっちゃうな。もし、負けたら、（――選手のテンションが上がってくるのを待っているかのごとく数秒の間をおいて）それでも、好きになっちゃうかな。だから、勝っても負けても同じだ。さあ、スタートに行って、走るのを楽しんできなよ。たかが競走なんだから」

こう言われた一年生の選手は自己新記録を出したという。グローブズのささやきは明らかに選手のプレッシャーを軽くしたのだ。さらに、レース前の選手というのはだれでも不安を感じているのをわかっていることを選手に伝え、選手には練習でつくり上げた能力があり、レースでそれを発揮すると信じていることも伝えているのだ。グローブズにとって、選手の身になって考えることは、選手に対して、思いやりを確実に示す方法である。競技ランナーであったグローブズは、レース前の選手の不安を解消させることが最優先事項だということを学んでいた。そして、走っているさいちゅうにフォームが崩れず、また、なめらかに、効率をよく走るためには、笑いを誘うことも必要だと認識している。

グローブズの選手に対する思いやりは、いつもチーム全体に向けられている。だから、選手同士が思いやりをもつようになり、互いを許し合い、落ち込みや苦しい局面をくぐり抜けていくことで成長していく。

こういうグローブズのようなコーチングスタイルは少ないだろう。だが、コーチはそれぞれ自分流の思いやりをもっているはずだ。二種類の選手がいることを覚えておいてもらいたい。それは、失敗して「負ける選手」と「勝つ選手」だ。思いやりをもつということは、敗者はどのようなことを感じているのだろうかと考えることによって、勝者となったときに謙虚でいるようにすることだ。

！自分自身が寛大になるように。

結果を出せるコーチは、選手の人生に気を配っていることを示す。さらに、病気やけがでダウンしたり、挫折や敗北のときにお互いに支え合い、助け合うように選手を励ますのである。しかし、選手にかけることばは本心からのものでなくてはいけない。そうでないと選手はそれを見抜いてしまう。とりわけ、ベストを尽くそうと熱心に対応する自分自身も思いやりをもつことで、苦労と挫折を分かち合うことができるだろう。自分への思いやりをもつことで、すべてのことがいまにも失敗してしまいそうなピンチのときに、乗り切って前に進むことができる。

Coaching Point

1. 選手の役に立つチャンスがくるのを待ち、選手のかたわらにいることを感じさせる。
2. まわりの人から情熱や熱意を示す方法を学び取る。
3. 自分たちのゲームやチームに敬意をはらう。
4. ほかの人に対して、自分が接してもらいたいように接する。そうすれば、心身ともにすこやかで、練習も充実し、結果を出す選手にふさわしい環境となる。柔軟な思考ができることは精神的に安定していることのあらわれである。
5. 選手に信頼を示すときは、忠実、尊敬、激励という場面でおこなう。信頼は絶対に必要なものである。
6. 見守り、励まして支え、心からほめる。
7. 選手がリスクを冒し、敗北したとしても、いっそうの思いやりがもてるように配慮する。

思いやりは、何世紀もの間、世界的にもっとも有能なリーダーたちの宝であり、基礎となってきた。中国の賢人である老子は「ふたつの軍隊が戦ったら、思いやりのあるほうが勝利を味わう。その地位に長く留まることができる指導者はもっとも思いやりの深い者である」と言っている。

第3章

尽くす雰囲気をつくる

Creating an Atmosphere of Service

Creative Coaching

コーチが選手のために親身になって何かをしてやろうとすれば選手はコーチについてくるはずだ。

中国のことわざに「思いのままにしたければ、尽くすことであり、尽くせば意のままになる」とある。これがコーチングの真髄だ。コーチが心から選手に尽くすことは、選手たちのよい手本にもなるし、選手が安心して練習にうち込める環境のなかで、可能性を発揮し、結果に結びつけるきっかけにもなる。選手にそのように接すると、選手の成長や飛躍に必要な、ともすれば危険とも思われかねないほどの思いきった自由を与えるゆとりの気持ちも出てくる。このことは、チームや選手が自分たちの持てる力を発揮し、結果を出すまでの選手に対するきわめて効果的な刺激となる。

「尽くす」ということは、選手たちの要求をすべてそのまま「まる飲み」するということではない。選手には言いたい放題なところがあるが、コーチは選手の要求や願望をすべて聞き入れることによって、選手の支持を得ようとこびを売ってはならない。「聞き入れるということ」はつねに盲従することでもないし、何でも聞き入れることが、選手の成長を促すことにつながるわけでもない。

どちらも若者の人間的成長に奉仕する責任を負うという意味において、コーチングと子育てを比較する人もいる。親とコーチとでは、子どもに対する気のもちかたには少々違いがある。しかし、親とコーチの努力が選手のふるまいやパフォーマンスにそれぞれ反映されるという点は同じである。スポーツをやっている子どもの親の立場としては、選手を指導するのにスポーツの技術のみならず、スポーツマンシップを育成すべくトレーニングを課し、さまざまな練習内容を与えてくれるコーチに自分の子どもを託したいと思う。親が子どもに好ましい家庭環境をつくりたいと思うのと同じように、コーチも選手が潜在能力を発揮できるよう、最高の環境を提供することで貢献したいと考えているのである。よいコーチとは、よい親や教師のように、選手を自立した個人として尊敬し、思いやりをもち、尊厳をもって扱う。選手はこのような環境をうれしく思い、喜んで百倍の努力で報いるだろう。

[*40]（次頁写真）ティム・ガリクソン（Tim Gullikson）は、四十四歳の若さで悲劇的な脳のがんに侵される前に、コーチと選手との信頼関係を築くにはどのようにすべきかという、まさに後世に残るすばらしい例を残した。もともと指導することが大好きだった。だから「自分は生まれながらにして、コーチになる宿命にある」と思い込んでいた。駆け出しのコーチだったころにプロ選手を指導したとき、「信頼をうまく維持するには、その選手と同じ高さに立つこと」のたいせつさを思い知らされたという。

教え子のひとりに、テニス界で有名なピート・サンプラス[*41]（Pete Sampras）がいる。一九九二年にふたりは出会った。他界する前の四年間、ふたりはコンビを組んだ。そして、サンプラスをテニスプレーヤーとして、スターの座に君臨させ続けることに成功し、そのうえ、サンプラスの人生設計な

＊41
ピート・サンプラス
［一九七一〜］
一九八八年に十七歳でプロ入り。一九九〇年の全米オープンの決勝でアンドレ・アガシをストレートで破って四大大会初優勝。以後、ウィンブルドンの七度（歴代一位タイ）を筆頭に四大大会優勝は十四回（歴代一位）を数えるが、全仏オープンのタイトルだけは獲得できなかった。また、一九九三年から九八年までの六年間（通算二八六週連続）世界ランキング一位に君臨、これも歴代最長記録である。

＊40　ティム・ガリクソン
［1951～1996］
ウイスコンシン州ラクロスで双子の後から生まれた弟として誕生。テニスでシングルスの選手として期待され、1977年からプロ大会に参戦、1979年の全英オープンでは準々決勝まで進んだ。ダブルスでは1983年の全英オープンで兄のトムと組んで準優勝。プレーヤーとしての世界ランキングは1984年の6位が最高。1986年に現役引退してコーチに転身し、ピート・サンプラスが世界の頂点に立ったときのコーチをつとめる。1995年に脳腫瘍と診断され、1996年に死去したが、兄のトムが「ティム＆トム・ガリクソン財団」を設立。脳腫瘍患者、疾病のために社会的障害のある人たち、あるいはその家族を支援する事業をおこなっている。
（Photo by Lane Stewart/Sports Illustrate/AFLO）

どに大きな影響を与えたのだ。
「人間とは傷つきやすいものであるということがよくわかった」と一九九六年六月（AP通信、一九九六年六月二十七日）のインタビューでサンプラスは述べている。
「ティムは四十四歳だった。体をたいせつにしていたし、人間としてすばらしい存在だった。なのに、われわれのもとから去っていってしまった。そのことでいろいろ考えたんだ。テニスは〝偉大なゲーム〟ではあるが、いつかは終わりがくる。そして、それは、人生という視点からみれば、さして重要なことではない。なぜなら、テニスをプレーしたという事実は歳を重ねるとともに思い出に変わっていく。しかし、選手としてプレーを通じて人間的に成長したものは、生涯なくなることはないからだ」
テンプル大学のバスケットボール部コーチ、

[*42]ジョン・チェイニー（John Chaney）が、学生スポーツ選手の待遇について非常に率直に語ったことがある。個人競技であれチーム競技であれ、選手たちがもっとも気にしているアフリカン・アメリカンとしてのハンディ、学費や生活費、彼らに与えられる優遇措置などについての問題点を具体的に指摘したのだ。つまり、チェイニーはコーチだが、同時に学生スポーツ選手に対するよき理解者、サポーターでもあることをアピールしたことになる。選手に対して「尽くす姿勢」を強烈に示した例だ。

尽くす姿勢の手本となり、結果を出しているコーチは、選手がアドバイスや説明を求めてコーチに積極的に近づいてくることを知っている。選手はリスクを冒しながら成長できる環境のもとで教育されたり、学んだりする状況が生まれると、競技場でも、競技を離れても最大の努力をするものだ。

ここでは、コーチが選手に対して「尽くす」ことの重要な基礎である「しつけ」「激励」「公正さ」「受け入れること」「肯定」、そして「時間」に焦点をあてる。「いちいち選手に構っている時間なんてない。技術指導だけで精一杯なんだ」と思うかもしれない。尽くす方法を考えるには余分な時間がかかるかもしれないが、すでにやっているコーチングにこれを組み込むことができるのがわかるだろう。そうすることで選手がより高いパフォーマンスに達する道を切り拓き、選手はコーチの気持ちに応えるはずだ。実際、「尽くす」という環境をつくり出すことによって、選手が進歩する過程を長い目で見れば、結局はむだを省いて時間を活用していることになるのに気づくだろう。

*42 ジョン・チェイニー［一九三二〜］一九七二年、アフリカン・アメリカン（黒人）学生校のチェイニー州立大学（ペンシルバニア州）を率いてNCAAディビジョンⅡ選手権で優勝。さらに、テンプル大学を二四年間コーチして、NCAA選手権に一七回出場。「貴重な勝利はまずなによりもよき態度あってこそ」という強い信念で知られる。黒人であるが故にNBA入りを拒まれ、五〇歳になるまでNCAAディビジョンⅠチームのコーチの道を閉ざされ続けた。テンプル大学では恵まれないプレーヤーたちに奨学金が授与されるように尽くした。

1 育成と激励

カリフォルニア大学サンタクルーズ校男子テニス部のコーチのボブ・ハンセン[*43]（P.68参照）は、同校を四回のＮＣＡＡ選手権の優勝に導き、現在もコーチングを続けている。その特徴はトレーニングやコンディショニングだけでなく、選手の学業や家庭での生活にも気を配っていることだ。それぞれの選手を知る時間を設けることによって、ひとりひとりの選手に何が起きているのか（テスト中であることから可愛がっている犬が死んだことまで）知っている。彼は、選手の家を訪問したり、自分の家に選手を招いたりすることでオープンなコミュニケーションを維持している。そういう育成態度や指導は、スポーツや人生への高いモチベーション、興奮、熱意、エネルギー、楽しさといった選手の内に秘めた情熱に火をつける。もちろん、ハンセンも第２章で述べたコミュニケーションの原則を用いている。選手ひとりひとりを理解し、コミュニケーションを絶やさない努力を続けているのだ。選手がどのように過ごしているのか、という純粋な関心事についてだけ話をしているので、コーチと選手の境界をこえることはない。むしろ、選手にとってベストなコーチになるための時間として使っている。実際、選手のほうもそういうコミュニケーションを保つことをわずらわしく思っていない。

しかし、選手の私生活を深く詮索しすぎるとトラブルの種になる可能性があることを忘れてはならない。電話は競技に関することだけとし、選手からもちかけられたときだけ適切に個人的な問題について話し合うようにする。内容がコーチの知識をこえるものだったら、スポーツ心理学者やカウンセ

＊43 ボブ・ハンセン(2) 大学テニス協会（ＩＴＡ）から年度優秀コーチ賞三回受賞。さらに、ＩＴＡから一九〇〇年代優秀コーチの一人にも選ばれている。また、アメリカプロテニス協会から年度優秀コーチとして表彰されている。「こういう受賞は選手のがんばりの賜ものであり、証しにほかならない。選手たちと優勝をめざしてともに歩んできたことこそ至上のよろこびだ。」と述べている。

ラー、またはほかの専門家の判断を仰ぐように選手に率直にアドバイスするべきだ。

1．質問する

もし、育成と激励を通して選手に「尽くす」環境を生み出す方法を模索しているなら、以下の四つのことを選手に尋ねることから始めるとよい。

1．高いレベルでプレーするためには何が必要か？
2．何をヘルプしてほしいか？
3．やっていること、やり方に満足しているか？
4．コーチングスタッフもしくはチームの活動がもっと役立つ方法はあるか？

このＱ＆Ａは、選手とコーチの一対一の話し合いのなかでおこなわれることが望ましい。そうすることによって、コーチとスタッフたちは、選手がどのようにヘルプを必要としているかを判断できる。シーズンが始まる前にこのＱ＆Ａをおこなうことで、選手の目標に対する集中度が高まる。

この一対一のＱ＆Ａのなかで、選手の個人的な不平や問題に注意を払わなくてはいけない。この場合、選手の側に立って話を聞くべきだ。選手が質問に答える際に得られた情報を分類できるよう書き留めておく。Ｑ＆Ａの内容は、選手の要望に配慮するいちばんよい方法を探り当てるためにスタッフで検討する。これは、各選手がチームのなかでの役割をいっそう自覚するのに役立つ、すばらしいスタッフミーティングとなる。

四つの質問をしたとき、選手から「コーチ、もっと試合に出たい」と言われるかもしれない。「わかっている。そう思ったら、いま以上に自分をアピールしてほしい。こっちもそれを見逃さないようにする。そうしたら、きっと出番はくる。もし、自分の役割を広げたいなら、やるべきことはここにある」というように答えて、選手が何をする必要があるのか具体的に示すようにする。選手の反応は、ほかの専門家からのサポートを必要とするかもしれない。もしそうであれば、コーチとして自己過信におちいることなく、外部のエキスパートに依頼することだ。有能で熱意あるスポーツ心理学者は、多くの選手の心理的および感情的な求めに応ずることができる。

選手を突き放して見切りをつけてしまうのはいけない。たいせつなことは、選手をその気にさせる「背中のひと押し」のタイミングのよさではないか。この選手はどのような選手なのか、どのように選手が本気で取り組む気持ちにさせるのか、じっくりと時間をかけて見極めることがよきコーチングの手がかりになる。コーチングとは、ただ単にその競技の技術を指導することだけではない。前述した四つの質問は、この点に関する助けになるだろう。背中を押してやることが万能の策とはかぎらない。だが、失敗を恐れずにやってみたらいい。リスクを冒しながらも結果を評価することで多くのことを学び、いずれはすばらしいコーチになれるはずだ。その結果「ほめるべきか、引き締めるべきか」の決定方法を学ぶのである。

2. 引き締める、しかし公平に

選手の批判に耳を傾けることによって得られる重要な収穫は、「日々のコーチングへの自省」だ。選手の提案を尊重し、しかし自身の自説をまげることなく、チームの本来の目的をしっかり理解させる。そうでなければ、選手に尽くすことと、選手の「言いなり」のようになることを混同してしまうだろう。

ある全米トップレベルのヘッドコーチは、たとえチームの規則を破る必要がでてきても、すべての選手を喜ばせる方法を探し、懸命に好かれたがっていた。たとえば、そのコーチは、練習の遅刻や欠席に関して、ほかの選手よりもスター選手には寛大だった。そうなると、選手がゲームのときに思わずコーチに文句を言ったり、すなおに従わなかったり、非難したりしても、大目に見ざるを得なくなった。そして、ついにはさながら選手の「気まぐれの奴隷」も同然となり、そのことが問題を起こし始めた。規則は実際には重要でなく、都合よくどうにでも解釈できると選手が思い始めたのだ。そして選手たちは何でも自分たちの思いのままにやるようになってしまった。

ある選手が、練習より重要だといって練習を休むことを決めたとき、コーチは事態が度をこしていることを痛感した。選手にみくびられていたことをようやく飲み込めたのだ。その選手への対応を変えると、練習でふてくされた態度を見せ始め、試合ではふんばりをみせなくなった。私はコーチと会って、選手に対して確固たる態度を示せるよう、その方法について話し合った。目標は、そのコーチが選手をコントロールしていることと、選手に尽くすためにいるということを確実に選手にわからせることであった。ミーティングで、コーチはミスを認め、チームのメンバーやスタッフの考えを取り入れて新しい規則をつくった。コーチは、規則とは目標に向かってチームを維持するためのものであり、きっちり順守すべきだと説明した。それから、チームとスタッフは、規則を破った場合「チームに対する謝罪文の提出」と「出場機会の減少」など、公平な対処についてのアウトラインを決めた。

！ 選手を喜ばせようとして間違った方向に進まないよう気を配る。選手のあらゆる気まぐれを満たそうとするよりむしろ、支えとなる臨機応変な手引きとなるように。

選手に規則を変えることを認めて、見返りを期待した場合、だれに対してもうまくいかなくなる。こういうコーチのやり方は、完全な無秩序と尊敬の欠如を招く。だが、このチームは幸運にもチームを建て直した。コーチは規則どおりに貫くことと、ことばに矛盾のないように徹底していた。「規則に従うことがどれほど重要なことか」を理解させるために、意図的にスタメンの選手をベンチに残し、あえて試合に負けるリスクをいとわなかった。チームの数人の選手がどれだけ本気かを確かめる心づもりはできていた。そしてその選手たちが、コーチのメッセージを短時間で受け止めるか、チームから去ることになるかもしれないこともわかっていた。

揺るぎない姿勢を貫くことと公平であることは、コーチが困難な場面において、自分をコントロールし、平静を保つためには欠かせない。平静を保つための方法のひとつが、「難しい場面において反応する前に十秒待つこと」だ。話し始める前に十秒ゆっくり数え、その間に三回深呼吸する。これでリラックスできるはずだ。冷静さを失った場合の謝罪は自分をすぐに立ち直らせる適切な方法だ。

コーチにとって怒りをコントロールすることは、ある意味では重要な挑戦だ。怒り狂ってわれを忘れるというような場合、その怒りをコントロールするテクニックを教えてくれる専門家の支援を求めることが必要だ。怒りをコントロールする術を身につければ、さらに成功するコーチに近づくだろう。

3. 受容と肯定

選手の努力に対する敬意と積極的な評価は、ベストを目ざす若い選手の成長のために重要だ。あるコーチは、選手が集中して練習している間、怒鳴って指示を出し続けている。そういうコーチが静かに「いいぞ！」と声をかけると励みになる。要するに選手をタイミングよくほめ、「ちゃんと見てるぞ」ということを感じさせることが最善のパフォーマンスを引き出すのである。

選手を効果的にほめるには、多くの方法がある。スタッフとともに、一所懸命がんばっているサッカーコーチの場合、試合の後、いつも選手の努力をほめるために両親に電話をかけ、またどうすれば選手がフィールドでより活躍できるかを指摘する。そして両親にそのことをわが子（選手）に伝えるように依頼する。ベンチの控え選手の両親にも、チームに参加していることに対する感謝の気持ちを電話で定期的に伝える。チームにおいて選手がコーチに指示されたように最後までやり抜き、長いことチームの柱になるということは、選手がフィールド内外で受ける前向きな気持ちと関連があるのだ。

練習中、選手が一所懸命がんばっているときを見計らって、プレーを止め「ジョシュ、熱心にがんばっているな。その調子だよ」と言う。もちろん、これとまったく同じように言う必要はない。選手の励みになるようなことばを見つけるといいだろう。

このアプローチとは対照的に、もし選手がミスを犯したら、決まって選手をベンチに引っ込めてしまうコーチがいる。ミスをしてベンチに戻らせるということは、「もしミスを犯したら選手はプレーをする機会を失う」というきびしいメッセージを送っていることになる。だれがこのようなリーダーシップのもとでより攻撃的に安心してプレーできるのだろうか。選手は成功する可能性よりもペナルティをおそれるようになってしまい、ためらいながらプレーをすることになる。改善に向けて補い、育んでいる前向きな態度よりも、失敗したことばかりに目がいくようになる。そうすると、このコーチは正しくフィードバックさせることができない。

一貫して、否定的に評価すると、選手は自分に適性がなく、無価値で、能力不十分と感じてしまう。わずかな自信しかないときは、選手はいかなるリスクも拒否し、進歩の道のりの意欲をなくすだけでなく、競技への情熱自体もなくすことになりかねない。弱さを指摘され続ける環境のなかにいる選手はいずれ、限界を感じてあきらめる。みずからの能力をほめられ、賞賛された選手は、あきらめないで成功を収める。失敗して非難される恐怖を避けようとジッと動かないでいるより、競技中、より多くのチャンスをつかみ、挑戦することによってより進歩するのだ。

！たとえ選手がミスをしていても、選手の能力に対する信頼感を示し続けよう。

すべての選手はプレーのレベルにかかわらず、ほめられることが必要である。また、コーチに受け入れられ、チームやプログラムに所属している意識も必要なのだ。選手はだれもが強いプライドをもち、それを「足がかり」にして成長する。コーチはこの重要な心理的、感情的な側面を満足させる方法を探るときに、自分の競技経験を通して考えてみるとよい。選手を育てるのに成功したコーチたちのケースについて吟味することはたいせつなことなのだ。

✓すべての選手がチームのなかで決められた役割を担い、選手が自分の役割に喜んで応じる場合、ほめることを欠かしてはならない。

たとえばスタメンのレギュラー選手がベンチの控えの選手に「体を動かして出番に備えていろよ」と声を掛けたとする。そして、その選手に本当に出番があると、予想外の活躍をみせることがある。たとえば得点を稼ぎまくる場合もあるし、味方にアシストパスしてショットをさせる黒子役に徹している場合もある（選手に役割を通じて伸びる機会をまだじゅうぶんに与えていない場合、第4、5章で、チーム内における選手の役割を決定する方法について述べているので、参照のこと）。

✓彼らを重要に思い、その努力を評価していることを伝える。

特別なときのノート、電話、Eメールは、シーズン中であろうとなかろうと効果の高いものになる。たとえ、コーチが毎日選手の練習を見ていても、練習やゲームの場から離れたコミュニケーションは、選手を的確に評価するために欠かせないものだ。練習や試合における「よくやった！」「よかったぞ！」というコメントももちろん重要だ。ある程度時間がかかりそうでも、ためらってはならない。自分がほめたいと思ったことに正直でなくてはいけない。

✓選手の能力に対する信頼を示す方法を見つけ出す。

選手がミスを犯したあと、すぐにベンチに引っ込めるのはやめたほうがよい。代わりに、ミスをなくし、次にこのような事態になることを防ぐ方法についてゲームのあとに話し合うことのほうが大事だ。もし、選手がミスしたことへの意識が欠如しており、何度もやってしまうときは、選手をベンチに戻して説明したいとふつうは思う。もしそうするのであれば、一対一でおこなうこと。多くの者の前では避けるべきだ。

✓選手に勇気を与えよう。

ミスもときには許されることと、ミスから学ぶことがあるということを選手に理解させる。

✓自分の努力がかたちになって認められる、という機会を設けよう。

「週間プレーヤー賞（ディフェンス、オフェンス）」、「練習賞」、「試合賞」、「スポーツマンシップ賞」、「コミュニケーション賞」などの観点から、その週のベストプレーヤーの表彰をおこなう。選手みずから、自分の役割を通じて自己認識する機会となる。自分の役割を確実に果たし終えた選手は認められなくてはいけない。たとえば、よく目につくところに名前を貼り出すことや、月間賞のお祝いをするピザパーティを催すなど、具体的に評価することが選手に自身の優れた点を気づかせる方法になる。

2　一歩引くことを学ぶ

NBAのブルズとレイカーズで、フィル・ジャクソン（P.21参照）のアシスタントコーチを務めたテックス・ウィンター[*44]（Tex Winter）は、「ジャクソンは必要なときに一歩下がることができる」と言っている。

ゲーム中にチームの乱れが目立ってきたとき、ウィンターはジャクソンにタイムアウトをとるように進言したことがある。ところが、逆に「放っておく」と答えて、「大丈夫だ。連中自身で立て直すさ」とつけ加えたという。ジャクソンは感情にとらわれず、大きなビジョンでものごとがとらえられたのである。案の定、チームはいつものペースを取り戻したのだ。

＊44　テックス・ウインター
〔一九二二〜〕
一九四七年に南カリフォルニア大学に進学。有名なサム・バリー考案の「トライアングル・オフェンス」を学ぶ。その後、大学コーチ、NBAヒューストン・ロケッツ（一九七一〜七三）を経て、一九八五年、シカゴ・ブルズのアシスタントコーチに就任。コーチのフィル・ジャクソンのもとでNBA六度制覇に貢献。さらにロサンゼルス・レイカーズに移ったジャクソンと再び組み、二〇〇〇年からファイナル三連勝に尽力。ジャクソンはウインターのことを「恩師であり、気が置けない友。仕事では〝生き字引〟そのもの」と評している。

ブルズの一九九四年のプレイオフで、スコッティ・ピッペン（Scottie Pippen）がおとりになり、ほかの選手がラストショットをするという指示に対して、ピッペンはプレーを拒否した。それは反チーム的行為であり、コーチのジャクソンは激怒した。試合後ロッカールームで、チームにこう語ったという。

「厳粛な約束ごとが破られてしまった。このことでみんなが傷ついている。もう一度初心に返って何をなすべきかを考えてみてほしい」

そして、チームにすべてを委ねるかたちで、スタッフは全員、ロッカールームから引き揚げた。

練習の前後に、選手が集中したりクールダウンしたりするのに必要な時間をとるようにする。同様に、チーム全員のためにキャプテンやほかの選手に時間をとるように求めることも必要だ。そして、それぞれの選手が最大の能力を発揮するための最適なコンディションを与える方策を考える。たとえば、ひとりやふたりで練習できる種目の場合、選手のスケジュールに合わせた練習時間を決めさせる。

結果を出しているコーチは、選手が活躍できる環境をつくる。それだけでなく、第4章で述べているように、選手と一対一の面接や、チームの心の触れ合いなど、団結を促す手だてを講じている。練習計画を効率よく運ぶためには、練習前後の用具の管理や、ベンチを並べたり、練習場のセッティングなど、多くのことに注意を払わなくてはならない。このように重要な仕事のリストをつくり、週および月単位で選手をこれらにかかわらせる。

チームの仲間を支援するよい方法を見つけて、キャプテンがリーダーシップをとるようサポートする。チームのキャプテンであることは、名誉なことであり、それと同時に責任があることを強調することによって、キャプテンの自覚を抱かせる。こうすることによって、キャプテンがチームの仲間を的確に掌握するので、コーチはベンチワークに没頭することができる。それが勝利をもたらすのだ。たとえば、チームで使う用具の管理を任せる。さらには、キャプテンにチームミーティングで選手の意見をまとめる役割をさせることもできる。また、キャプテンに何をする必要があるか気づいているかを尋ね、何を自発的にやろうと思うか見てみる。私がかかわったプログラムには、このようにチームに尽くすキャプテンがおり、チームのリーダーシップとモチベーションを高めていた。

コーチにとって重要なことは「ゲームには勝利への方程式がある」ということを選手によく理解させることではないか。すべてのコーチングは、選手に最高の競技をさせ、さらに人間が秘めている可能性に気づかせるためになされるものなのだ。この気持ちと精神をもっているコーチならだれでも、よい結果が得られるはずだ。

3　奉仕する、奉仕される

テニスではサーブした後、相手からのリターンをどこに打ち返すかということまで想定して、ゲームを始める。考えてみればこれはコーチングの本質とよく似ている。

コーチは選手のハートのなかに「自信」を育み、鍛えあげる。そして数々の大会出場を重ねることによって、どのように育っていくのか、見守っていくことになる。

アーカンソー大学女子サッカーチームのコーチのアラン・カークアップ（P.33参照）は、選手に「どうしたらもっと試合に出られるか？」という問いとは逆に、「どうすればチームのために尽くせるか？」と自身に問いかけることをすすめている。カークアップはシーズン中にこの質問を、コーチングスタッフと各選手との一対一の面接でおこなわせている。スタッフはそのような面接を一週間おきに各二十分おこなう。そして、この時間を選手の進歩をより促す方法を見つけ出すために使う。その際、コーチは「どうすればもっと上達する助けになるか？」と尋ねてもよい。そして、コーチたちは、どのように援助するのかをいっしょに議論する。

そのような面接を繰り返しているなかで、カークアップはあるとき、フォワードのひとりが試合中にミスするのをおそれて、神経質になっていることに気づいた。そこで、カークアップとスタッフは、本人に「ミスしてもかまわないで思い切ってプレーすべきだ」と伝え、「怖がっていて何もしないよりははるかによい」とつけ加えた。これを聞いてから、その選手はリラックスし、持ち味を発揮し始めた。

尽くしたいと願うコーチと組んだとき、選手がいっそう喜んでコーチについてくることに気づいた。強く結束し、よくかみ合ったチームを構築する際に、無私無欲の姿勢を貫き、コーチングのひとつひとつのねらいを選手に示すことはそう難しいことではない。しばらくすると、分別ある「立場と役割の分かち合い」の意識が醸成され、そのなかでコーチと選手はともに成長していく。これがチームの結束の柱だ。選手もまた、みずからのふるまいがチームへの奉仕の一環であることを認識する必要がある。選手はコンディショニングはもちろんのこと、競技では一貫して高いレベルのパフォーマンスを追い求め、できるかぎりの奉仕をおこなっているのだ。

！コーチの奉仕の気持ちが選手に燃えるような情熱をもたらす。

私がコーチとチームに対しておこなう練習で、気に入っているものは、選手たちがお互いの体の強さ、心の強さを認め合い、尽くす気持ちを共有する意識を高めさせるものだ。そうすることで、個々の成長と成功のための理想的な環境をつくり出すのである。それを「容認の輪」と呼ぶ。

スタッフとチームが車座になって始める。左に座っている仲間のことを話すために二分間与えられる。そして、その仲間へのほめことばやポジティブなこと、価値について語る（もちろん、表面的なものや、恩着せがましいものは避ける）。話し手はなぜその仲間をチームメイトとして評価しているのかを理解させなくてはいけない。ひと回りしたら、右回りで同じことを繰り返す。コーチが参加したり、各選手に話しかけて最後にコメントするのもよい。フットボールのような大人数のチームは、十〜十五人の小さなグループに分けてもよい。この「容認の輪」をおこなう適切な時期は、シーズンの中盤やカンファレンス・ファイナルもしくはＮＣＡＡ選手権の前だろう。しかし、コーチがチームにもっとまとまりが必要だと感じたら、いつ組み込んでもいい。

私はこの「容認の輪」を十二のＮＣＡＡ選手権出場チームの準決勝前に使った。チームがこれまで

＊45　レッド・ホルツマン
［1920〜1998］
1920年ニューヨーク州ブルックリン生まれ。1945年、当時のNBL（現NBA）のロチェスター・ロイヤルズ（ニューヨーク州）入り、その年の「新人賞」を獲得。1953年、ロイヤルズからミルウォーキー・ホークスにコーチ兼任プレーヤーとして移籍。翌年、プレーヤーを引退、コーチに専念。1956〜57年度の初シーズンは14勝19敗で更迭に追い込まれた。1957〜67年、ニューヨーク・ニックスのアシスタントコーチ就任。その後、ヘッドコーチに昇格。1982年までの15年間に2回のNBA制覇（1970年、1973年）。身長178ｃｍ、ディフェンスとゲーム運びが抜群の好ガードだった。
（Photo by Basketball Hall of Fame）

以上のまとまりを必要とするとき、この「容認の輪」は最高に効く。コーチはその反応やチームに与える効果について驚くだろう。選手は自分の能力を試合で発揮できるのだ。選手はお互いがお互いのために最後までやりぬく。負けるときもあるかもしれないが、勝利をつかむために最後まで努力し、あきらめない。

前述した一九八九年のハンセンのテニスのチームに、私は初めてこの方法を試した。ミーティングが終わったあと、みんな熱くなってすぐにプレーしたがった。選手はやる気持ちを胸の中にたたみ込んで、準決勝進出のためにカラマズー大学に飛んだ。そして初めてＮＣＡＡ選手権の準決勝に勝ったのだ。

ひとつの種からよい香りのする美しい花が咲く。すべては成長の過程でそれを養うための時間と努力をかけた結果にほかならない。結果を出せるコーチは、コーチングもまた同じであること知っている。意欲と信頼がみなぎったチームのムードのなかで、選手の偉大さを肯定し、刺激し、称賛し、ほめ、落ち着かせる。

一九七〇年と一九七三年にＮＢＡを制したときのニューヨーク・ニックスのコーチであったレッド[*45（写真）]・ホルツマン（Red Holzman）は、選手の人格・人間性を最優先していた。選手のパフォーマンスの結果と体調の維持管理は、個々の選手の責任だとする方針をとっていた。だから、選手にはもの静かで柔らかな言動が多く、きついことばや指示は少ないように見えた。そういうコーチングで、どのように選手に刺激を与え、やる気を引き出していたのか、まだ記憶に新しい。選手は彼が自分たちの努力を認め、評価してくれるやり方をじゅうぶん理解していた。かつてチームの選手だったジャクソンは、師と仰ぐホルツマンのコーチングについてこう言っている。

「彼には、歩み寄りと説得の才があった。決してアドバイスを負担にさせなかった。彼は短いことばでひとつひとつ区切って、われわれに言ったものだ。ボクシングにたとえて言えば、彼はフェザー級のパンチをもっていたが、そのダメージはあたかもノックアウトの一撃のようだった。彼のことばのひとつひとつがすごい効き目をもっていたんだ」

Coaching Point

1. 選手が「受け入れられている」と「所属している」と感じる環境をつくる。
2. 一貫した基準で「容認の輪」をおこない、チームの強いきずなと団結をつくる。
3. 選手に積極的に自己のプライドをもたせ、パフォーマンスを向上させるために、つねに選手を称賛および激励する時間を惜しまない、思いやりのあるリーダーでなくてはならない。

すべての選手がいつでも芽を出せるように世話をし、すべての新芽が空に届くように励ますとよい。そして、選手の心と魂の渇きに潤いを与えてほしい。

第4章

チームを結束させる

Forging Cohesiveness

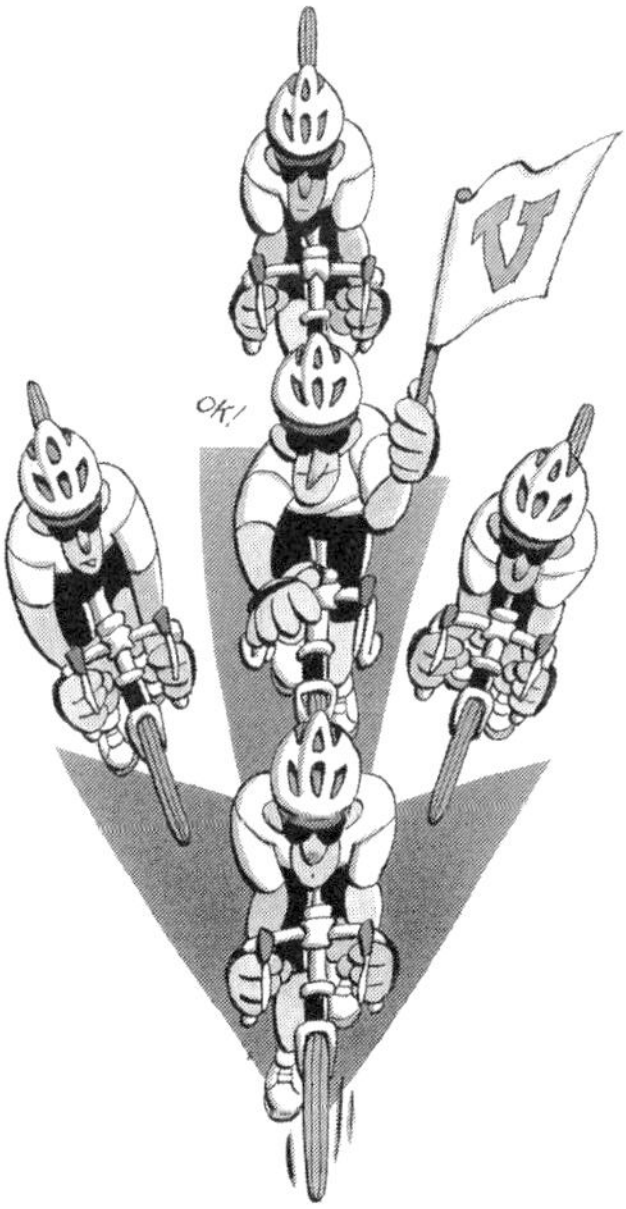

Creative Coaching

優勝チームに共通していることは、チームのためになると思えば、選手たちがそれを実行するのをいとわないことだ。

1999年の女子サッカーワールドカップで優勝したアメリカチーム。チームの結束力が結果に結びついた好例であろう。(Photo by Mary Langenfeld Photo)

中国の兵法書である「孫子」によれば、戦いに勝つ秘訣はチーム(味方)の目標と心をひとつにすることであるという。これは、二千年以上前のことばだが、こんにちの選手にとってもおおいに関連がある。選手が自分のことだけで頭がいっぱいで他人にまで気配りできない状態になったり、他人から言われたことばに戸惑ったりしているときには、こういう「先人の知恵」を借りて、選手をうまく導き、選手に心をひとつにすることを教え込む。

チーム競技において、結束力によって劇的な

＊46　ゲイル・ゴーステンコルス
［1963～］
ミシガン州ウォーターフォード生まれ。同州サガノーバレイ州立大学で後にパデュー大学コーチとなったM・リオールのもとでプレー。1985年に卒業してアイオワ大学チームで大学院生ながらアシスタントコーチに就く。1986年、パデュー大学アシスタントコーチに。さらに、1992年にデューク大学ヘッドコーチに就任。以来、所属しているアトランティック・コースト・カンファレンス（ACC）では抜群の強さでデューク大学チームを率いた。2007年に退任してテキサス大学に移籍。2007年には「ネイスミス・大学優秀女性コーチ賞」、「ＡＰ通信社女性コーチ賞」を受賞。
（Photo by Courtesy Duke Sports Information）

結果にいたった例は、スポーツ史上数えきれないほど見られる。一九八〇年のレークプラシッドオリンピックにおけるアメリカのアイスホッケー代表チームが見せた、まるで家族のような結束力。アメリカ全体がひとつになり、だれもがチームの一員になりたいと思ったものだ。その結束力で、劣勢を挽回したのだ。さらに、一九九九年のワールドカップで優勝した女子サッカーチームもそうだった。選手たちはチームが勝つことに一丸となり、心をひとつにし、自分たちの役割を完璧に果たしたのだ。

シーズンが始まる五カ月前、デューク大学女子バスケットボール部のヘッドコーチ、ゲイル・ゴーステンコルス[＊45（写真）]（Gail Goestenkors）は、NCAA選手権ファイナル4[＊47]進出というチームの目標をもって私のところへやってきた。

名門といわれるデューク大学の場合でも、

＊47　ファイナル4
NCAA選手権の準決勝から決勝にかけての優勝決定トーナメントのこと。全米の四つの地区の優勝校四校によって争われる。

チームが長く踏襲してきた「スタメンだけで勝負を競う」という考え方は、変えなければならなかった。ベンチにいる六番目の選手もスタメン任せ一辺倒ではなく、いつ出番があってもいいようにスタンバイし、チームの総合力アップの仕方を理解させた。さらに、チームがもっとしっかり団結できるのなら、自分だけでなく仲間の活躍も注目されるよう自重するとともに、自分の持ち味を確実に発揮することがたいせつであるということもわからせた。目標に向かう過程で各選手の最高の貢献は何かということも飲みこませた。

前の年、チームはブロック決勝に進出したが、アーカンソー大学に敗れ、ＮＣＡＡ選手権ファイナル４進出を逃した。彼女たちは後日、その敗因は、ファイナル４におけるみずからの姿を自分たちのなかに見い出すことができなかったことにあるのではないかと考えた。彼女たちは、目標のごく手前まで行ったところで、その準備ができているか、自分たちにそれだけの「価値」があるのか、勝利を得るだけの力をもっているのか、と自身を疑ってしまったのだった。この自信喪失は、後半の途中であらわれ、プレーは大変ためらいがちになってしまったのだ。

彼女たちは、負けた経験から、本当に自分たちを信じていなかったことに気づいた。そして、彼女たちはそのようなことが再び起こらないように決意した。目的のため協力し、お互いに力を合わせ、自分たちがファイナル４出場に値すると信じなければならないことを認識した。

チームでの役割を明確にしながら、自分たちの目標を思い出すために瞑想をおこない、チームは結束を強化する機会をつくっていった。このような学習を通して選手たちは、夢を実現できる状態に近づいたのだった。

1 チームの役割を決める

デューク大学では、チームの目標達成に着手するため、まず各選手に、プレーする時間に関係なく、チームのために個々の役割を果たすことを要求した。ほとんどがコーチも選手も納得がいくものだった。だが、どの選手がシューターであり、リバウンダーであり、しぶとく相手に食い下がるディフェンダーか、というミッションは、コーチが選手にきちんと飲み込ませなくてはいけない。試合では出番が少ない選手もいるが、彼女らは、厳しい練習のバイタリティにあふれた貢献者であり、負傷した選手のためにすぐに交代できる準備をしているのだ。

著書『ゲームの価値』において、ビル・ブラドレー（P.74参照）は、「選手権は徹底的に結束力を鍛えこんだチームでなければ勝てない。それは選手の無欲の精神によってのみ達成することができる」、そして、「奔放な個人主義は勝利を獲得する機会を打ち壊す」と書いている。彼の親友であり、昔のチームメイトのフィル・ジャクソン（P.21参照）も、これに賛同している。あるバスケットボール専門誌で、ジャクソンはこういうことを語っている。

「自分がコーチをしている間、シカゴ・ブルズが勝てたのは、調和の力、つまり〝自分が〟ではなく、〝自分たちが〟という考え方でいたからだ。チームとして欠かせないたいせつな考えを、個人の栄光よりも優先した。選手は進んで互いに尽くしあい、チームのために自分たちの役割を受け入れ、それに適応したのだ」

ＮＣＡＡ選手権優勝レベルのチームを指導しているときに気づいた共通の特徴は、より大きな利益のために、ともに役立ちたいという、揺るぎない意欲をもっていることだ。これはコーチ陣、マネージャー、トレーナー、およびほかのチーム関係者においても当てはまる。いかに多くを得るよりも、いかに多くを与えることができるかを求めている。このような奉仕の気持ちは、個々の役割をはっきりとわかりやすく伝える。

相乗効果や協力、結合力は、すべてのチームスポーツの成功に不可欠で、規律や熱意、集中、興奮、および深いレベルでの関わり合いを生み出す。しかし、選手がチームにおける自分の役割がわからないなら、「このように君を必要としている」、「これをするために君を必要としている」、または「君の役割はチームのレベルアップに不可欠である」というように、コーチは役割を決め、確認し、選手に伝えるようにする。トレーニングや練習および試合において、チームの進歩に貢献する方法を選手にわからせることは実に重要だ。

選手に以下の質問の答えを提出させる。

✓どうしたら練習やトレーニングでもっと役立つことができるか？
✓どうしたら試合のとき、チームにもっと役立つことができるか？

こうすると、コーチはじっくりと腰をすえて、チーム目標に関する選手の答えについて話し合うことができる。コーチは、それが狙いから外れていたなら、指導して役割を調整しなくてはいけない。コーチは、選手がチームに役立つことができるさらなる方法を提案する。選手は役割が明らかになり、チームにおける自分の立場と結びつけば、その役割にいっそう積極的になる。「君は"練習台"として最高のプレーヤーであり、このことでチームにもっとも貢献している」と選手に言うのは、コーチの責任だ。

もし、選手が別の役割をしたがっていたり、その願望が現実的であるなら、そのためには何が必要かを告げ、それに向かって指導する。選手によっては、ほかのことよりもこの役割をはっきりさせることに助けを必要とする者もいるだろう。

選手のチームにおける最高の役割を明確にすることのみにとどまってはいけない。必ずチームの全体的な任務にとっての役割の重要性を強調するのだ。単にひとつの可能な役割だけに選手を分類するのを避け、彼らが、より発展的に、より思い切ってやってみることを奨励する。

ゲームではめったにプレーしない選手の場合、チームの士気や精神にいかに貢献しているかをわからせる必要がある。より高いレベルでプレーするために、練習やゲームにおいてお互いが切磋琢磨することで、自分を磨くように選手に求める。彼らがすばらしい熱意とやる気をたぎらせるようにする。協力、友情、助け合い、互いの敬意、同情などの環境の下で、無私無欲で勝利を追求するのは最良の体験となる。

自分たちが選ばれた役割に関していい思いをしていない選手もいるかもしれない。プレー時間を与えられないとか、試合の出たい場面で出られず、チームを去ると言ってくる者もいるかもしれない。選手の不満を聞き、自分たちが必要な役割を果たすことができることを立証するチャンスを与えるようにする。選手には、コーチが課した役割を果たせるかどうかをコーチに見せるチャンスを与えなくてはいけない。実際に出番がなければ、本番と同じ条件（距離や試技回数など）を与えなくてはいけない。

チームにおける役割に反抗している選手と個々にミーティングをおこなうとよい。レギュラーになれない選手は、必要とされていないと感じ、退屈、嫌気、憂うつ、怒り、短気、などの感情を見せるかもしれない。そのような場合は、選手と話をする機会をもうけ、問題を修正するのにどのように協力できるか確認する。

どのように役立つのかという選手の理解が、チームの「ファイナル4への道」と食い違っていることもある。たとえば、選手はオフェンス面で貢献したいと考えていたが、チームはディフェンスのときにその選手を必要としているかもしれない。そんなときは、「われわれは、君が得点できるのを知っている。だから得点する機会もあるだろう。しかしながら、本当は、君の激しいディフェンスにもっとも期待している」と、さとすようにする。

チームがいかに特別な役割を果たす選手を必要としているかを、皆に知らせることも可能だ。記者会見やファンの前で選手を称賛する。そうしないと、ファンは選手の貢献の重要性などわからないかもしれない。ミズーリ大学コーチのクゥイン・スナイダー（P.31参照）は毎週、ラジオ放送のイン

＊48　マイケル・ジョーダン
［1963～］
たどってきた軌跡を詳細に追うまでもなく、NBA史上最高のプレーヤーであろうということは衆目の一致するところ。ノースカロライナ大学（UNC）に進学してからは、ディーン・スミスの指導のもと同校を2度目のNCAAチャンピオンに導く。1984年にはNBAドラフト（全体3位指名）でシカゴ・ブルズに入団。フィル・ジャクソン監督とともに1990年代に6度のNBA制覇（2度の3連覇）を果たす。2回の引退を含む15年間の選手生活で得点王10回、平均得点は30.12点（NBA歴代1位）、通算得点は32,292点（歴代3位）。
(Photo by Brian Spurlock/Sports Chrome-USA)

タビューで、ふだん目立たない選手を賞賛するようにいつも心がけている。チームにおける互いの重要な役割に気づくこと、チームに関心をもっているほかの人にその役割の重要性を伝える方法を見つけることは、コーチングスタッフの責任である。

選手の役割（それは不変ではなく、必要なときに変わる）が決まれば、マスターシートにそれらを書き、すべてのチームメンバーとスタッフに配付する。選手たちは、お互いがさまざまな方法で役立っているのを知ったら、チームはより結束力のある集団となる。

1．無条件に尽くすこと

チームに尽くすことは、カリーム・アブドゥル-ジャバー（Kareem Abdul-Jabbar）、マイケル・ジョーダン＊48（写真）（Michael Jordan）、ウェイン・

＊49　ランス・アームストロング
［1963～］
自転車競技ロードレースのプロ選手。1999～2005年の「ツール・ド・フランス」では記録を次々と塗りかえて7年連続優勝を遂げた。この偉業達成の前の1996年に睾丸ガン、頭部と胸部に転移していた細菌性細腫瘍の手術と化学的療法を受けた後に生還した。2005年7月のツール・ド・フランスの7勝目を最後に引退表明。他方、1997年に「ランス・アームストロング財団」（LAF）を設立。アメリカ内外でガンと戦う人々や組織を支援している。「自分はガンに襲われた犠牲者ではない。ガンを克服した生還者なのだ」と自分の体験で得た知識と自信で人々を励ます活動をおこなっている。
（Photo by Bongarts Photography/Sports Chrome-USA）

グレッキィ（Wayne Gretzky、P.248参照）、ウォルター・ペイトン（Walter Payton、P.186参照）やほかの多くの注目を集める選手も実践していることである。また、目立たない選手も黙々と〝縁の下の力持ち〟的役割を果たしている。インディアナ・ペイサーズのデイル・デイヴィス（Dale Davis）がＮＢＡオールスターに選ばれたのは、得点能力があるということではなく、派手ではないが、ディフェンスやリバウンドによってチームの勝利に貢献したと認められたからである。ブルズのデニス・ロッドマン（Dennis Rodman）は、リバウンドという彼にとってふさわしいプレーによって活躍した。偉大な選手は、チームのために快く私利私欲を捨て去ることができるのだ。

　自転車競技でこんな光景を見ることができる。自転車競技のツール・ド・フランスにおけるランス・アームストロング（Lance Armstrong）[*49（写真）] の優勝は、彼についている「ドメスティーク[*50]（ロードレーサー）」の力があったからこそ達成できたのである。すなわち、走行中にアームストロングの前の自転車の列が途切れたときに、彼の前に出て走行目安になったり、有力選手が走行しにくい位置についていてマークしたり、先頭の位置を維持するために後続の選手をスピードダウンさせるような位置で走行したりして、アームストロングが少しでも有利に走行し、勝てるように尽くしたのだ。

ジョーダンはＮＢＡ史上もっとも偉大な得点王であったかもしれないが、彼が得点王そのものを目ざしたら、ブルズはたぶんあれほどの成績を残すわけにはいかなかっただろう。彼は利己心を捨て、彼自身の栄光よりチームメイトをたいせつにした。チームメイトを上達させるのに、しばしば試合の場面をわからせるための練習時間を、コーチに頼んで延ばしてもらったのである。スコッティ・ピッペンはハイレベルなゲームをするのを助けてくれるとジョーダンを称賛した。

選手たちはいつもこうではない。抜け目ないコーチは、選手にこういう奉仕の精神について教え込む時間をとっている。無欲な選手になる重要性をジョーダンに教えたのは、ジャクソンだった。ジョーダンはブルズをもっと強力なチームにするため、ボールをどのようにまわせばチームメイトのプレーのレベルを上げられるかを学んだのだ。

このようにチームに尽くすことは、各選手が単独でやることよりもはるかに大きなメリットをもたらすのである。ジャクソンがレイカーズに移ったとき、彼は同じことをシャキール・オニール（Shaquille O'Neal）に教えた。すばらしい選手たちが、どうやってチームに尽くすことでさらに偉大

*50
ドメスティーク
自転車競技（チームにおいて、ペースメーカーなどの役割を担いながら、チームリーダーを助けるレーサーのこと。

になったのかを、時間をかけて話し合ったという。

ジャクソンがブルズに来る前、ブルズの有能な選手たちはもがき苦しんでいた。ジャクソンが最初におこなったことのひとつは、すべての選手に個人的な要求を二の次にすることを求め、テックス・ウィンター（P.113参照）のトライアングル・オフェンスをチームに導入したことだった。このオフェンスでは、もっともよいシューターだけではなく、フロア上のすべての選手がボールに触れるようになる。ローテーションや動きでチャンスがきたら、たとえその選手がショット成功率の悪い選手であっても、そのタイミングで、すぐにショットを打つ。選手たちにはチームのためにすべてをささげるようなオフェンスが求められる。全員がオフェンスに複雑にかかわるようになり、選手として相互に連携しあうことによって、調和した考えで動くことができるようにした。このような結束力のあるシステムの妙味をつくることが、無意識にプレーする喜びによってわれを忘れさせ、熱中させた。ブルズは、五人の選手が気持ちと考えをひとつにした強い相互理解を見せつけ、チームプレーに徹する強さを誇った。

2. 知性あるチームを目ざす

ジャクソンのように結果を出せるコーチは、チームにおける選手のさまざまな才能や能力を認識し、チームの知能を培うため、彼らを活用する方法を見い出す。選手の役割をはっきりさせ、いっしょに役割を実行することを口頭で約束させることによって、このことができるようにした。早くすればするほどよい。選手とスタッフ間でシーズン前にコミュニケーションを図ることは、チームを統一する過程で重要である。チームがともに成長するとき、適切な変化はチームのまとまりを維持できるのである。

優勝チームは、もし勝とうとするなら、チームのより大きな利益のために私利私欲を捨てる必要があることを各選手が知っている。

結果を出せるコーチは、自分たちが家族のようなきずなをもつチームになりたいと考えている選手たちを中心にチームをまとめていく。だから、チームが家族のような気持ちで固まったときは、ほかの者を退けようとするのではなく、仲間として受け入れるようになる。他人に対する心の広さを選手に強要することは不可能だ。実行できることを模範として示すことだ。つまり、選手が何か見失っていることがないかと胸に手をあてたときに、「こういうこともたいせつではないか」と気づかせるのだ。多くの場合、これでうまくいく。そうでないときには、チームで決めた範囲内で選択肢を提示し、選手に何をしたいか決めさせ、選択させる。選手は、チームをやめることを選ぶかもしれない。そしてそのことが、チームにかかわるすべてにとって利益になるかもしれない。もしチームの方針や内容に合わせる気がないような選手がいたら、その選手に率直に言うべきだ。ためらったり、ムキになったりする必要はない。単に現状を述べ、そして、選手にチームが前進する必要があることを知らせるのである。

デューク大学女子バスケットボール部は結束力を強めるために、毎日儀式として、瞑想をおこなった。

2 チームの目標をじっくり考える

デューク大学女子バスケットボール部は、結束力を強めるために、チームとして団結し、ともにいまを歩んでいる意識を強くしようと、毎日おこなうある「儀式」を決めたのだ。これはどんなチームにも役立つ。選手とコーチは、各練習とゲームの前に十分間、自分たちの強さ、結束、および目的について瞑想し、心に描き、明確にするために集まる。瞑想では心をクリアにし、練習や試合の計画を思い浮かべ、「結果にかかわらず、われわれは大胆不敵に、勇敢なチャンピオンのようにプレーする。われわれは、ファイナル4に進出し、NCAA選手権のチャンピオンチームになるにふさわしい」とかたく誓い合う。この時間はチームのためにささげ、強い結束を築くための時間であった。それは一体となり、運命をともにするチームとして考えを集中させる静寂の時間だったのである。

シーズン中、試合をするにつれて、チームはより強い結束力を感じるようになった。この大きな信頼は、いつもおこなう瞑想という「儀式」のおかげであった。選手が毎日のミッションと目標に再び集中し結束するのに役立ったのだ。選手はよく油をさした機械のように、各パーツがほかの部分とかみ合い、まるでひとつであるかのように、ともにプレーし始めたのである。このようすは見ていて痛快だった。彼女たちは、十五勝一敗でリーグに勝ち、ＮＣＡＡ選手権に出場した。それは、アーカンソー大学との試合での予想外の敗戦からちょうど一年後のことだった。

デューク大学は、再び第一シードのテネシー大学とブロック決勝であたった。テネシー大学に対して、デューク大学は燃えに燃えていた。神の意志があたかも乗り移ったようなようすで、見るからにチームの結束力が並々ならぬほどみなぎっていた。ファンも必勝を願ってただならぬ雰囲気だった。選手からは、ゲームに対するお互いの確信がにじみ出ていた。そして、デューク大学がファイナル４を現実のものとした。その結束力がテネシー大学を打ち負かしたのだ。選手の結束によって、コートとコート以外のコミュニケーションを通した互いの強いことばのやりとりがおこなわれ、負傷している選手を自然と励ます気持ちとなり、コーチと選手は明らかに一枚岩になっていた。彼女たちはシーズンを通してこの結束を維持し、そして再びこの場所に戻ったとき、これこそを最高のチーム力として利用できることに気づいたのだ。

3 団結する機会をつくる

チームの統一と結束力を生み出すことに時間をかける。シーズン中、コーチは練習の初日から問題点に取り組み、シーズンを通してよく注意する必要がある。確かなチームの人間関係で選手同士が結びつけば、さらに自然に団結することができるだろう。コーチは方針と内容に合った選手を補充できるが、チームの人間関係は頻繁に変化し、それは予測がつかない。

チームの結束を深めようとするとき、コーチはきわめて重要な役割を果たす。アシスタントコーチとサポートスタッフの間の結束力を見せるのが最初に必要となる。コーチングスタッフが心のまとまりや結束の規範となれば、選手は、チームとして結束する方法を学ぶことをより受け入れやすくなり、より柔軟になるだろう。私が組んでいるコーチたちとはいつも、チームの結束についての考えを話し合い、どのようにきずなを深めたらいいのかのチームミーティングをおこなっている。成功したチームとコーチが使っていたいくつかのアイディアを挙げてみよう。

チーム像の確認

チームの全員が集まって「われわれはどんなチームなのか」という質問に答える時間をつくる。あるチームは「われわれはＮＣＡＡ選手権優勝チームだ。大胆で、攻撃的で、勇敢で、不敵で、図太くてしぶとい全米ＮＯ．１クラスの選手だ」と答えるかもしれない。別のチームは「ビッグテン[*51]に肩を

*51 **ビッグテン**
アメリカの大学スポーツのカンファレンス（リーグ）の一つで中西部（ミッドウエスト）の八つの州にまたがる地域から、イリノイ、ミネソタ、ノースウエスタン、パデュー、ウィスコンシン、インディアナ、アイオワ、オハイオ州立、ミシガン、ミシガン州立、ペンシルベニア州立の計十一の大学が加盟している。スポーツにおける成功が学問の放棄や妥協に結びつかないように加盟校が学業成績基準を設定し、学業とスポーツの両立に責任をもつよう徹底している。

並べるチームだ」」、あるいは「ありふれた並のチームだ」と答えるかもしれない。どのような考えからこう書いたのか、どのような意味を込めているのか、話し合うことがたいせつなのだ。このようなチーム像の確認は、自尊心に注意を向けさせ、ひとつの旗印のもとにチーム全員を集結させる。

こういうチーム像を書いて確認させ、ロッカールームに掲示させることによって、チームを率いる。このように「精神的スローガン」は、選手たちを共通の目標につなぎとめておくことができる。そのことばが選手に対して違和感よりもはるかに親近感を与えることは確かだ。チームとは、まとまった家族や集団、仲間であることを選手が思いおこすスタートボタンとなる。

チームソングやチームエールをつくろう

チームの歌（部歌）やエールは、勝っても負けても、選手が結束してプレーするのに役立つ。練習やゲームのときにチーム全員でエールをかける。できるだけ親しみがあって、短く、感情に訴えるようなことばにするといいだろう。そういうことばはチームの一員としてひとりひとりを奮い立たせる。コーチがチーム像の確認でつくったことばを使うとよい。そして、チームの全員でつくらせることがたいせつだ。特別な練習の前や各ゲームの前か間に、あるいはチームミーティングの後に、チームの歌を歌わせるのもよい。

奮い立たせられることばを共有しよう

選手に気持ちを奮い立たせるような詩を読ませる。各ゲームの前かそれぞれの練習の週始めに気持ちを奮い立たせるような引用文やことわざを配るとよい。各ゲームの前にチームの任務に関連することばを詩に書く選手がいる。チームがフィールドに出る前に、その選手はその詩を読み上げる。

懇親会をひらく

チームは、"お友だち集団"である必要はない。しかし、練習やゲーム以外でも、ときどき集まるのもチームに役立つ。パーティ、ピクニック、小旅行や、料理をしたり、それぞれに何かを持ち寄る夕食は、一体感を促す効果的な方法である。これは、異なる個性を理解して受け入れさせる機会となる。チームの相乗効果にとって欠くことのできないものである。コーチはこれを促す必要があるが、具体的には選手に任せるべきだ。

ニックネームをつける

呼びやすく、親しみと期待をこめたニックネームは、チームメイトに特別な感覚と帰属意識を与え、忠誠心と結束の気持ちを駆り立てる。だれもが自分のあだ名に満足しているかを確認すること。多くの場合、これはチームのなかで自然に起こる。結果を出せるコーチは、選手がみずから呼んで欲しいと思う名前を、ロッカールームに貼ることを求めることもある。このような名前を見つけ、選手に話しかけるときにその名前を使うのも効果がある。

心静かに黙想する

シーズンオフ中、適当なときに日常から離れて静かに考える時間をつくるようにする。なぜお互いをよく思うのか、気づくことにゆっくりと時間をかける。

！ともにチームを結束させようという目標を心に描いてみる。

チームの結束力を強めるために、これらのアイディアを組み合わせてみる。加えて、個々の選手に役割を確実に飲み込ませておくことは、すべての選手が次のようなことを理解するのに役立つのでじっくり考えてもらいたい。それは、チームがなすべきすべての努力に対して、どうしたら最善を尽くすことができるのか、また、チームのきずなの形成や結束にどうしたら寄与できるのか、ということである。

コーチが本当に、自分の任務や役割がどう自分のチームに役立つかを知っているならば、グループの一員であると感じることは簡単である。

NBAチャンピオンとなったボストン・セルティックスの元コーチ、レッド・オーバック（P.80参照）はかつて「必ずしもベストメンバーの五人で勝つというわけではなく、むしろ、最高に息の合った五人のいるベストなチームだから勝つのだ」と言ったことがある。チームの選手がひとたび意識的にある仲間を避けるようになると、チームはもはや壊れたのも同然だ。チームの結束を維持するためにはコーチがつねにそういうチームの雰囲気に気を配っていなければならない。さらに、チームの結束に役立つと思えば、対応を適切に変える柔軟性がなくてはいけない。

チームの結束や団結の維持を確実にする助けとなるのは、コーチがチームに必要だと考える人柄を備えていると思われる選手を入部させることであろう。

態度に問題がある場合などは、選手を身体能力だけで選ぶことがつねにいいとはかぎらない。チームを選ぶのは簡単ではないかもしれないが、選手が好ましくない人柄を感じさせるような場合、身体能力の優劣だけで評価することは絶対あってはならない。

結束力のあるチームが確実にできる方法はありえない。いつも正しい選択をすることができるとはかぎらないが、軌道に乗るための要点を示した。あなたのチームは結束力なしで勝てるだろうか？勝つのは可能かもしれない。しかし、結束力があれば、さらに勝つことができるのだ。

Coaching Point

1. 公平な状況をつくるために、それぞれの選手に役割を課す。
2. 大きくても小さくてもなんらかの結果を出せるように工夫して結束づくりを進めていく。
3. 結束力を引き出すときには、潜在能力を発揮させる場面を与える。

ここまで述べてきたことを理解、実践したら、結束とお互いの気遣いのたいせつさをチームに悟らせることができるだろう。そして、選手たちはいままでよりも尊敬の念をもってコーチに接することができるに違いない。コーチも選手の問いかけに対して自分の考えを頭から一方的に押しつけるのではなく、問い掛けの内容をよく整理して、相談に乗るようにするとよい。そうすれば選手は心の準備を整えて、目標の達成に前向きに臨めるのだ。

PART II

掲げた目標へ導く

Leading With a Purpose

第5章

その気にさせる

Providing Guidance

Creative Coaching

コーチの仕事の役割を明確にしておきさえすれば、いついかなるときでも正しい決定を下すことができる。

「飼い牛を思い通りにしたければ、フェンスを広げて牛に余裕を与えなくてはいけない」ということわざを知っているだろうか。これはコーチングにも通じる。若いこれからという選手たちに、自主性を無視して過度に管理的なコーチングをすると、選手との間に溝をつくってしまう。しかし、だからと言ってまったく手をかけないと、結局フェンスが必要になるだろう。

成功したコーチングの例の特徴としては、「前向きで明確なビジョンをもっている」ということがある。義務と責任を明確に示し、規律とけじめのはっきりしたチームの方針をつくりあげ、選手を導いていく。決して選手を甘やかさずに、選手の可能性を引き出すための環境づくりをしているわけである。コーチたちは、選手を育てるためにコーチングしているのであり、「選手がいずれは自主的に意志決定できるようにするために、その環境づくりをしているのだ」ということをじゅうぶん認識している。コーチは必ずしも何もかもすべてコントロールするわけではない。チームの目標設定、達成計画、チーム内のきまり、そのほかのことに選手を参加させるのである。

結果を出しているコーチの共通点は「コーチが主導する厳しいチーム運営」ではなく、「選手がみずからの使命をやり遂げようとするチーム運営」をしていることにあるように思う。選手のあらゆる行動をコントロールしようとするよりも、コーチは指導することによって、選手がより自分を信頼したり、自己管理できるように促すのである。

適切な指導とは、選手が周囲に気を配ったり、目標を達成するための強い気持ちをもつような雰囲気づくりをすることだ。このような雰囲気ができあがると、選手は目標達成のために協力する。そして最高の成果を得ることで、達成する喜びを味わうのである。

コーチが命令口調で選手に「こうすべきだ」と先に言い出すことはない。「こうしたらどうか」という誘い水を向けるのだ。また、いつも選手との一体感をもってチームに溶け込み、選手の役割を認識させていく。そうすることによって、選手たちみずからが練習の内容や方法を計画するようになる。このようなコーチングはそう難しいことではなく、選手に選択の自由を与えることにほかならない。また、いずれ選手に特定のドリルを決めさせたり、練習の一部の動きを考える自由を与えようとしているのなら、選手が選べるようにいくつかの選択肢を提供することで簡単に実践できる。そしてそのうち、シーズンオフにはどんなトレーニングをしたいのかといったことなども選手自身で考え、コーチに申し出てくるようにもなるはずだ。

このスタイルが不適当であったり、逆効果となることもある。たとえば、とても若くて経験の少ない選手は、この方法にうまく応えられないこともある。このような選手には、コーチはよりダイレクトに指示することが必要となる。選手としてまだ日が浅い場合には、コーチとうまくコミュニケーションができないこともある。そういう選手には同じ目線の高さに立った対応が必要だ。

　選手を互いに教え合わせたり、反応を試したりすることもできる。つまり、コーチは自分で考え出したコーチングスキルを信じて、適宜、指導法を調節できるのだ。しかし、どの程度効果があったかを確認しながら慎重に指導する必要がある。

　ほんとうに結果を出せるコーチは、コーチングスタイルにこだわらない。責任感のある選手やじゅうぶん成長した選手であれば、工夫した練習に取り組ませるために、少し突き放した指導も必要となる。また、逆に必要に応じてより直接的な指導もおこなうようにする。指導されるタイプであれ、自己決定のできるタイプであれ、自分の責任を果たすことができたときに初めて、選手は自分たちがどうするかの選択と調整ができるのだ。

　かつていっしょに組んだことのあるコーチは、「選手を細かい点まで管理し、制約を加えようとすると、コーチを信用しなくなる。そしてコーチングそのものを信頼しなくなり、反抗的にすらなる」と言った。こうなると選手は反抗心と憤りをもって抵抗し、見た目はコーチの言われた通りにしているように見えても、実はやる気をなくしている。いわゆる「面従腹背」状態におちいるのだ。

　結果を出しているコーチの多くは次のように言っている。

「管理《やら》されている選手はいざというときにでも、精一杯がんばろうとしない」

1　チーム内できまりをつくる

効果的な指導をおこなうためには、しっかりとした建物のなかの動きまわるゆとりのある部屋のように、ガチッとしたなかにも自由にできる部分があるような組織にしておく必要がある。チームのきまりをつくるのに選手を参加させてもよい。そうすることで、選手たちがいっそうこのきまりを守るようにすることができる。

次に挙げるのは、チームのきまりのなかでさらに効果的に指導するのに役立つ方法である。

1．基本的なルールをつくる

チームの方針やチーム内の約束ごとを決めるとき、「ルールは少ないにこしたことはない」ということを心に留めておくことがたいせつだ。「限られた時間をチームの方針の徹底などに使うべきか、指針を決めておき、プレーに集中させるべきか」は言うまでもないことだろう。ルールが少ないほうが組織は運営しやすい。それは、もっとも必要な約束ごとが徹底できるし、選手に自主的に責任を負う姿勢も生まれるからだ。

アイオワ大学女子テニス部のヘッドコーチ、ポール・ウォードロー（P.70参照）が決めたルールはたったひとつだけだった。

「正しいことをやりなさい」

明快な指示は、あらゆる状況に対応できる。ただしそれには前提条件がともなう。選手に分別があり、じゅうぶん成長しており、すべての状況の正否を判断できる賢明さを兼ね備えていることだ。

ある選手がトラブルを起こした場合、ウォードローはその選手の処遇をチーム全体で話し合わせた。チームメイトは、「その状況のなかでどうしたらいちばんいいのか」を真剣に考え合った。このルールが効果的なのは「門限の順守」、「出席基準を守る」、「時間厳守」、「スポーツマンシップ」、「学生としての姿勢」、そして「スポーツへの取り組み」などについてである。ウォードローは「練習に遅れてくるのは正しいことかな？」と問いかけるだけでいい。選手はたいてい弁解する。その弁解が受け入れがたい場合、彼とチームメイトで、次の練習は早く来るようにしたり、遅刻した分の埋め合わせに居残りさせるなど、状況に合わせたペナルティをその選手に科すのである。

幸いなことに、ウォードローは非常に成熟したチームを指導していた。もっと多くのきまりを必要とする選手を指導している場合もあるだろう。ほとんどの選手は、たくさんの規則とそのきまりのなかで、より高いレベルで活動する方法を探すのを好む。ルールは選手の行動に責任をもたせることができるのだ。また、秩序をつくり、よく鍛練された組織を築くための青写真となる。

!　ルールは少ないにこしたことはない。
ルールがあまりに多いと、実行するのが重荷になる。

こうする方法のひとつとして、チームの目標に立ち返ってみるというやり方がある。ミッションを達成するのにどんなルールが必要なのかをチームで話し合うことだ。チームのミッションを書き出すことから始める。明確でわかりやすいルールをつくるために以下のような主要な目標に注意しながら、ミッション達成に向けたルールをつくるのだ。

✓門限を守る。

みんなが守れる門限は、選手とコーチングスタッフの合意によって決める。そのとき、次のようなことがらを考慮することを忘れないように。

1．つね日ごろの生活のリズムに合っているか。

2．健康面からみて、休息などに問題がないか。

遠征試合のときの門限も同様に指導する。高校生の場合は、コーチが門限を決め、親の協力のもとに守らせる。

✓遅刻や欠席をしない。

このふたつにははっきりとした基準を決めておかなければならない。とくに「常習犯」的な場合が面倒だ。練習、試合、その他の活動の遅刻やさぼりには一切、手かげんしない方針で臨むようにする。正確な時刻を設定し、選手は決められた時刻に一分の遅れもなく必ず集合することや、言い訳は一切通用しないことをしっかり言い含めておく。

✓必要な備品の手入れをする。

年齢や学年を問わず、すべての選手は使用前に交替でチームに必要な用具類がしっかりそろっているか、また使用後には清潔に保たれているかを確認しておかなくてはならない。チェックリストをつくって、このような雑用を選手が交替でおこなうようにする。このことでチームの練習サイクルができる。

✓酒・タバコ・薬物使用を禁止する。

ミッションに反してこれらのものを使用することについて、コーチとしての方針とそれに反したらどう処分するかを明らかにしておくこと。これを黙認していては、結果を出せるコーチングはあり得ない。万が一にもあってはならない。

✓スタッフやチームに対して無礼な行為をしない。

罵倒したり、ののしったり、こきおろしたり、言いがかりをつけたりすることは、絶対に許されるものではない。あらかじめチームにはきびしく戒めておくべきである。そうしないと、いずれチームワークが乱れるもとになる。ひとたび信頼感をなくしたチームがひとつにまとまるなどというのは、どだい無理な話だ。もし、選手がそういう好ましくない行為を犯したときは、謝罪文の作成・提出を義務づけておかねばならない。

✓会議などに出席する。

出席しなくてはならない会議（チームミーティング、集会、研究発表会、各賞の授与式）を欠席しないように促す。

✓授業に参加する。

チームとしての学業評価の基準点を設けるべきだ。なお、地区、部、またはその他の組織でその基準点が決められること。授業には必ず出席させる。出席は学生としての務めである。学生スポーツ選手も宿題はやらなくてはならない。学校所属のチームではない場合、学業に関するルールをつくる責任は親にある。コーチはこれらのルールをつくる際に、親に協力はできるが、そのルールを順守、実行するのはあくまでも親なのである。

以上のことはひとつの提案であって、コーチは自分のコーチングスタイル、チームの特徴や目的に合わせて修正して適用する。肝心なのはルールのリストをシンプルにしておくことだ。うまくいかないときに、これから起こることを重視するよりも、手順に注目するとよい。もし毎日の〝定番〟的なことがらや手順が選手の励ましとなり、モチベーションを上げるものだとしたら、多分、たくさんのルールなど必要ないだろう。こうしておけば支障をきたしたときの備えになる。

！結果より、チームのルーチンや行動そのものに目を向けるように。

基本的なきまりをつくろうとするとき、それを微調整するのに、次の指針を参考にしてほしい。それぞれの頭文字はすべて「C」なので、「協力の８C」と呼んでいる。

８Cとは

1．共同性（Co-create）

みんなが納得できるように、チーム全員がいっしょになってつくる。選手は、自分が参加して決めたことは実行する。この方法だと、選手は自己管理するので、コーチはいつも「うらまれ役」にならなくてすむ。選手はみんなで決めたきまりはお互いに誠実に守ろうとする。コーチはそれが確実に守られているかを確認すればよい。

2．明快性（Clarity）

選手は個々のきまりのもつ意味を理解しておかなくてはならない。なぜそれがつくられたのか、その理由や意図などもはっきり認識していなければならない。この「はっきり」には、きまりを守らなかった場合の処分について話し合うことも含まれている。たとえば、「麻薬、アルコール、違法な薬物などを所持していたときは、いついかなる場合にも直ちに退部」などだ。こうしておけばあいまいさは残らない。一方、「スタッフに対して失礼な態度をとってはいけない」というのはあいまいである。こういう場合は「悪口、中傷、こきおろすようなことはしない」と具体的に注意を喚起するのがいいだろう。

3. 簡潔性（Concise）

きまりは、短く的確なものが望ましい。少ないにこしたことはなく、シンプルが効果的だ。たとえば、「消灯は十時」はよい。だが、「充分な睡眠を心がけよう。練習日の前の晩は七時間以上、試合の前の晩は八時間以上の睡眠を」などというのは簡潔とはいえず、好ましくない。

4. 周知徹底（Copy）

すべてのきまりをポスターにして、ロッカールームに貼っておく。選手全員に掲示板にサインさせる。「○○をしない」ではなく、「○○をする」というように表現は肯定的に。こうすればチームが前向きになろうとする意志をお互いが確かめ合うことになる。だから、選手にこのコピーを渡し、各自が自宅でもよく目にするように貼らせる。

5. 一貫性（Consistent）

公平さと一貫性がなければならない。主力選手や試合に出場する選手を特別扱いしてはならない。

6. 変化する（Change）

選手やチームがそのきまりが無用になるほど成長したら、状況に応じて柔軟に変更を加える。ルールが破られている間は、これを変更してはいけない。そしてあとで話し合う必要がある。たとえば、最終試験の週には、夜に特別な勉強時間をとるために、消灯時間を調整する必要が生ずるかもしれない。調整するときは、チームのミッションを考慮に入れる。たとえば、選手がじゅうぶんな休息を得られるのなら、ふだん十時消灯のところを、その一週間だけ十一時に変更する。

7. 結果（Consequences）

選手には「きまり破り」の罪の重さをよく心得させておかなければならない。初めてのきまり破りなら、違反に対して一切容赦しないというポリシーを掲げていない限り、繰り返し違反している場合よりも少し罰を軽くすべきである。きまりを破ったらどうなるかを選手がしっかり理解してくるようにする。選手に、きまり破りの結果と同等の役割を果たさせることもできる。選手は、自分たちのことに関しては、コーチ以上に厳しいこともある。コーチは選手の考えを調整し、最終決定をくだす必要があるかもしれない。たいせつなのは不公平にならないことだ。違反した重みに相当したペナルティを与える。たとえば、練習に遅刻してきたら、次の練習には三十分早く出させる、などである。

8．ほめことば（Compliment）

選手が心からきまりを守ろうという気持ちにさせることも必要だ。「よくやった」でもいいし「いいぞ」のような簡単なことばでいいから、誠意を込めて声を掛け、本人の努力を評価してやる。

2．選手に期待する態度を明確に示すこと

コーチも選手と同じきまりを守り、つねに正しいふるまいを見せることが重要である。たとえば選手の尊敬を得たければ、選手に要求しているように、自分も練習時間には遅れずにコートに来ているようにして、模範を示すことがたいせつだ。

過去にはこんな話がある。その昔、もっとも尊敬された将軍は、暑くても日よけのためのテントを立てなかった。また、寒くてもマントを着なかった。将軍は兵士とともに、飢えや渇きなどの苦しみを経験しようとした。率先して部下の兵士の模範になるように努めたのだ。その結果、兵士は将軍を敬服し、身の安全を省みず敵と戦った。

これはコーチングにも通じる。率先して模範的行為を示すことによって、チームの尊敬や協力を得られるものだ。その逆もある。コーチが審判の判定に不満だからといって不適切な表現をしたり、観

衆の面前で逆上したり、あるいは選手をきつく叱りつける言動をとったときに、選手が内心それをどのように受け止めているのかを考えてほしい。どんなことをスポーツを通じて学ばせたいのか。結果を出せるコーチは、わが身のふるまいと選手に要求していることが矛盾しないように心がけている。

コーチングでもっともたいせつなことは、「みずから模範を示せ」、すなわち、言行一致である。人は先頭に立っている者の言動に目を注ぎ、耳をそばだてている。自分に課した選手へのミッションに心を傾け、忠実に実行していく姿勢を見せることによって、選手たちがどう反応するのかは一目瞭然であろう。

! 教えたいことを手本で示す。口で言うより身をもって示す。

これまでに、選手にさせている練習やトレーニング、フィットネスづくりに、みずからも加わることを考えたことがあるだろうか。コーチが選手とともにウエイトを持ち上げたり、ストレッチをしたり、ランニングをしたら、選手はどう思うだろう。私が組んでいるコーチにも、選手とともにフィットネスプログラムに参加し、選手に強い前向きな態度をつくりあげたコーチがいる。ペンシルバニア州立大学陸上部のコーチ、ハリー・グローブズ（P.96参照）は、選手をより近くで観察し励ますために、いっしょに走ったり、自転車で伴走したりした。ミズーリ大学バスケットボール部ヘッドコーチのクウィン・スナイダー（P.31参照）は、週に二、三回、スタッフといっしょにウエイトトレーニンググルームに顔を出した。選手はこれを喜んだ。こういう姿勢を見せることで、選手の信頼をいっそう得るこ

＊52　パット・サミット
［1952～］
NCAA 女子バスケットボール界のみならず全米女子バスケットボール界における“名将”。生粋のテネシー州っ子。テネシー大学マーティン校でプレー。1974～75 年度のテネシー大学（ノックスビル校）コーチとしての最初のシーズンは 16 勝 8 敗だった。初の女子公式種目となった 1976 年のモントリオールオリンピックのアメリカ代表チームではキャプテンをつとめ、準優勝。アメリカ大学男女バスケットボール史において、NCAA 制覇の回数の多さで右に出るコーチは、かつて UCLA を率いたジョン・ウドゥン以外にいない。サミットは 33 年間で 7 回だが、ウドゥンは 29 年間で 10 回優勝している。
（Photo by Steve Wortman/SportsChrome-USA）

とができる。選手に前向きな影響を及ぼしたいのなら、選手に求めるものを、まず自分に求めてみることだ。コーチやスタッフが効果的な投げかけができれば、それは波紋のように広がっていく。波及効果が優れたスポーツマンシップにまで及ぶ。

ＮＣＡＡ女子バスケットボール選手権で六回も優勝経験のある、テネシー大学のヘッドコーチ、[＊52（写真）]パット・サミット（Pat Summitt）は、「六回の優勝をめぐる信頼度というものは、コーチである私の肩にもかかってくる」と明言している。また「私は相手を非難するような記者会見には絶対出席しない」とも言っている。

カンサス大学体育局長のロバート・フレデリック（Robert Frederich）もまた、サミットとまったく同じ考えだ。「ヘッドコーチが自分の基本姿勢を決めるとき、学業との両立のこと、スポーツマンシップのこと、そのほか選手の生活の多くのことにおいても、指針を示すことができる」と言っている。ともに積極的で前向きな姿勢が感じられる発言である。

一方、コーチとしてよい指導者になりたいと願いつつも、失敗している例も多い。

あるとき、全米で名が通っている四十名の長距離選手が、これまた全米で名の知れたコーチたちの指導を受けるため、強化合宿に参加した。あるコーチングスタッフが、好ましいダイエットと栄養について、選手に徹底して身につく講義をおこなうことを申し出た。これはありがたい申し出ではあったが、そもそもこのスタッフ自身が明らかに体重超過であり、見るからにダイエットが必要だった。ある選手は「彼のプランに従おう。そうしたら彼みたいになれるんじゃないか」と皮肉った。選手のあからさまな関心の低さとからかいのコメントは、選手が彼の話を真剣に受け止めるのが難しかったしるしにほかならない。

選手の手本となるにはたくさんの方法がある。まず、以下の状況で、自分ならどうするのか考えてみてほしい。

✓失敗をどう乗りこえるか。
✓ほかの人の長所を引き出す方法は?
✓面倒になりそうなことを快く引き受けることをどのようなかたちで示すのか?
✓コート内外でのプレッシャーや難問難局にどう対処するのか。

✓我慢強さや粘り強さをどう示すのか。
✓どうやって日常生活のバランスを維持するか。
✓どうやって尊敬をあらわすのか。
✓どんなことが起ころうと覚悟ができているか。
✓非難にどう対処するのか。
✓他人の批評を聞く耳があるか。
✓どのような方法で最良の決定をくだすか。
✓気遣いをかたちでどう表現するか。
✓どのようにほめるか。
✓どのように現実的で発展的な目標を決めるか。
✓どのような方法で他人に意見などを言うのか。
✓どうやって自分の行動に責任をとるのか。

この十六の問いかけは、コーチが選手を指導していくときに心がける的確な注意点となる。コーチングスタッフは、毎週ここからひとつを抜き出し、その質問にはどのような態度で臨むのがベストかを議論したらどうだろう。自分が現在しないことができるようになるために役立つ方法を探してみるとよい。

2 きちんとした情報に基づいた揺るぎない決定

目標や役割が明確であれば、方針を打ち出すのは簡単だ。適切な決断をくだすには「明確な目標」、「断固たる決定」の次に「正確な情報の確保」が必要となる。より多くの正確な情報を確保すればするほど、より容易に決定をくだすことができる。チーム全体のトレーニングの必要性や達成すべき目標に加えて、期待される新入生選手についてできる限り情報を集めることは、選手とコーチのチームづくりの方針に本当の意味での融合を生み出すのに役立つのである。

選手を過去に指導していたコーチ、チームメイト、友人などから情報を集めてもいいだろう。チームのすべての者がチームの歩みに加わっているのだから、新入生選手だからといって特別扱いしてはいけない。しかし、同時に彼らにはよく目を注ぎ、見守ってやるべきだ。

もっとも、この「対応」は新入生選手だけに限ったものではない。全選手やスタッフについても可能な限り情報を得ておくべきだ。生い立ちや現在の生活を知っておくことは、私的問題などに直面した場合に、的確な決定をくだすのに役立つ。彼らの情報をもつことで賢明な判断に基づいた決定をし、よりよい方向へ導いていくことが可能となる。

ときには、最善の決定をするのに、さらに多くの資料や情報、他者からの情報提供を待つ必要がある。ほかからの情報収集のさいちゅうで、すぐに答えを出せない場合は正直にはっきりと、「いまの時点では、正確な返事はできない。もう少し時間をかけ状況をしっかり見極めてから返事する」と答えるべきだ。そして、状況をよく調べ、その道の専門家の意見を聞くことがたいせつだ。

間違った決定をくだしたり、裏目に出るかも知れない決定を焦ってくだすよりは、決定を先送りにしたほうがいい。たとえば、選手が法的問題に触れるような事件に巻き込まれたときは、コーチやチームに対し、選手の処分を速やかに決めるよう圧力がかけられる場合がある。しかし、学校や裁判所などでのすべての事実を把握するまで決定をくださないほうが賢明だ。

！ときにはすべての事実を確認するまでは決定を先送りしたほうがよい。そうすることによって選手にチームの運営意識をもたせ、やる気を起こさせる。

しかし、いつも先送り的にしていると、決定能力がないとみられかねなくなることにも気をつけなければいけない。したがって、これが正しい決定であり、前へ進まなくてはいけないと感じたときだけは直ちに断固たる決定をしなければいけない。決定が間違っていると不安なら、やめておいたほうがいいだろう。

もっと手っ取り早い方法は、すべての決定の基準となる明確なガイドラインと規則を定めておくことである。しかしそれは、ゴールキーパーがネットを攻撃してくる相手により、それぞれ選手の強さ・弱さ、傾向・状況を考慮しなくてはいけないのと同様に、基準は同じであっても、それぞれへの反応は、それぞれの状況にもっとも合ったかたちに修正する必要がある。

アメリカのバスケットボール界ではいまや著名の、デマッサ高校ヘッドコーチのモーガン・ウッ[*53]（次頁写真）

＊53　モーガン・ウットゥン
［1931～］
全米高校バスケットボール界の伝説的コーチのひとり。1956年からメリーランド州デマッサ高校男子チームを手がけ、以来、1996年度までの40シーズンで通算1095勝163敗（.870）という戦績を収めた。「いつのシーズンのチームも実に"しつけ"がゆきとどいており、規律正しくマナーが徹底している」という定評と、「レギュラーはもちろんのこと、ベンチの6番目からの控えプレーヤーであってもNCAA強豪校に入部すると活躍し、大学からは学業成績優秀学生として奨学金を授与されている教え子が多い」ことは広く知られている。高校バスケットボール界においてもっとも優れたコーチとしての定評がある。
（写真は「バスケットボールのコーチング」大修館書店より）

トゥン（Morgan Wootten）は、駆け出しのころ、「ことが起こる前から完璧な準備が必要だ」と考えていたという。しばらくして、「これはあまりにも短絡的すぎる」ということがわかった。

　あるとき、チームの主力選手ふたりが門限破りをした。そのとき機械的に罰則規定を適用した。ところがその後、門限破りにはそれなりの理由があることが判明した。そしてウットトンは、その選手たちを獲得しようとしていた複数の大学のチーム関係者の、その選手に対する印象をひどくそこねたかもしれないこの急な決定を大変後悔した。同時に、選手を退部させるという最初の決定を差し戻さないといけないという、厄介な立場におかれたのだ。

　抜き差しならぬ状態にみずからを追い込まないように。コートの内外にかかわらず、チーム全員が同意できる、しっかりした基本方針とガイドラインを定めておくことだ。そして、時期がきて、明確な状況になったら、この決定が必要だったか、最善の決定だったかを吟味すればよい。率直で固執しないほうが、問題解決に創造的に臨むことができる。薄っぺらいように聞こえるだろうが、これが賢く、効果なやり方である。

！とくに選手に関係する場合は、意志決定の過程に選手が参加するよう促す。

1. 適応性を考慮する

マスタープランとは、来たるシーズンを見通した基本計画のことだ。すべてのコーチがこのマスタープランをもっていないといけない。通常、チームが取り組んでいる目標を達成するのに必要な、毎月、毎週、毎日のまとまりでつくられる。より詳細なプランになると、シーズンの重視する項目と目標を示すものになる。そして、さらに細かく、何を補強すればよいか、どの練習段階でいつおこなうかを正確に組み込んであるのだ。そのような計画はきわめて重要だが、これだけでよいのなら、コンピュータに頼ったほうが人間よりずっと有効だろう。実際には、思いがけない事態に適応することを要求されるまでなら、計画通りで何とかやっていける。

真の結果を出すコーチは、新しい状況を自分の原案に吸収することができ、これがどのように彼らのマスタープランと主要目標に影響を与えるかを明らかにし、毎月、毎週、毎日の練習計画を細かく調整することができる。主力選手のシーズン終盤の負傷、シーズンクライマックスでの予期しないスランプ、複数の選手にかかわる規律や学業の問題などは、硬直した計画では乗りきれない。それゆえ適応性に富んだコーチングが要求される。

マスタープランを立てるときには少々ゆとりをもたせる。そうすることにより、考慮の余地を残しておいたことを悔いることもないし、せっぱ詰まった状態に追い込まれることもない。選択肢にゆとりをもたせるのは悪いことではない。ときには、少々あいまいにしておくことも必要であり、そのことがかえってよい効果を生む場合もある。

3 直感を信ずる

リーグの決勝戦で延長戦になったときのことだ。高校野球のコーチ、フランク・ラッセル（Frank Russell）は、俊足のセンター（外野手）に三塁盗塁を命じた。「直感的にひらめいた何かが私をつき動かして決断させた。そして、結果は正しかった」キャッチャーからの送球は三塁手の手をそれて、外野を転々としていた。ランナーはキャッチャーのタッチをかわし、ホームにすべり込み劇的な勝利をものにした。

ラッセルは、多くのコーチと同様に、成功するには信頼しなくてはならないものを利用した。「直感」

である。それは、競技やコーチ経験から得た知恵に基づく本当の知識である。これは、理由や考えなどを意識しない、ストレートな理解なのである。直感とは純粋なチャンスや単なる予感以上のものである。この本能的な感覚は、長期間の経験を積み重ねた結果からもたらされるものである。ラッセルには考える時間があまりなかった。彼がためらったなら、決断は遅すぎただろう。

結果の出せるコーチは必ず試合に勝つ。なぜなら、いかなる疑問ももたずに自分の「ひらめき」を信ずるからだ。そして、自分の直感を信じることで、選手にも同じように指導することができるからだ。

瞬時に正しい決定ができる「感性」をもつコーチは、幸運以上の何ものでもない。しばしば、みずからの競技とそれに付随したもろもろの選手の学業状況の把握、有望な新人選手の発掘・勧誘、あるいは選手の父母とのコミュニケーションなどを巧みにこなしていく才能に恵まれている。どうしたらこの「直感」をより発展的に指導過程に反映させることができるだろうか。それにはまず自分自身を信じ、培ってきたスポーツの経験を信じることから始めなければならない。日誌をつけることから始め、そこに、自分の知識だけをもとに決定した「正しいこと」を記録する。直感（心で正しいと思っていること）と、認識（気持ちが正しいと思っていること）を長年使っていると、ある状況に立ったとき、適切な采配を振るうことができるようになる。

自分の直感を信じて選手を育成すれば、彼らの技能も高まる。ひとたび問題が生じても適切に対応して決断をくだしていくこともできる。質問されても確信をもって「これだ」と答えられるだろう。何が正しいかは、自分で考える。そして、ある程度は答えを出しておく必要がある。その答えとほかから得た情報とを組み合わせたり、もう少し時間をかけて状況を分析することもできる。多くの場合、自分自身の考えの外に立ち、まったく正しいと感じない方法に従い、不必要に問題の解決の糸口を探してしまうのだ。おそらく、この本を読んでいるコーチは何年もの間、競技を指導しており、以前はその競技の選手だっただろう。本当は、ほとんどの状況でどのように行動したらいいのかわかっているのではないか。自分の内側の声を信じて従う必要があり、自分にとって何をするのが正しいのかを知っているのだろう。勇気と実行力を要するが、結果はそれに値するものだ。結果論でみずから責めるのをやめれば、コーチングや選手との関係に、さらに自信がわき、安定し、満たされたものとなる。

「直感で対処」することは、「理性的な判断に基づく対処」と同様にたいせつなものである。ものごとを決定する場合には直感と理性的判断の両側の面から見る。もし直感がより強く支配するようだったら、注意深く判断する。状況に順応し、変化に適応することも、直感の一部である。

直感的判断が必要な場面に出くわしたときには、リスクを負って、ひらめきに忠実に決断し、その結果を待てばいい。これには実践が必要だが、そのうち直感的判断の価値がわかるだろう。

[＊54（写真）]ミッシー・メハーグ（Missy Meharg）は、メリーランド大学フィールドホッケー部のコーチだ。バージニア大学との負けられない一戦を前にして次のことを心に決めていた。

「控えのゴールキーパーを将来に備えて経験させておく必要があるが、それは4点リードしてからだ」

試合も三分の二を過ぎ、得点が3対0になったところでメハーグは直感に反し、選手を喜ばせよう

＊54　ミッシー・メハーグ
［1963～］
1985年にデラウェア大学で健康・体育を学び卒業。1989年、メリーランド大学でスポーツ心理学を専攻して修士号取得。そのかたわら、1985～1991年、アメリカ代表チームで活躍した。1987年にメリーランド大学アシスタントコーチ就任。翌年からヘッドコーチに昇格した。所属しているACC（アトランティック・コースト・カンファレンス）制覇6回、NCAA選手権7回優勝。教え子も優秀で、2007年度アメリカ代表チームには5名が入っている。数々の優秀コーチ賞を受賞。2007年には全米フィールドホッケーコーチ協会から「2007ミッド・アトランティック優秀コーチ賞」受賞。
（Photo by Lawrence French, Esq）

と控えのゴールキーパーを使った。試合はバージニア大学が後半2ゴールを決め、さらに、終了間際にペナルティショットのチャンスもあり接戦になった。幸運にもそのショットがはずれ、メリーランド大学はかろうじて逃げきった。メハーグは、自分の直感を信じないで大きな間違いをしたことをゲーム後のインタビューで率直に認めた。直感を信じ、そのとおりに戦術を用い、決定的にバージニア大学を叩いて、それから新しいゴールキーパーでいく計画でとどまらず、ひとりの選手を喜ばせることだけの目的で交替させた。それが結局失敗のもとになった。しかし、コーチとはたびたび失敗を繰り返しながら成長するものなのだ。輝かしいキャリアをもつメハーグにとってもこの苦戦はいい教訓となった。

！　直感で感じることをやる。
自分自身をあと知恵で判断すると、ためらい、信頼を失い、
リーダーとして有能さを欠くこととなる。

第1章で紹介したシンディ・ティムキャル（P.18参照）は「直感力」に頼ったコーチングをやっていた。こんな逸話がある。

彼女のチームはシーズン開始とともに、七連勝していた。そしてチームは、記録の宝庫、宿敵のバージニア大学をも破ったのだ。ティムキャルはチームの好調さに胸の内では安堵とうれしさがあったが、同時に、次の対戦チームのことを心配していた。ティムキャルが「ダートマス大学はどう？」と、いままでと違った新たな戦略が必要ではないかと尋ねてきたので、私は「ダートマス大学なんてどうってことないんじゃない」と答えた。彼女はそれを聞いて、特別に目新しいことなど何もする必要はないとふんぎりがついたのか笑みを隠さなかった。対戦相手のことをくよくよ考えるより、むしろ、いままでどおりの完璧な試合をどうやってやり遂げるかを考えるほうがチームにとっては重要だったからだ。

私とのやりとりはジョークに終わったが、このやりとりは彼女に「いま何が最重要課題か」ということを思い起こすきっかけになった。それは経験を信じることと、チームの準備に集中することである。ダートマス大学が十八ページもの偵察レポートをまとめたとしても、メリーランド大学は相手にかまわず自身に集中するのだ。

「直感を働かせる」訓練方法を紹介しよう。これはジュニアカレッジのサッカーチームのコーチが使っているものだ。疑問や問題に対し決定をくだす場合に、客観的にみる「もうひとりの自分」をつくり、意見を求めるのだ。

彼は三〇〇〇マイル（東京から博多よりも遠く）離れたところでNCAAディビジョンIのチームを教えているコーチを「心の師《メンター》」と仰いでいる。ゆったりとした状態になって、「もうひとりの自分」になりきって、目の前の問題について尋ねるシーンを思い浮かべる。そして、「あのメンターだったらどのように助言してくれるだろうか」と、じっと答えを待つ。すると、遠くにいるメンターが解決の糸口を示唆してくれるのが聞こえてくる——。実際には彼はメンターの所に行っているわけではない。だから声は聞こえないし、これは、あくまでも「ひとり芝居」を演じているなかでの自分の「ひらめき」と言っても過言ではない。だが、彼にとってはこれこそ最高の直感的判断なのだ。あることを決断する場合、時間に余裕があれば、この方法は効果的であろう。

一日一回、特定の時間を自分だけのリラックスタイムにする。そのときは自分の直感に耳を傾けるようにしてみたらいい。具体的には次のような質問をする。

✓何をする必要があるのか。
✓何を知る必要があるのか。
✓この状況でどのようにふるまったらいいか。

このように自分の心にすなおに語りかけてみることだ。直感的に、正しいとわかること、よいと感じることを思い起こす瞬間をつくることだ。

よく、相手について過剰分析し、あれこれ考えすぎていることに気づく。スカウティング[*55]は重要だが、そのような分析がどれほど準備や勝負の展開に影響を及ぼすのだろうか。結果を出しているコーチは、試合対策にスカウティングで得た情報をうまく活用しているが、なかにはこの活用方法に失敗するコーチもいる。

ジョン・ウドゥン（P.13参照）はほかのチームのスカウティングをほとんどしなかった。彼は、スカウティングが、選手がベストを尽くし、自分のできることに集中することの妨げになると思っていたからだ。

また、カンサス大学のバスケットボール部コーチのロイ・ウイリアムズ（Roy Williams）は、スカウティングの代わりに、なんと、シーズンごとの「メディアガイド[*56]」を集めたのだ。各大学チームはこのメディアガイドに同じカンファレンスに所属する他大学チームの紹介も加える。ウイリアムズは各大学チームのメディアガイドにどれだけ自分のことが書かれているのかを調べたという。

！ 状況をあれこれ考えすぎてはいけない。
そうすると、ゲームの自然なリズムと流れを妨げてしまう。

決断について周りからとやかく言われても気にしないことだ。そういう場合には、決断にいたった

＊55　**スカウティング**　対戦チームやその選手に関する情報収集と分析。

＊56　**メディアガイド**　マスコミや大学関係者に配布するチーム紹介・ゲーム日程などが記されたパンフレット。

経緯をもう一度確認してみたらいい。それから経験から得たものを手がかりにして最終的な決断をおこなう。駆け出しの若いコーチならば、経験の多いベテランのヘッドコーチを助言者として利用する手もある。経験を積めばいろいろな専門的知識も身につくし、いずれどうすることがベストなのかを直感的に判断できる感性が身につくはずだ。

4　成長させるための導き

選手に、選手として、また個人として成長する環境を与えることについては、第3章ですでに述べた。コーチはさらに、選手が自分のために考え、自分たちに課せられたことをやり遂げるように育てていく方法として、尽くす姿勢を用いることがある。

1. ふさわしい問いかけ

コーチの立場で有効な「問いかけ」の効果について考えてみたい。タイミングと表現に優れ、的を得た問いかけは、選手を「希望がもてるところ」へ導くことができるのだ。

たとえば、デューク大学バスケットボール部のコーチ、マイク・シャシェフスキー[*57（次頁写真）]（Mike Krzyzewski：以下はコーチK）のみごとなチーム練習を観察して、私は彼の問いかけが、どのよう

＊57　マイク・シャシェフスキー
［1947～］
ポーランド系移民の息子としてシカゴで生まれる。ウエストポイントの陸軍士官学校に進学してプレーヤー生活も。1980年、デューク大学ヘッドコーチに就任。1988年からは5年連続で準決勝（ファイナル4）に進出。1991～92年、NCAA連覇。2001年には3回目の優勝。1992年、バルセロナオリンピックのアメリカ代表チームでアシスタントコーチ。さらに、2006年の世界選手権ではヘッドコーチ、第3位だった。敬虔なカトリック教徒で、ノースカロライナ州でカトリック慈善組織の資金集めに尽力している。
（Photo by Bob Rosato/Sports Illust-rated/AFLO）

に選手の成長や発展に役立っているのかに気がついた。選手が失敗を犯しても、決して怒鳴ったりしない。彼は笛を吹き、すばやく問いかける。

「さて、クリス、エルトンが近づいて来たときにはどうプレーしたらいい？」

クリスは、自分のまちがいを見直し、それをすぐ修正する。「この状況で左へ行くとどうなる？」クリスは正しいプレーをやってのけた。「そのとおりだ、クリス」とコーチK。そして彼はチーム全員に向かって「みんなしっかり見たね、いいかい？」と念を押す。それからプレーが再開する。

コーチKは、冷静に、丁寧に、彼の要求を選手が実践するように導き、そのあと、チーム全体にそれを伝える。それをあくまでも選手が自主的にやっているように感じさせているのだ。

彼は前面には出ずに選手の成長を促す。そのすばらしさは、基本的には彼がそのことを選手に気づかれずにやってのけていることだ。やがてチームの戦績が、チームを統率する彼の手腕のすばらしさを証明したものとなるだろう。

つねに選手に何をするかを指示することにとらわれてはいけない。「どうしたらよくなるか」、「よくするために何ができるか」、「この場合の選択肢は何か」、「こうすると（その内容を指定する）、どうなるだろうか」と、リードして導く問いかけをする機会を探すのだ。

質問による選手からの「引きだし」がうまくいかなかった場合には、示唆することを試みたらいい。たとえば、「君は○○を試すか○○をしたいんじゃないか」とか、「この状況にいるのに気づいたら、私なら○○する。君もそのことを考えていたかもしれないが」とか、「チームとして考えるなら、○○するのはいいアイディアなんじゃないか」というように選手に言うのだ。

これらは一見やさしい語りかけに聞こえるかもしれない。だが、そのときそのときの状況に対する的確なアプローチだ。そして結果的には選手に「やらなくては」という責任感や遂行心が芽生える。

2．チームを託す

選手をやる気にさせる方法として、「自己責任」を育てる機会をつくる方法もある。

私はいつも他人に委ねることで葛藤してきた。なぜならば、いつのときも自分自身こそが最適な人物と自負してきたからだ。委ねたあとに口を出したいときがあった。逆にその計画を引き受け、やがて「ほんとうに引き受けるべきだったのだろうか」と悩んだこともある。しかし、ほかの人にこの仕事を任せ、それぞれに責任をもたせた結果、この方法が実に効果的であることがわかった。

選手に「こうしろ」と命令するより、「私はこれをやり遂げなければならない。だれかこの仕事を手伝ってくれれば大変有難いのだが」と呼びかけたり、選手、アシスタントコーチ、スタッフ、そのほかチームにかかわる人たちにともに働く必要性を力強く訴えてみることである。

! 選手の責任感を育て、コーチを助けるようにするには、「任せる」、「責任をもたせる」、「責任を果たさせる」ことだ。コーチがすべてを支配するのをやめるのだ。

前出のスナイダーは、トレーナー、マネージャー、アシスタントコーチ、そのほかのチームスタッフなどに迷わず仕事を振り分けた。そして、いちいち口出しをしなかった。このことは仕事の効率化をはかり、チームの結束も強くし、チーム運営もスムーズにさせた。

たとえば、スナイダーの片腕、リー・ラッシュマン（Lee Rashman）に私を空港へ迎えにいく役目を与える。大学に到着するまでの道すがらラッシュマンと私はチームの練習について二時間以上話し合い、チームの状態について情報を得ることができた。彼は私に核心をついた情報を語ってくれたので、到着までにやらなければいけないことの心づもりをつくることができたのだ。

Coaching Point

1. 規則は秩序をつくるために必要であり、それをつくることで目的・目標が明確になる。
2. あらゆることにもっとも適切で最高の決定をすることができる、独創性のある決断がくだせるコーチであるように。明確な決断力で、さらに有能なコーチになれる。
3. 自分の知恵と直感を信じる。自分の判断を重んずるが、ほかのデータも考慮する。
4. 命令せずに提案する。そうすることで、選手はより協力的になり、責任をもつようになる。
5. 選手をコントロールするのではなく、彼らが自己責任のもとに判断して行動するように導く。失敗を恐れず、まずは積極的に挑戦する姿勢を評価し、選手の無限の可能性を追求できるような機会を与える。

コーチは、チームを導き、チームキャプテンやゲームキャプテンのようなよきリーダーを育てるのが責務のひとつだ。きまりを決め、決定をくだし、確実なデータと同様に直感をうまく生かし、具体的に指摘すれば、選手をベストの状態に集中させることができる。こうして選手はコーチに鍛えられ、自身とチームメイトをリードする「つよさ」を学ぶのである。

第6章

規律を育てる

Developing Discipline

Creative Coaching

すべての優れた成績と成功は、逆境や犠牲、苦難を乗りこえ努力した結果、手中に収めたものである。

選手が結果を出せるように導くためには、コーチの意欲と規律を選手に示すことが必要だ。意欲とは、面倒なことも辞さない意志のことを言う。また、規律とは積極的に学び、トレーニングする意欲をつねに追求し、実行していくやる気と行動によってもたらされる。選手はやがて練習やトレーニングで厳しく鍛えられていくのだが、何よりも前に、まだ達成していない高い目標を掲げ、それを目ざし、達成する意欲を心底から抱いていなければならない。そして、選手がコーチの指導を受け入れる気持ちがあれば、コーチは選手の心のエンジンに点火スイッチを入れることができる。

1 意欲の発見

選手は成功したいと思っている。そう強く願い、実現する意欲のある者がもっとも高いレベルのパフォーマンスに達し、チャンピオンになれるのだ。そのように強く願う選手は「コーチ、私はうまくなりたいんです。そのためにはどうしたらいいですか」とは決して尋ねない。むしろ、「コーチ、うまくなりたいんです。そのためにいま、自分には何が足りないのでしょうか、ぜひアドバイスをください」と言うだろう。後者のコメントは、強い願望と情熱を示しており、苦しい経験、犠牲をいとわずに快く努力する意志があらわれている。

シーズンの始まりに（あるいはシーズンを通して定期的に）選手に対してこう尋ねてほしい。「君にとって犠牲を払うに値するものは何か。また、よりよいものを得るために苦しむことにどのような意味があると思うか」

この質問に対する答えは、選手の練習に対する意欲を見極めるのに役立つ。優れた選手になるために、犠牲や苦しみは避けて通れないものなのだ、ということを理解させなければならない。たとえば、プレーする時間が少なく、チームのなかでほかの役割をする必要があったり、プライベートな時間であきらめなくてはいけないことがでてきたり、毎日、午前・午後の二回、厳しい練習をするという苦しい生活を強いられることもある。選手が「チャンピオンになるには当然このような犠牲がある」ことに気づくやいなや、そこまでして前に進むほどの強い意志はないというように考えるかもしれない。

優秀な選手の多くは、最後までやり抜くことをしたがらない。なぜなら、現在のレベルに満足しているからだ。高校や大学の有名選手のなかには厳しい練習を嫌い、努力もせずに現状に満足している者も少なくない。本当に優れている者はこれと対象的に、よりハードな練習をし、ベストを尽くす。現状に甘んじている選手は、自分の楽しみをあきらめる気がない。この態度で、選手が本当はどうしたいのかがわかるのである。

コーチは選手の日常を犠牲にするのを最小限にとどめるよう、バランスのとれた最善の時間管理法を見つけることで、そのような選手たちを助けることができる。しかし、どんな方法で選手を手助けしても、犠牲を払ったり、苦しい思いをしたり、現状以上のことに挑戦する意味を見いだせない者もいる。彼らは自分たちが心地よいと思うところに残って満足しているのだ。

すべての偉大なパフォーマンスの進歩、達成は、身体的、精神的、情緒的な痛みや挫折、犠牲、苦しみの結果そのものだ。すべては自分の目標の達成のためにおこなうことであり、時間と労力をかける価値はじゅうぶんにあるはずだ。

ロジャー・バニスター[*58（写真）]（Roger Bannister）は、「全力で走った喜びで痛みを忘れた」と述べており、これは、走っている間の苦痛は勝利することでいっぺんに吹き飛んでしまったことを物語っている。すなわち、達成感、充実感というものは何ものにも代えがたいものであるということだ。

！ 選手が潜在能力を最大限に生かしたいという願望がわいてくるように目標はやりがいのあるものでなくてはいけない。

「バランス」はスポーツのトレーニングの場では必要不可欠な要素である。よく鍛えられた選手で

＊58　ロジャー・バニスター
［1923～］
1956年、1マイル走で4分を切る記録（3分59秒4）打ち立てた。当時、1923年にフィンランドのパーヴォ・ヌルミが打ち立てた4分10秒3の記録は、専門家の間でも今世紀中に破られることはないといわれていたが、その記録を2秒も更新する驚異的な世界記録であった。
（Photo by Science & Society Picture Library/AFLO）

も、練習や試合などの疲労から激しい痛みにおそわれることがある。その痛みの原因をけがによる急性の痛みか、疲労や激しい練習による痛みかを見分けなければならない。選手として、また選手を指導するコーチとして、回復や休息が重要なトレーニングの一部であることを理解する必要がある。つまり、オーバートレーニングやオーバーユースによるけがを避け、ハードなトレーニングの効果を最大限に利用するのである。

選手は、すべてを犠牲にし、競技だけに夢中になってはいけない。学生には本分である学業があるし、アルバイトをしなければならない場合もある。また、社会的な活動のために時間をとる必要もある。バランスがとれていないと、禁止されている薬物を使ったり、よくない食習慣に陥るなど、自分の健康さえおしばんでしまう。このような兆候があらわれたら、選手とじっくり話し合い、練習と生活の調和をはからせなくてはいけない。必要なら、練習のスケジュールなども調整する。何かを達成したいという願望は、単に練習量によってかなうわけではないことを選手に理解させなくてはいけない。コーチは練習の質を決め、それをふまえて選手はやり抜くかどうかという意志を決めるのである。

　コーチや選手のなかには、よくなるためには辛いこともいとわないと考える者が多い。そういうコーチたちは、日本の千日回峰[*59]に耐え、悟りの境地を開くといわれる修行僧に畏敬の念をもっているという。人生を極めるという意味で、スポーツにおける最高地位に就く優勝者を目ざすコーチの歩みと同じ道程だと感じているからだ。

　その行者は、氷点下の高い山で毎朝午前一時三十分に起床する。白装束でわらじを履いただけの格好で、七年間にわたって合計千日、連日十九～五十マイル（およそ三十～八十キロメートル）の険しい道を上り下りして走り続ける。禅宗では、「白」は死と関係する色である。つまり、もし僧が一日でも走ることをやめたら、その結果の覚悟ができているということである。完走できないことは、不名誉なことであり、その僧たちは、修行半ばで挫折したときのために、自殺用の短い剣を身につけている。七〇〇マイル走った後、九日間は食事、水、睡眠もとらず、精進して過ごす。こうして僧たちは、過酷な修行により「生き仏」として生まれ変わる。生命により感謝し、エネルギーに満ちあふれ、燃えさかる香木から灰がふりそそぐ音をも聴きとることのできるような、けがれのない心を取り戻す。彼らは「究極の存在」となって実に輝いている。苦痛や犠牲、逆境に直面し、これを克服した精神力は、

＊59 **千日回峰**
天台宗独特の不動明王と一体になるための厳しくて苦しい修行で、一日に山中を一周し、千日で終わる。

その人の「偉大さ」をさらに高める。千日回峰を満行した僧は、「過酷な旅に耐えた経験は喜びである」と言っている。

この話を聞くと選手は生き生きし始め、自分の目標に到達するための苦痛に対し、「厳しさを乗りこえればきっと何かが開ける」という見通しをもつようになる。この話は「困難な旅には、必ず喜びが待っている」ことを選手に諭しているのだ。当然のことだが、選手たちに僧たちの苦行をしろと言っているわけではないし、選手がこのような過激なことをするなど期待もしていない。しかし選手は、別の方法で限界に挑まなくてはならない。苦痛や犠牲の概念について選手に話すときは、「競技中、学生生活、人生でどんなときに苦しいと感じるか」について尋ねてみてほしい。たとえば、ある選手にとってはプレー時間が減るなど、役割が減ることが苦痛のひとつとなることもあるだろう。また、限界までの努力による痛みや疲労は肉体的苦痛となる。いずれにしても苦痛はともなう。どちらを選択するかは選手次第である。

うまくなるために、選手は練習に早く来たり、遅くまで居残ったりすることを考えなくてはいけないかもしれない。しかしそうするには、選手みずからが心から改善したいと願っているかが問題となる。コーチは「どのように行動に移させるか」の前に、この重要性を自覚している必要がある。

「試合に負ける」、「ミスをしてしまうこと」などはつらい。それは、起こりうることとはいえ、選手にとってはつまずきであり、苦痛でもある。また、学生選手は、競技能力を伸ばしたいと願っても、学年や社会的立場によってはスケープゴート（身がわり）にされてしまうこともある。そのような場

＊60　ウォルター・ペイトン
［1954～1999］
NFLのシカゴ・ベアーズで1975～87年の13シーズンをプレー。13年間のうち10年連続で毎シーズン1,000ヤード以上を走り抜いており、まれに見るタフなプレーヤーだった。現役中は186ゲームの連続出場を果たし、欠場はわずか1ゲーム。ニックネームは“スイートネス”（甘くこころよく感じられるもの）。1999年2月、近い将来、ガンに変わる肝臓の病気に罹っていることを公表、ドナー待ち順位を繰り上げて移植手術を受けるように勧められたが断り、その年、合併症で亡くなった。NCAAは「ウォルター・ペイトン賞」、NFLは「ウォルター・ペイトン年度賞」を設けている。
（Photo by Focus on Sport/Getty Images/AFLO）

合、選手が犠牲になり、苦しむ可能性のある習慣を調べさせる機会を与える。そうすれば、コーチとして、これを引き受ける場を提供し、切り抜けられるよう助けることができるのだ。

2　訓練して育て上げる

Discipline（＝訓練）はラテン語の「disciplinus」が語源であり、信望者、または学習者という意味がある。選手はみずからがベストを尽くし、適切な指導や公正な規則のもとで正しく扱われたときに、多くのことを学ぶ。

競技能力を向上させるすばらしい方法があるのでいくつか紹介しよう。

アリゾナ大学のバスケットボール部で現役プレーヤーだったころのマイク・ビビー（Mike Bibby）は、二年生の夏の二か月間、毎日五百

＊61　ジェリー・ライス
［1962～］
1981年、ミシシッピー・バレー州立大学（MVSU）に入学、ポジションはクォーターバック（QB）とともにパスプレーの主役となるワイドレシーバー。チームでのニックネームは“ワールド”（世界）。どのようなパスでもキャッチしてしまう範囲の大きさを指しているという。1985年にサンフランシスコ・49ersに（～2000年）。それから、オークランド・レイダーズ（2001～04年）、シアトル・シーホークス（2004年）、デンバー・ブロンコス（2005年）と各チームを渡り歩いた。
（Photo by Andy Hayt/Getty Images/AFLO）

本にもおよぶシュート練習をおこなった。その結果、「自制心」を身につけ、3ポイントショットの成功率をアップさせ、NBAのドラフトで一巡目にノミネートされた。

おそらく史上最高のフットボールプレーヤー、ウォルター・ペイトン[*60（写真）]（Walter Payton）とジェリー・ライス[*61（写真）]（Jerry Rice）のふたりが、同時にもっとも規律正しい選手でもあったことは偶然だろうか？　彼らのオフシーズンのトレーニングの話はいまや伝説にさえなっている。それは、夏の湿度が高い、うだるような猛暑のなかで、渓谷に生息する山羊も嫌がるような険しい山道を登り、体力の限界まで自分を追い込むものだった。なぜこんなに苦しいことをしたのか。ふたりともすでに何百万ドルにものぼる高額の報酬を得ていたし、フットボール殿堂入りも約束されていた。また、ふたりともランニングバックとワイドレシーバーという花形のポジションの選手として偉大な記録をつくっていた。ところが、ペイトンとライスは、そんなことでは満足していなかったのだ。

ちょうど陸上競技のハードル走のエドウィン・モーゼス（Edwin Moses）やレスリングのダン・ゲーブル（Dan Gable）、陸上競技の短距離走のジャッキー・ジョイナー・カーシー（Jackie Joyner Kersee）がふつうの選手とどこか違うように、ペイトンとライスもどこか違っていた。重要な局面に極限まで集中力を高めた理想的な心理状態を推し量るのはとても無理なのだ。オークランド・ライダーズのオーナーのアル・ディビス（Al Davis）が言うように、「勝つだけだ」という単純なことだけではない。いつもベストでいるために彼らは優位でいたかった。そのためにすべてを出し切って打ち込んだのだ。

前述した有名選手のなかでただひとり、ゲーブルだけがその後、コーチという立場に就いた。彼はコーチとしてもすばらしい結果を残した。アイオワ大学レスリング部のヘッドコーチとして、選手時代と同様のことを求め続けた。現役中、負けたのは高校、大学を通してただ一度だけだった。一九七二年のミュンヘンオリンピックでは、対戦相手にポイントを取られることなく完勝、みごと金メダルを獲得している。二十一年間コーチしたアイオワ大学レスリング部は、十五回もＮＣＡＡチャンピオンになっている。勝ち続けた裏に何か特別の秘密があるわけではない。選手がひたすらコーチについていき、厳しい練習に耐え、貪欲に勝利を目ざした結果である。

！ 訓練とは、「やる気」、「自己管理」、「規律」、「性格」、「技術」などの向上を手助けするための指導過程である。

アガシは心機一転テニスへの心構えを改めたことによって、トップに返り咲くことができた。
(Photo by Bob Tringali / Sports Chrome-USA)

よく鍛え込まれた選手は、練習時間を有効に使う。その結果、スポーツだけでなく人生のすべてを適切に自己管理できるようになる。

トップになるために自己管理能力を取り戻したいい例が、テニスのスター選手、アンドレ・アガシ[*62]（Andre Agassi）である。一九九八年、彼は世界ランク一四一位だった。コーチは、本気になることを期待して、ただひと言、次のようにアドバイスした。

「君がもっと上を狙い、勝ちたいなら、一流レベルに食い込めるようにコンディショニングに励み、必死にテニスに打ち込むしかない」

このことばがアガシの心に響いた。気持ちを入れ替え、上位の世界ランキングを確保しようと、インターナショナルシリーズの下に位置づけられている「チャレンジシリーズ」に出場して勝ち続け、グランドスラムやマスターズな

＊62
アンドレ・アガシ
［一九七〇〜］
一九八六年に十六歳でプロ入り。一九八八年には全仏オープンと全米オープンで初のベスト四に入り、十八歳で世界ランキング三位に躍進。四大大会初優勝は一九九二年のウィンブルドン。その後、一九九四年に全米オープン、一九九五年には全豪オープンに優勝。その後低迷するが、ブラッド・ギルバートの導きで復調し、一九九九年の全仏オープンに優勝することによって、四大大会を選手生活中にすべて制覇する「キャリア・グランドスラム」を達成した。

どに出場できるポイントを稼いだ。それはあたかもマイナー行きを命ぜられ、メジャー復帰を目ざすプロ野球選手のようだった。アガシがテニス界で生まれ変わることを決心してからの成績はすごい。一九九九年にフレンチオープンで優勝、ウインブルドンで二位、USオープンで優勝と驚異的にブレイクし、ついに世界一位に上り詰めた。練りに練られた強化計画は、コンディショニングや技術トレーニングのみに集中するために必要なのではない。食事や睡眠、アルコールや薬を遠ざけ、毎日のコンディショニングの日課として瞑想やイメージトレーニングをおこなうなど、より規律正しいライフスタイルを送るためのものだ。さらに、選手とコーチは、トレーニングへの辛抱強く、バランスのとれたアプローチを固く守るため、自身を鍛える必要がある。

1. 練習環境を整備する

選手にとって訓練とは、コントロールすることを意味するものである。つまり、コートの内外を問わず、集中し、気を配り、積極的に主張し、敏感になるということだ。潜在能力を引き出すために選手のプライベートな時間にかかわるような規律から、選手は学び取ることができる。コーチは、身体的、頭脳的、心理的な訓練を通して指導し、鍛える。

選手に健康管理のたいせつさを自覚させ、運動時や非運動時のエネルギー必要量を理解させ、栄養管理させる。コーチに栄養士の資格がない場合は、ほかの手段を考える。スタッフに栄養士の資格がある人がいるかいないかに関係なく、栄養管理は、選手を指導するうえでは欠かすことができない。

身体的、心理的な訓練を支援するもうひとつの方法は、定期的に瞑想やイメージトレーニングの訓練をさせることである。「どこに集中したらよいのか」、「何を自覚すべきか」、「何に注意を払ったらよいのか」の三つの要素で構成する。私がいたチームには、練習中、試合中、そのほかの時間帯でもできる、すばらしい訓練法があった。コーチは、瞑想とイメージの習慣を日課と考えていたのである。日ごろの生活で身についた「尊敬」、「意思の疎通」、「容認」、「信頼」、「思いやり」が欠かせないことは、すでに前章で述べた通りだ。このような環境がないと、選手は訓練で試みようとすることに抵抗し、押しつけられると憤慨するだろう。環境を整えれば、結果を出せるような訓練を受け入れるようになる。選手によっては、すぐ訓練に適応できる者もいるし、適応に一年以上かかる者もいる。何年も訓練を続ければ、身体的、精神的、経験的な効果が蓄積される。時間をとって自立訓練法について教えるよりも楽だが、この過程を省こうとするなら、結局はコーチが選手をコントロールすることになってしまう。自律訓練法に時間をかけることで信頼できるチームを確立できるのだ。

2. 我慢しながら潮時を待つ

賢い、結果を出せるコーチは、共通して「好機（何かを為そうとするとき）がいつか」を選手に気づかせる術を知っている。「正しいときとは、まさにそのことをしなければならないとき」である。

私は、全米トップクラスのランナーになりたくて、けがをするまで厳しいトレーニングをした。でも辛抱強くなかった。だから本来の体力レベルに戻るまで、ほぼ一年かかってしまった。逆に、もう少しゆっくり負荷をかけて無理をしなければ、もっと早く全米クラスのランナーに育っていただろう。「好機がいつか」に気づかなかったための悲劇である。

体は新しく過酷な訓練になじむのに時間がかかる。また、経験とそれにともなう知恵を得るにもやはり時間がかかるのだ。

ウサギとカメの競争の話を覚えているだろう。一貫して慎重で堅実にゆっくりした動きのカメが、機敏だが計画性がなく、動きにムラがあり、疲れきったウサギよりも早くゴールした。つまり、どのくらいの時間を要したかということではなく、ウサギよりも鈍足だと思っていたカメが逆転ゴールしたことが大事なのだ。「待つトレーニング」の重要さは理解しているつもりだ。すなわち、「そのとき」が来るのを待つことができるトレーニングだ。翻って、コーチは選手が長く秘めていた能力を発揮して好成績を収める、パッと「開花」する時期が来るまで辛抱できないようでは、コーチ失格も同然だ。これはある種のひらめきであり、コーチングスキルのひとつでもあろう。これには第5章で述べたとおり、コーチの優れた直感力によるところが大きい。トレーニングや目標を計画・準備し、よく吟味することは、待つトレーニングのたいせつな動機づけとなる。

多くの選手が即席トレーニングで大きな結果を得ようとする。私のいままでの人生も「いまやりたい！　待てない」というものだった。しかし、結果を出したコーチはだれもがトップに上りつめるのに時間がかかったと述べている。

デューク大学男子バスケットボール部コーチのコーチK（P.174参照）は、勝ち始めるまで少なくとも三年の下積み期間を要した。また、ノースカロライナ大学バスケットボール部のコーチだったディーン・スミス（P. 8参照）は、「最初の数年間は、落ち着かない不安な状態が続いた」と言っている。だが、周知のように、彼は耐えに耐え、すばらしい選手をリクルートし、あっという間にチームを一変させた。

選手がけがをしたとき、急ぐことの無益さを知ることになる。選手はけがをしたことで欲求不満がうっ積して、完全に癒える前に競技に復帰しようとする。その結果、さらなるけがと、一層欲求不満がたまるという悪循環におちいる。とくにチームの主力選手のけがは、コーチにとっては大きなショックだ。コーチ、選手、チームが重大局面をどう乗り切るかが課題となる。しかし、逆境が好影響をもたらすこともある。なぜかと言うと、けがのために練習やゲームに加わることができず、見学をせざるを得ない日々が、客観的に自分やチームを見つめ直すよい機会となるからだ。だから、その選手はけがが治って復帰すると、思いがけない成長を見せる。前向きな展望がもてるようになり、「だれかにやらされている」というネガティブな取り組みが無意味なことに気づく。

デューク大学女子バスケットボール部に入部した新入生が、コーチに「上手な選手がたくさんいますが、私がスタメンになるにはどのくらいかかるでしょうか」と尋ねた。コーチは「私の言わんとすることをしっかり取り入れ、適切な方法で練習に取り組めば、あと一年でスタメンも夢ではない」と励ました。ところが、がっかりしたその新入生は「そんなに待てません」と答え、「では、厳しいトレーニングを二倍こなしたとしたら、どのくらいの期間でレギュラーになれますか」と尋ねた。それに対し、コーチは「だったら二、三年はかかるでしょう」と答えた。コーチは、段階を追ってトレーニングしないとけがが発生するおそれも高まることを知っていたのだ。選手が質の高いプレーに慣れるだけでも相当の時間がかかる。そればかりか落胆したり、燃え尽き症候群（バーンアウト）になったり、幻滅したりして、あげくの果てにスランプにおちいる可能性もある。コーチは、時間をじっくりかけ、レギュラー選手と比べて劣っている体力づくりのトレーニングをじっくりとおこない、彼女たちに追いつくようにと励ました。その結果、その選手は二年生でスタメンになった。

急な成長や進歩を遂げることは、目標に向かううえで、かえってよくないこともあるということを選手にわからせなくてはいけない。一般に、個人やチームの能力は、徐々に開花するものである。困難なことや障害が起きることもある。だから、自分の成長とほかの選手の比較は無意味であることを選手に納得させなければならない。

！急な成長は自然の流れに反するものである。成長とは本来時間がかかるものだ。

スポーツの試合とか動作には、「自然な流れ」がある。選手の疲労、痛み、不調、プラトー[*63]、スランプ、バーンアウトなどに気づいたら注意深く見守り、必要なら声を掛けてやることが重要だ。

私は「練習記録」をつけさせることをすすめたい。これを読むことで選手は、練習や試合で身体的、精神的、情緒的に感じたことを思い出すことができるのだ。これを読み返すと、プレー中のパフォーマンス（動作）とフィーリング（どう感じたのか）には関連性があることを理解できる。また、選

＊63
プラトーとスランプ
プラトーとは高原の意で、学習するのが難しいなどの理由で「壁」につきあたり、成績が停滞している状態のこと。いっぽう、ある程度上達した段階で、慢性的な疲労や悩みなどによって成績が一時的に低下してしまう状態をスランプという。

手の状況把握にもなるし、どのようなトレーニングが適切なのかも示してくれる。練習記録からさまざまなことを学びとるには一か月以上の時間がかかるが、やがて選手はこの記録が慰めとなったり、パフォーマンスのレベルを測るための方法にもなることがわかるだろう。選手がトレーニングとパフォーマンスの記録に入れるべき重要な項目は以下のとおりである。

✓練習と試合のスケジュール
✓練習や試合の構成：「三十分のウォームアップのジョギングやラインドリル」、「レッド・デビルスとの試合」、「一〇〇メートルのバタフライとメドレーリレーで二〇〇メートルの背泳ぎをした」など。
✓練習や試合で感じたこと（メンタル面）：「集中しきれなかった」、「最高に調子がよかった」、「生物の試験の成績を思い出して気が散った」など。
✓練習や試合で感じたこと（フィジカル面）：「競り合いはきつかった／うまく乗れた」、「チームのパスワークはいままでになくよかった」、「後半になって左脚のハムストリングス（大腿屈筋群）が痛みだした」など。

ほかにも食事、睡眠時間、ストレスの原因などを詳細に書き加えることもできる。この記録は、将来、パフォーマンスの転換やけが、躍進の原因となっている可能性のある傾向を探すとき、選手に価値ある情報をもたらす。

私はコーチに「選手と同じように記録に評価を書いてほしい。きっと競技や試合の裏側から何かがつかめるし、今後のトレーニング課題も見つかる」と言っている。

「タイミング」や「流れ」などは、試合を左右するたいせつな要素である。よく使う手法として、ゲームのテンポをゆるめ、自分たちのチームのペースに相手を引きずり込む方法がある。ときには、逆に時間を決めて攻撃をしかけたりするなどの戦略も有効だ。たとえば、相手チームの集中力がとぎれたときが、しかける絶好のチャンスである。スペースが空いたらそこに飛び込み、詰まったら引き下がる。疲れたらディフェンスで耐え、気持ちが攻撃的になり体力に余裕があったら、攻めに転じたりするなどだ。状況をしっかりと把握し、「タイミング」や「試合の流れ」を察知し、適切に反応するよう選手を鍛えるのだ。練習中、「よりよいチャンスをつくり出すために、いかに我慢するか」、「タイミングがどのように効果的な動きを引き出すのに役立つか」を指導するときには、ホイッスルを使うとよい。

「忍耐」があれば冷静に落ち着いて集中し、広い視野で余裕をもって試合を楽しむことだってできる。我慢すれば活躍できるチャンスも増えるものだ。人生には、潮時というものがある。たいていのことは、しなくてはいけないと思うときではなくて、起こるべくして起こるのだ。

3. 適度さを保つ

人間の心は、気づいていなかった高いレベルにその人を引き上げてくれる強力な道具である。しかし、心は制御できない状態におちいることがある。これを過度という。選手は厳しいトレーニングや過度のダイエットがいいパフォーマンスを生むと誤解し、やりすぎる傾向がある。自分が打ち込む競技への情熱は、「熱中」と「やりすぎ」の微妙なバランスから成り立っている。

全米ランキングにも載ったある女子自転車競技選手は、理想的なトレーニング計画のおかげですばらしい結果を収めた。そして、オリンピックチームに入ることをめざした。走行距離も増やし、強度も上げてがんばれば、チャンスは与えられると考えた。「やればやるほど効果が出る」といういちずな思いでがんばった。結果は、腰にひどいけがを負い、チャンスもなくすというさんざんなものだった。限界まで努力を積み重ねたいという欲求に従うことで、結果的に、自己破壊を引き起こしてしまったのだ。

通常のトレーニングとオーバートレーニングの違いはまさに紙一重だ。選手はトップに立つか、けがをするかのぎりぎりの境界線に立つことを強いられている。このために選手はつね日ごろから「やりすぎ」ないように注意しなくてはならない。選手は経験から休みをとるタイミングをわきまえ、オーバートレーニングに注意し、早めに危険を察知しなくてはならない。オーバートレーニングの徴候とは、「疲労が長く続く」、「怒りっぽい」、「不安定な睡眠」、「すぐにはなくならない小さな痛み」などだ。

コーチのたいせつな役割のひとつは、選手やスタッフが「やりすぎ」ないように調整をはかることである。この調整がうまくいけばよい結果を出す可能性が高まる。よく吟味された練習計画を継続してパフォーマンスが向上したならば、それは練習量のバランスと適度さによるところが大きい。「調整」

を「手緩さ」と混同してはいけない。「調整」とはまじめで信頼のおける質のある練習と、次の練習に備えて身体を休養させることの二者のバランスを意味する。じゅうぶんな回復時間とハードな練習を調整することによって、選手は質の高い練習ができる。だからコンディショニングにも好影響をもたらす。よい方法に、過酷なトレーニングのあとに、いつも負荷が軽いトレーニングを付け加える方法がある。ただ、「負荷が軽い」というのは主観的で、選手の身体的状態に従って決める必要がある。多くのコーチは、「適度」というものの妥当性を理解し始めている。適度さを保ちながら、念入りに一貫して選手を鍛えれば、コンディショニングや技術レベルを損なうことなく選手を鍛えられることがわかったからである。事実、選手のトレーニングプログラムを削減することで、かえってより大きな進歩を目の当たりにしたコーチもいる。

「練習の質」を重視するあるコーチの話を紹介したい。一日二回の練習を十八日間連続でおこなったところ、選手は極端に集中力が低下し、やる気も士気も減退した。そこでコーチは賢明にもオーバートレーニング気味のスケジュールを再検討し、練習量を減らした。このことが選手の体力の回復に効果的に作用した。これがなかったら、チームは崩壊していたかもしれない。まさに「間一髪」だった。チームの士気はあっという間によみがえり、先に述べたように質と量を適切に調整した練習は、疲労回復にも好影響をもたらすということを証明した。選手の体力を回復させることができ、「ストレスがたまったら休みを入れる」ことにしたら、チームはもっと強くなった。「適度」であることで、身体的な恩恵を受けたのと同じように、士気や熱意がこれまでより高まるなど、精神的効果もあったのだ。選手は体と精神の調和のたいせつさを学んだわけだ。

水泳のトレーニングに関する最近の研究では、一日あたり一〇〇〇〇メートル以上の泳ぎ込みは負荷が強すぎ、無理があるとされる。このため、泳ぎこみの量を調節しないとコンディションを狂わすばかりか、タイムもよくならないとされている。また、過度のトレーニングは、筋グリコーゲンの消耗に関係し、慢性疲労を引き起こす。つまり研究では、いまのところは、一日二回のトレーニングが一日一回のトレーニングよりも体力やパフォーマンスの向上には好適だという科学的な根拠はないとしているのだ。練習量の多さは選手の量への心構えとなるが、必ずしも記録の向上とはならないということだ。トレーニングの量はさほど重要ではなく、競技によっては半分程度でいい。むしろ少なくすることでコンディションを崩さずにすむし、燃え尽き症候群（バーンアウト）やけがのリスクが少なくなる。

！ トレーニング強度の調節は、疲労、病気、けが、燃え尽き症候群の防止になる。トレーニング強度のレベルは、改善の程度で調節する。

よいチームはよい音楽にたとえられる。最初から最後までみごとなハーモニーを維持し、「間」は、力強さやすばらしさをよりいっそう引き立たせる。本当によい音楽は「譜面のスペースや小休止によってつくられる」と言われている。同じようなことがトレーニングにも当てはまる。トレーニングで最高の適応に達するのは、トレーニング間の最適な休息の結果なのである。

「やりすぎ」と言われるようなトレーニングよりも、回数・時間・ウエイト（重量）・距離、あるいはこれらの組み合わせをきちんと調整したトレーニングをやらなければならない。ベストパフォーマンスを生み出すには調和のとれた練習が鍵となる。「正しいバランス」とはいったいどのようなものか。ひとりひとりに応じたバランスをつくり上げるのはたやすいことではない。選手は失敗と挑戦を繰り返し、決められた順序を少しずつ変えながら試行錯誤を続ける。とくに、いつもよりけがや病人が多いときにやってみるといいだろう。「やりすぎ」を「適度」な方向にもっていけば、選手に興奮や喜び、熱意や満足感が戻ってくる。選手のモチベーションがどのように上がっていくか注目するとよい。「じゅうぶん」と「やりすぎ」の違いは微妙だが、結果として大きな差が出る。これを感じ取ることは経験でしか得ることができないものだ。オーバートレーニングの徴候によく目を配る必要がある。

以下にオーバートレーニングの症状を挙げておく。

✓睡眠の仕方が極端に変化する。
✓過食や拒食傾向が出てくる。
✓事故やけが、病気などが多くなる。
✓慢性疲労におちいる。
✓注意力、集中力が途切れる。
✓ふだん安定している選手の感情が不安定になる。

こういう徴候に気づいたら、選手に調子を率直に尋ねる。たとえば「集中できていないようだが。どこか悪いところでもあるのか？　練習はどうだった？」と聞く。そして、「トレーニングの記録を確認してごらん」と自発的な気づきのチャンスを与えてもよい。つねにオーバートレーニングの兆候に目を光らせ、必要に応じてトレーニングの調整をする。

各競技において、正しいトレーニング方法をできる限り理解し、自己鍛錬に励み、よい結果を求め、あくなき研究の継続を強く推奨したい。コーチのなかには、長年培ってきた経験だけを頼りにトレーニングさせる者もいる。「コーチたる者、学ぶ姿勢がなくなったらコーチをやめるべきだ」と言いたい。最近は、参考書やインターネットでも情報を得ることができる。コーチングはエキサイティングだし、みずからの挑戦でもある。なぜならば、そこにはいつも学ぶべき何かがあるからだ。自分の正しいと信じることに勇気と決断をもって臨めば、選手は求めた以上の結果を出し、きちんと答えを返してくれる。

最後にひとつ。だれにも言えることだが、もっぱら特定のトレーニングにこだわったり、一種目の競技だけに打ち込んだりする場合も含めて、人にはあらゆることをおこなう時間が与えられている。人生において、たとえ一時期ではあっても、「あることに精一杯の自己を捧げること」は、必要かつたいせつなことだ。「スポーツに青春のすべてをかけること」は、これにあたる。ここで述べていることは、長い人生におけるほんのひとコマのことかもしれない。だが、全身全霊を傾ければ、勝利を得ることも経験できる。たとえ、一時期、一般の同年代の人々と生活のリズムが異なったとしても、自分を見失わず生きがいのためにがんばっていく価値はじゅうぶんあるはずだ。

全力を注ぎ込んだシーズンが終わると、適切に計画された休養期間に入り、コンディショニングの回復に努めなくてはならない。

4．コンディショニングのたいせつさ

選手のコンディショニングには「体力」、「技能」、「態度」の三側面がある。なかでも体力面でのよりよいコンディショニングづくりのために、「きつい練習も辞さない」と納得している選手はともかく、そう思っていない選手を鍛えることは、難題としか言いようがない。日ごろから鍛えている選手の体力トレーニングは、必ずしも簡単にはいかない。とくに選手は、体力トレーニングより技術トレーニングを重視する傾向がある。身体的コンディショニングの直接的な恩恵がわからないからかもしれない。また、体力トレーニングは、技術トレーニング期間にやってはいけないとさえ考えているふしがある。コーチとしては選手を限界ぎりぎりまでトレーニングさせるのは気が進まない。選手によっては力を出し切ってすばらしい選手になろうと思わず、練習をさぼったり、手抜きをしたりするかもしれない。すでに到達したレベルに満足すると、あえてそれ以上の苦しい練習などしなくてもいいと考えてしまう。だから、自己満足してしまい、それ以上の犠牲や苦しみを求めようとはしないのがふつうだ。だが、本当に強い選手は自分のあらゆる可能性を求め、実現させたいという強い意志がある。

ビル・ブラドレー（P.74参照）が自著の『ゲームの価値』で次のように述べている。
「私は、型にはまりたくなかった。六週間の激しい苦痛のあと、痛みは和らぎ筋肉は回復してきた。動きの切れ味が戻り、激しく動き回ることもできるようになった。体が鍛えられれば、相手を何度も突破することができるようになるのだ」

選手は、相手を打ちのめし、屈辱を思い知らせるために自己の体力向上に努める。手抜きをすれば、みずからのコンディショニングを悪くし、チームにもマイナスの影響をもたらす。

デューク大学女子ホッケー部のヘッドコーチ、リズ・チョー（Liz Tchou）は、シーズン前のトレーニングに恒例の二マイル走を課した。ひとりの選手が不満を言い、足を引きずり、「筋肉が痛い。疲れて走れない」と言い続け、いつも最後尾を走っていた。チームミーティングも欠席した。チョーは、その選手がチームの足を引っぱっていることに気づいた。否定的な感情はチームに広がり、ほかの選手も同じようにふるまい始めた。きちんとやっている選手たちはチームの練習を邪魔する選手にうんざりし、チームの不調和とチームワークの乱れにつながった。チョーは、状況の修復に取り組むことにした。冷静に、かつ毅然としてこう提案したのだ。

「われわれといっしょにトレーニングを続けるか、それともチームを去るかを選択しなさい」

その選手はみずからの運命を自分で決めなければならなくなった。問題の選手は、まだ自分には得るものがあったと気づき始めた。そして、心を入れ替えてチームに戻ることを決めた。これがきっかけとなって再び「チームが一丸」となって取り組む雰囲気が戻った。

体力の向上の動機づけや励ましとなるアイディアがほかにもある。記録をつけるのを続けさせることや、筋力測定や体力テストなど測定して評価できるようなことは選手にやる気を起こさせる。測定で得たデータを一覧表にしてウエイトトレーニング、ランニング、ストレッチ、技術などの練習スケジュールといっしょに一週間単位で選手に示してやれば、さらに役立つ。チェックマークをつければ達成度も確認でき、選手の励みにもなる。

ほかに選手の体力向上に役立つことは、「自主トレーニング期間（オフシーズンとは呼ばずに、基礎体力を維持、向上し続ける期間と考える）」のトレーニングに関する次の質問に答えさせることだ。

✓休養期間が終わってチームに戻ったときの体力の目標値はどのくらいにするか。
✓その目標値を達成するには、オフをどのように過ごすのか。
✓やる気を証明するために何を約束できるか。

答えを文章にして、それを各選手に渡すようにしている。こうすれば、選手に責任感が生まれ、チームメイトに対しても責任を負う自覚が生まれるはずだ。「自主トレーニング期間」の狙いは、指導をし、具体的なトレーニングメニューのモデルを示し、選手を励ますことにある。

そのひとつの方法として、選手が「自主トレーニング期間」にチームにとってたいせつだと思うことを選択できる、長期の計画表（リスト）をつくるという方法がある。たとえば、そのリストには、特定の技術練習やウエイトトレーニング、持久力のトレーニング、トレーニングへの集中力を養う訓練、面白半分で競争することなど、ほとんどの選手が集中してできるメニューをのせる。こうすることにより、各選手に責任をうながすようにするのだ。コーチは「選手が本当に目標を達成したければ必ず練習する」と信じることだ。たとえ何もしなかったとしても、それは甘んじて受け入れなければならない。

前出のブラッドレーは、次のように言っている。

「バスケットボールのシューターになるには、シュート練習を徹底的にやるしかない」

しかし、選手の「決心」、「向上心」、「いい意味での昔ながらの道徳観（挨拶、返事、その他の礼儀作法や真摯な練習態度）」なくして、技術向上練習は成り立たないことを肝に銘じてもらいたい。そして選手には、次のことを理解させておかなければならない。

✓コーチの主たる仕事は、よく準備してうまくいく状態にもっていくことだ。

✓すごい結果を出すことは、選手が犠牲や苦痛を乗りこえて闘った副産物だ。

選手にこの考え方をよく理解させ、つねに忘れないようにさせる。選手に、練習に早く出てきたり、遅くまで残ったり、オフシーズンの自主トレをする、などの犠牲をいとわないかを尋ねてみる。もし選手がこれに従って行動したら、どれだけやる気があるのかということと、最高のパフォーマンスに必要な訓練をいとわない姿勢を示したことになるだろう。

5. 好ましい環境づくり

「動き」のトレーニングは、チームの活動方針と具体的なきまり、つまり、組織のなかで選手を訓練する方法により確立される。これには、チームの目標、目的が明確に示されていることが前提となる。この活動方針やきまりは、選手がこのプロセスでの重要な要素である「願望」、「決心」などを繰り返していくときの自制心の基礎となる。自分たちの体調が悪いときに、どうして選手にコンディショニングトレーニングをやるように言えるだろうか。定期的にエクササイズをし、適応するものを選択すれば、どれほどよく訓練された選手になるのかを知るべきである。困難な状況に直面し、積極的に問題解決に取り組む際に、どうプレッシャーに対処したらいいのかを教えるには、選手がそのような状況でどうふるまっているのかに注目しておく必要がある。

規律の徹底

コーチの真摯な取り組みは、選手のその場その場の行動に多大な影響を及ぼす。これは無言の教育である。

たとえば、練習中、選手はコーチの話を聞き逃すまいと必死だ。コーチは、当然そのことに気づき、選手をほめてやるべきだ。選手が練習に早く出てきたら、チーム全体にそのことを伝えて評価する。また、どんなことでも選手がやる気を示したら、必ずことばや文章などでほめ、ときにはＭＤＰ[*64]（Most

＊64 ＭＤＰ 日本でいえばよくきまりや言いつけをよく守る、いわゆる「まじめ賞」にあたる。

disciplined player）を授与する。また、「早出」、「居残り」、「数種目を組み合わせたトレーニング」などのカテゴリーをつくって、選手に自分の行動を記録させてもよい。もちろん、選手の傾向を注意深く観察し、いきすぎを防がなくてはならない。もし、いつも疲れていたり、オーバーヒート気味だったら、その選手はそのことをやりすぎている可能性がある。

楽しい練習

楽しく練習をするにはどうしたらいいだろう。コーチは、練習に楽しい要素があれば、選手がよりいっそう奮起することはわかっている。「怠けること」と「楽しむこと」を混同してはいけない。メリーランド大学女子ラクロス部のコーチ、シンディ・ティムキャル（P.18参照）は、全米チャンピオンになったチームの選手にこう言った。

「練り上げた攻撃を実行することは、ほんとうは楽しいことなのよ」

バニスター（P.183参照）は、「痛みがともなっても、全力を尽くすのは、喜びであり、楽しみでもある」と言っている。楽しさとはトレーニングによる苦痛がなくなっていくという意味ではない。単にストレスや不安やプレッシャーが和らいでいくのが楽しいのだ。

「楽しさ」とは、選手にとって、その競技を始めたきっかけではないだろうか。選手は、練習したりその方法を考え出すことは得意だ。練習の最後に「楽しさ」を加えれば、よりよい練習ができるはずだ。とくに練習時間の残り二十分で自分のやりたいことを思い思いにさせたらもっと楽しい練習に

バニスターにとって練習に痛みがともなっても、それは喜びであり、楽しみであり、その痛みは勝利することで一気に吹き飛んだ。

なるだろう。

試合では、「チームがばらばらになる」、「指揮がとれていない」ことはよく見かける。イギリスの男女水泳オリンピックのコーチ、デリク[*65]・スネリング (Deryk Snelling) は、朝の練習前に、好んでフロアーホッケーの試合をさせた。このことについて次のように述べている。

「チームを男女混合にしたかった。そうすることで高いレベルの試合になった。女子には、攻撃的なチェッキングやチャージングを許し、男子には、女子に対する攻撃的な接触、やられたらやり返す"仕返しプレー"を禁止した。その結果、女子はより攻撃的に、男子は、技術や自己コントロールが向上するのを促し、全員に効果が出た練習となった。このゲームは大うけで、ウォーミングアップやシューティング技術の練習を楽しむのに、選手が朝六時の練習の

*65
デリク・スネリング
［一九三三〜］
イギリス代表競泳選手としてならし、現役引退後の一九六二年に始めたイギリスのサウサンプトン水泳クラブからカナダのカルガリー大学退任（一九九三年）までの間のコーチングで、実に五十七名のオリンピック選手を育て上げた。とくに個人メドレーの指導に定評があった。一九六四年、東京オリンピックのイギリス代表チームコーチ。二〇〇〇年のシドニーオリンピックのイギリス競泳チームのヘッドコーチもつとめた。

二十分以上も前に集まってきたほどだ。休日にもこの練習をやりたいと言い出す者もいるくらいだった。そして何よりもこのゲームがもたらした効果は、本番の水泳の練習に入ると、朝も午後も熱気のこもった積極的な練習を選手がするようになったことだ。全英レベルの大会では、朝の予選に向けて力を出して泳ぐようコンディショニングができていないため、多くの選手が決勝に残れないことがある。この練習の利点は、参加率がすばらしく、早朝から楽しく練習をスタートできるし、チームワークも生まれ、充実したウォーミングアップができることである。また、この練習で、プールに入るときに想定すべきことや、ときにはそれぞれの選手をどう扱うか、ということのよりよい方法が現実的に予測できるようになる。さらに、『自己制御』、『練習態度』、『機敏さ』を評価する機会にもなり、総合的にみて一日の練習を始めるにはもってこいの方法だと確信している」

紹介したアイディアをどのように取り入れるのかよく検討し、それぞれの種目の練習をより楽しいものにすべく、これまで述べてきたものを応用してもらいたい。

！ 進歩の過程に楽しみを取り入れる。

規律を日常の儀式に取り込む

「訓練」には「儀式（定型化された儀式の性質をもった行為）」によるものもある。選手の訓練は、細心の注意が払われ習慣化されていく。

たとえばあるチームには、練習前や試合前の儀式がある。それは集中し、リラックスしてプレーするのに役立つ定番セレモニーである。これが、試合や練習における心の高揚に結びつく。この儀式に、十分ほどの時間を使う。この間に、散漫になっている気持ちを落ち着かせるために黙想し、その後直ちにリラックスしてプレーしている姿をイメージするのだ。それをさらに強めるために、「前向きなことば」を宣誓して終わる。定期的におこなうことによって選手は、「いつものとおり儀式をおこなった」という気持ちでその後のプレーに自信をもって臨める。この訓練を通じて「高いレベルでプレーできる」という暗示を受けるのだ。

士気を高めるおきまりのウォーミングアップの儀式は、選手を非常に勇気づける効果がある。シーズンが終わったら、シーズン中のチームの結束を促し、シーズンを通しての訓練を奨励するための儀式として、授賞式やパーティをおこなうようにする。

Coaching Point

1. お互いが尊敬し合い、コミュニケーションをとり、認め合い、信頼し合い、思いやりのある環境をつくる。このような気持ちがないと、選手たちは、訓練を嫌うし、努力しなくなってしまう。
2. 我慢強く、タイミング（いついかなるときにどのような方法で指導したらよいのか）を効果的に活用する。タイミングは、名プレーを生み出すもっともたいせつな要因でもある。
3. トレーニングを「適度」におこなう方法を考える。やりすぎないほうがかえってよい結果を生む。
4. 規律を重んずること。選手がみずからの長所に気づいたり、積極的に練習に取り組む環境をつくることができる。

シーズンが終わると年度表彰と打ち上げパーティをおこなう。これは来るべき新年度のシーズンにおけるチームの結束を強め、規律の徹底につながる儀式である。

第7章

精神力を鍛える

Instilling Inner Strength

やる気のある選手ならだれだって粘り強さを身につけることができる。

厳しく指導された選手は、可能性をぎりぎりまで追求する精神的な強さを身につけている。

このことは、一流コーチや一流選手の特質とも言えよう。超一流と目されるコーチや選手たちは、「勝者になるには、いかになすべきか」という教えを与えてくれる。才能があるか、技術やそのノウハウを身につけているか、ということももちろん重要だ。しかし、義務や責任を果たし、粘り強くものごとに取り組み、チームメイトから信頼され、自信と勇気をもち、自分自身の無限の可能性を信じ、不屈の精神力を培う訓練に耐えられる者だけが勝者になれる。

やる気のある選手は、設定された具体的な計画に取り組む姿勢をちゃんと身につけている。粘り強さは、逆境や挫折、失敗などを繰り返しながら辛抱強く練習し続ける選手の支えだ。精神力を身につけていれば、心配ごとに直面しても動揺せず、リスクを恐れず、失敗をするのではないかとびくびくすることもない。そして、実は自分にできないことはないということを知ることで、選手は戦略を実行する能力に自信をもつのである。

ゲイル・ゴーステンコルス率いるデューク大学女子バスケットボール部（P.123、134参照）は、精神的な強さでみごとな結果を収めた。一九九九年、アメリカ東部地区予選で勝ち抜き、NCAA女子選手権に数度の優勝経験があるテネシー大学に対して健闘した。ハングリー精神と闘志があふれ、チーム一丸となって戦い、だれもが予想しなかった勝利をものにした。この試合を目ざして、その一年前からシーズン前半は選手の精神的な質の向上をねらって練習した。毎週数時間かけて、選手に制覇までの道のりをじっくり説明し、イメージさせ、徐々にその気にさせていった。また、できなかったことに注目するのではなく、自分にできることに自信をもてるように、ひとつひとつ「瞬間」に集中させるようにした。たとえば、「ルーズボールに飛び込む」、「ボックスアウトをする」、「いついかなるときでも全力でディフェンスに戻る」ということである。このことで、選手は「結果や成果を気にする」より自分たちのできることを信じるということのたいせつさに気がついたのだ。

そもそもスポーツ競技は「敵や時計やスコアボードと闘っているようなもの」である。デューク大学のチームは、この道のりを、不安、失敗、疲労、自信喪失やエゴとの闘いの場だとおき変えていた。選手の精神面の強さは、己との戦いを乗りこえて勝つことがきわめて重要であることを理解するのに役立つ。選手は何としてでも勝ちたいと思っていた。でも、コート上では、自分たちの長所を発揮できるように、どう勇敢に、自信をもってプレーするかを実践したのだ。

この章では、選手が「精神面で勝者になる」ことができるよう、その特徴を細かく検証していく。過去の栄光ある選手たちを取り上げることで、勝利者の強さは、「人間的な強さ」で評価されるということを選手に教えることができる。つまり、「挑戦する心を内に秘め、敵は己自身であり、自分だけが味わうことができる喜びだけが勝利の報酬である。すべては自分が納得できるかどうかだけだ」と悟っている。選手はスポーツを通して「人間的成長」を実感している。

勝敗や得点、結果が重要だと意識し始めると、心配や不安が頭をもたげる。そのような結果は自分でコントロールできないからである。一方、「自分の責任を果たそう」、「粘り強くプレーしよう」、「思いきってプレーしよう」、「仲間を信じよう」、「絶対負けるはずがない」などと気持ちを切り替えると、まったく危なげなくプレーすることができる。

選手がひとたび精神的な強さを身につけると、よりいっそうその競技への継続的な「参加動機（熱中したり、興奮したり、努力を楽しんだりする気持ち）」が高まる。ひとたび選手が精神的な強さを身につけると、日本で言われる「悟り（体と心と気が連携する）」という状態を経験する。悟りとは、最高のパフォーマンスを演じるための完璧な心の状態を言う。

ホノルルでおこなわれるハワイ鉄人レース[*66]で、六回の優勝経歴をもち、おそらく史上もっともタフなトライアスロン選手、マーク・アレン[*67（写真）]（Mark Allen）は、精神力を鍛えることから取り組み始めた。鉄人レースはまさしく、自分との闘いそのものであり、ほかの要因など入り込む余地はない。また真摯な競技への取り組みと豊富な経験がものを言う。アレンはどのレースでも自分の心と向きあい、自分に納得しているかどうかを問いかけていた。

アメリカの自転車競技選手のランス・アームストロング（P.130参照）も、精神力を鍛えることで、

＊66
ハワイ鉄人レース
トライアスロンはスイム・バイク・ランで合計二二六・二キロを競う〝鉄人レース〟と言われる。その世界選手権大会（Ironman World Championship）は、世界の上位選手が参加してハワイで開催される。

＊67　マーク・アレン
［1958～］
世界の上位選手が参加してハワイで開催される、トライアスロン世界選手権大会（Ironman World Championship）の1989年大会で、それまで君臨していたデイブ・スコットとのサイドバイサイドの名勝負に勝利し、それ以後王者として5年連続（1989～93年）、1995年には6度目の優勝を果たす。1996年に38歳で引退したが、出場総大会の9割は3位以内という圧倒的な好成績を残した。トライアスロン界ではまさにパイオニア的存在で、今日の人気のきっかけをつくる役割を果たした。いまなお多くのトライアスロン競技者がアレンのトレーニング方法を学んでいる。
（Photo by Mike Powell/Getty Images/AFLO）

競技との関係に変化が生まれた。すなわち、初めは自分の能力にうぬぼれ、栄光や称賛、プロの競輪選手が得る賞金・賞品に夢中になっていた。しかし、肺と脳をがんに冒されてからは、驚くほど自分が闘争心や精神力をもっていたことに気づいた。そして、積極的な治療のおかげでがんを克服し生還した。さらに、いままで気づかなかった度胸、粘り強さ、痛みや自転車に乗ることへの不安の克服などが必要なことをあらたに気づいた。がんを克服したあとの第一戦となったツール・ド・フランスのときには、彼はこれらと向き合う覚悟ができていた。だから、彼の勝利は、体力面、心理面、精神面などの総合勝利だった。

　選手たちが艱難辛苦《かんなんしんく》を経験したアームストロングのようであって欲しいとは思わない。しかし選手は、とくにスポーツを通して精神的な強さを悟った人々から、いろいろと学ぶことができる。コーチは、目標や勇気、信頼、自分への求心性を選手に浸透させるのに、この章で説明する方法を利用することができる。これらは、目標に向かう献身的な努力や意欲を持続させるよう導くものである。

精神的に強くなろうと思えばだれでも実現できる。コーチは選手が自分のパフォーマンスに集中するよう切り替えたいと思えばそうすることができるし、また、得点の推移や結果にくよくよさせないようにすることもできる。コーチは選手の限界を知り、どうしたら選手がそのプレーにより満足できるのかを見つけだすこともできる。

1 約束のことば

選手が心からこうなりたいと思う願いと日々の努力は、成功との因果関係がつよい。この因果関係によって、ベストを尽くせるように時間・努力・忍耐を惜しまないほど、選手が打ち込むことができるかどうかが決まるのだ。そしてこれがふつうの選手と偉大な選手の違いになる。打ち込むことで選手は目標に到達できるのだ。しかし、選手が競技に打ち込む気持ちは勝手に起こるわけではない。しっかり育てていかなくては萎えてしまう。コーチが計画を立て、目的や目標を与えれば、結果が出るまで選手が辛抱してがんばり続けるエネルギーになるのだ。ただ、この目標は何としてでも達成しなくてはならない。達成できないとすぐに欲求不満や失望につながってしまう。目標達成がかなわなくてもなおやる気を見せる者もいるだろうが、たいていはうんざりして燃え尽きてしまうのだ。

選手が本気で約束を守れるかどうかを確認するために、「向上心を示すために、毎日の練習（または試合）でどんなことをやるのか、四つ挙げなさい」と質問してみてはどうだろう。

これまでに、次のような答えを得ている。

✓ことばかけによってチームメイトをサポートする。

✓練習後に用具の手入れや整理、あと片づけをして、チームに尽くす。

✓ボールの所有がどっちのチームとも判断つかないときは、まず全力でディフェンスに戻る。

✓シーズンオフでも週五回はトレーニングする。

このような具体的な答えを、カードに書き込ませる（P.234「1．選手みずからに言い聞かせることばを使う」参照）。積極的なチームに対して責任感を意識させるために、この四か条をチーム全員に紹介する。小さな「心がけ」はより大きな目標や、よりすばらしいビジョンに近づき始めた場合に臨機応変に修正できる。選手にとってベストなやり方を選手自身で考える機会を次のミーティングでつくるようにする。チームの目標のために、またその計画に集中する選手のためにこのような「約束のことば」をつくるのだ。私は、チームとコーチを成功に導いた、次のような約束のことばを使っていた。

私、○○○○（選手の氏名）は、○○○○（いま自分が所属しているチーム名）の練習やゲームでは、レギュラー選手のひとりだからという気持ちで（全米制覇を目ざすチームなんだということを意識してとか、地区優勝をねらうチームなんだという気持ちで、などと何か目標となることばに置き換える）必ず精一杯努力することを誓います。

次のようなことをがんばって、それが口先だけではないことを証明します。

1.

2.

3.

4.

私はチームから与えられたこの使命を果たすべくあらゆる努力をします。

署名

! それぞれの責任を強調するように具体的な課題を書かせる。

約束のことばの作成は、みずからの責任において全面的にこの約束を果たす機会をもたらす。「最善を尽くす」というときの最善とは何か。これを具体的に選手自身が決めると、もっとがんばるようになるので、より多くの好成績を収めるようになる。週一回、ないしは二週に一回のチームミーティングを開く。ここで、各選手と話し合い、フィードバックし、ともに選手の約束のことばを調整する。

ただし、このミーティングを「約束のことば」どおりに有言実行しているかどうかチェックする場にしてはいけない。また、選手を非難したり、責めたり、批判したりするために使う場でもない。選手を導いたり、迷っているときの解決の糸口を与える機会として使う。競技力が伸びているかという選手の自己評価を聞くようにする。また、選手がチームメイトの約束のことばを確認した後、自分の約束はそのままでいいのか、修正するのか決めさせる。さらに、選手が明らかにこの約束のことばどおりに実行していないと思われるときにはこれを見せ、やる気を取り戻してがんばるように励ます。

たとえばこう尋ねてみる。「ベス、約束したこの四か条を実行していくのに、何が障害になっている？」「何か手伝えることはあるかな？」「気持ちを切り替えるのにいい方法は見つかったかい？」と。

本当に責任ある選手というのは、挫折や失敗をいい勉強だと考えることができる。逆にあまり責任を負わない選手というのは、挫折を理由にすぐに夢をあきらめてしまう。「約束のことば」があまりにも完璧な内容でありすぎると、好成績を出せなかったときに、その理由を説明するのは難しい。だが、信頼されている選手は少々ヘマをやっても皆が許してくれる。落胆したり、失望したりすることは無理もないことだと思って大目に見てくれるのだ。

責任感のある選手は新たな挑戦を心から望んでおり、向上心が旺盛で、必要とあらばどんな努力もいとわない。私はコーチに次のように言いたい。選手がみずからの責任を意欲的に果たすように取り組みを始めたり、みずからを鼓舞できるような指導方法を考えてほしい。また、ロッカーにみずからの約束のことばを貼らせたり、約束したことや、その約束が選手にとってどのような意味をもっているかについて話し合うことを心がけてほしい。コーチングスタッフがあれこれ指示するより、さらに、選手の意志を示すために、約束のことばをつくり、まわりの人とも約束させるよう、それに署名させるとよい。これをコピーしてほかのチームメイトに配布し、コーチはファイルに綴じておくといいだろう。こうすると、納得のいく取り組みを自分たちの責任においてやったと自負させることができる。選手が自分の約束のことばを書き上げたことを確認したら、より意識させるために日々それを読み上げさせてはどうだろう。絶えず選手が約束したことを思い浮かべられるようにするわけだ。

選手にとって約束のことばが現実的であり、積極性を失わないようにしておく。たとえば、「ターンオーバー[*68]をやらないと約束する」ではなく、「細心の注意を怠らない。もしやってしまったなら、ミスから学び、それを修正する」と言ったほうがいい。「消極的にならないよう誓う」とは言わずに、「各練習や試合で、チームメイトが前向きでいられるよう努力する」と言い換えたほうがよい。

第4章で検討したように、チームで明確な役割や、目的をはっきりさせることは、チームに貢献す

*68
ターンオーバー
バスケットボール用語。ショットではなく、パスミスなどによってボールの所有を失い、オフェンスからディフェンスに切り替わること。

るという明確な目標を示すことになり、選手の責任感がぐっと高まる。実際、選手がチームの使命における重要な役割を考えながらプレーすることで得られる満足感は、これらの約束のことばを生かすことにほかならない。このように真の約束がないと選手の競技能力は現状に留まってしまう。高いレベルの競技力は、明確でふさわしい目標を明確に掲げたときにのみこそ獲得できるものである。

！ 選手の役割や貢献が意味をもっており、それらが一致しているかどうかを確かめなさい。

2 粘り強さ

一九八四年に開催された、ロサンゼルスオリンピックの水泳一〇〇メートル・バタフライで、当時世界のトップスイマーだったパビオ・モラルス（Pablo Morales）は、タッチの差で金メダルを逃した。四年後、彼は世界記録を樹立したものの、ソウルオリンピックの代表の座を逃した。だがここであきらめることなく、「なんとしてでも金メダルを取るんだ」という強い意志を堅持し、厳しいトレーニングにも耐え、一九九二年のバルセロナオリンピックでついに金メダルを勝ち取った。

スポーツの世界では、チームスポーツであれ、個人スポーツであれ、選手は「絶対に勝ちたい」と燃え、自分の夢を実現しようと挫折や障害を乗りこえ、あくなき挑戦を続けている。粘り強さとは、選手がとくに落ち込んでいるときに、目標の達成に向かって努力し続けることができる「思考姿勢」や「心構え」のことだ。粘り強い選手は、いったん頭と心で決めたら、自分の任務が終わるまで努力し続けると決めている。彼らは百回失敗しても、辛抱すれば目的を達成するか、またはその経験によって成功できると確信している。

①願望、②義務、③粘り強さは、目標達成（とくに精神面での目標達成）のための、いわばジグソーパズルの重要なピースなのである。

選手が思い描いている最終目標までの途上で、選手権に優勝したり、好記録を出しても、それはあくまでも通過点にすぎない。だが、もっと重要なことは、選手がそのときにほんとうにハートで成功感を感じているかどうかだ。①～③の三つの精神的要素をぬきにして、目標達成は不可能だということを是非確認してほしい。

粘り強くあるためには、時間以上の勤勉な努力をすることで、進歩したり、ときには目標を達成できることを理解し、このプロセスを信じなければいけない。きちんとした結果が期待できないのに、無為に時間を浪費することがわかっていて努力する者はだれもいないはずだ。

選手が粘り強くあるのをうまく助けるには、選手が正しい方向に向かうあらゆる積極的な活動を促すことだ。その指導とは「君はやればできるんだ。粘り強くがんばってみたまえ、必ず結果はついてくるよ」と声を掛けたり、多くの選手が途中で競技をやめてしまったり、もっともかんばらなければいけないときにあきらめてしまった例などを選手に話してやることがたいせつだ。

＊69　モーリス・グリーン
［1974～］
苦しい選手生活（100m）を送るなか、けがの影響でアトランタオリンピック（1996年）の出場権を逃すが、ジョン・スミスとの出会いが転機となって急成長を遂げ、1997年のアテネ世界選手権で9秒86の大会タイ記録で優勝。1999年6月のアテネ国際グランプリでは9秒79という当時の世界新記録を樹立（カナダのベン・ジョンソンがソウルオリンピックで記録した幻の記録と同タイム）。2000年のシドニーオリンピックでは9秒87の記録で念願の金メダルを獲得、4×100mリレーでも優勝し、大会2冠を達成。アテネオリンピックでも9秒87の記録で銅メダル。2008年に引退した。
（Photo by Bongarts Photography/Sports Chrome-USA）

あの有名なモーリス・グリーン[*69（写真）]（Maurice Green）でさえ、一九九六年のアトランタオリンピック前に、一度は完全に陸上競技から引退することを考えた時期があったほどだ。彼はスタンドから一〇〇メートル走を見て、走っているかぎり、もう二度と一〇〇メートルの決勝を逃すまいと誓ったという。それから自分に合ったコーチを探し求め、ついにジョン・スミス[*70（次頁写真）]（John Smith）とめぐり会った。三年後、一〇〇メートルで世界記録を樹立し、翌年の二〇〇〇年、シドニーオリンピックで念願の金メダルを手にし、世界の頂点に立った。

粘り強く取り組むことによって結果を得るには、選手の人間的な成長も欠かせない。コーチが選手に目標に向かってつき進む価値に目を向けるように促せば、少々のことではくじけずがんばり続ける選手に育つはずである。たとえば、

＊70　ジョン・スミス
［1952～］
1971年、400m走で世界ランキング1位。1972年にはミュンヘンオリンピックに出場。1974年までNFLのダラス・カーボーイズに。引退後、母校のUCLA陸上競技部のヘッドコーチに誘われアシスタントコーチに就任。UCLAで選手の指導にうちこむかたわら、1996年に設立されたHSI（競技選手の専属コーチングをビジネスにしたエージェント組織）に参画。1996年、モントリオールオリンピック予選落ちをした失意のモーリス・グリーンがHSIの門をたたいてきて、それから“二人三脚の競技生活”が始まり、グリーンは2000年のシドニーオリンピックで見事に復活を遂げた。グリーンは「もし、スミスがいなかったら、シドニーでの金メダルはあり得なかった」と述懐している。
（Photo by AFLO）

競技を始めた動機を尋ねてみることもひとつの手だろう。「なぜ、この種目が好きになったのか？」「なぜ、やめずに続けているのか？」これらの質問に答えることで、なぜ、選手がその種目を選んだのかという最初の気持ちを思い出させ、情熱や、その競技をする喜びを甦らせることができ、まさに「初心忘れるべからず」だ。再び選手を集中させるのに役立つのである。

粘り強さを引き出すもうひとつの方法は、練習や試合における「プラトー」を効果的に利用し、どのようにしてその壁をこえるのか話し合ったり、アドバイスをもらったりすることだ。プラトーを恐れて選手はしばしば「もうこれ以上は伸びないだろう」と悲観的になり、イライラし、挫折しそうになる。そこで、コーチは技を極めるためには何度か乗りこえなければならない壁があることを選手に理解させる必要がある。プラトーは、工夫を凝らしながら反復練習を続ける時期でもあり、選手が一段高い水準に適応し熟達するきっかけでもある。選手の技術はときがくれば向上するものなのだ。ところが、必ずしも期待するようにはいかないものでもある。選手には経験はきわめてたいせつなことであり、それは決して無駄なことではないことを説く。プラトーは、その種目への「より深い理解」や「成長と成熟」を実現するうえでなくてはならないものなのだ。この時期に無理をすると選手はけがをしたり、やる気をなくしたりしてしまう。川は蛇行したり、方向や流れの速さを変えたりしながらも、結局は海へたどり着くものだ。このイメージはゆとりと希望を与えてくれる。選手がこのようにものごとを考えられるようになると、粘り強さと苦しみに耐えることとをとり違えたりはしないだろう。このことを選手に理解させるには、実際に体験した「プラトー」の時期（――なんとなくできてはいる。だけど進歩がない）を思い出させてみることが効果的だ。そのときに「何をこわがっていたのか」、また「現実にそれが起こったか」と尋ねてみる。たいていは何も恐れるに足りず、この心配をのりこえたら、この状況を打開できることがわかるだろう。選手を安心させ、自信をもって練習に取り組むようにさせる。

プラトーは進歩するために「当然あってしかるべき過程」である。当たり前のことだが、これは試合でもそうだ。ときに、選手はただ単に同じ練習を続けるのではなく、無理に何かをやろうとしてしまう。目に見えた変化が感じられないと、やみくもにがんばり、目の前の障壁を何が何でも取り除こうと必死になる。集中し、この厳しさにうまく耐えることができたら、事態は好転するだろう。コーチが「プラトーがもつ意味」をしっかりと理解し、選手を焦らせないよう配慮した指導をおこなえば、安心してコーチの言うことを聞く。こうしたがまん強い指導で、選手に無理のないペースを受け入れることを教えることができる。

! プラトーは、パフォーマンスが新しい段階へ向かう途中の休息であり、繰り返しであり、学習に欠かせない段階である。

選手にとって「粘り強さ」は、おそらく「才能」よりも重要な資質である。どんな業績でも才能が果たす要素はほぼ五パーセント程度にすぎず、残りは粘りと勤勉の成せる業であると言っても過言ではない。非常に才能のあるチームや選手でも負けることがある。たとえ才能があっても、結果は自分の思いどおりにはできないのだ。しかし、忍耐や粘り強さは、自分の思いどおりにコントロールすることができ、育むこともできる資質だ。問題が発生したら正面から受け止め、どんな逆境にもくじけず前進できるのは自分の決意次第だ。この資質は必ず選手を守る。

選手が自分の能力に落胆していたら、自ら長所に考えを集中させるとよい。欲求不満が強いときは、あまりにも目標が高すぎるのかもしれない。そんな場合は粘り強さも役には立たないだろう。たとえば、私がどんなに粘り強くがんばったところでＮＢＡのポイントガードにはなれっこない。そんな目標は自分の力からすれば理にかなっていないので当たり前だ。じっと耐えてがんばっている者を神は見守っており、必ずその加護があるものだ。けれども、コーチは目標を達成しようと我慢強くがんばっているときに、その限界までの歩みは（まっしぐらにというものではなく）状況に応じて、途中修正できるのだと選手に理解させておかなければならない。選手によっては、目標を段階的に細分化している者もいるが、目標を管理しやすい部分に分けることによって、選手は望むところまで到達できるのだ。挫折したときには、思いやりのたいせつさを選手に思い出させるといい（第２章P.91「６．思いやりの気持ちをあらわすこと」参照）。自分の現状と到達可能な地点を考慮して、目標と目的を見直すことはよいことである。コーチは、選手の可能性を予想できるし、正しい方向に伸びるために努力することを支援することもできる。選手に忍耐力があり、焦らずにじっくり努力していく姿勢があれば、意外に早く達成できるかもしれない。

以下は、粘り強く選手の能力を育てる実践例だ。

✓目標達成の過程に喜びや楽しみをもたせるようにする：ちょっとでも進歩したらそれを評価する方法を見つける。たとえば、「進歩グラフ」をつくって、どのくらい伸びているかを、皆が見ることのできる場所に掲示したり、具体的な基準を設けて、「今週の努力賞」を選ぶ。

✓選手がチャレンジする勇気をもつように励ます。

✓厳しい状況に置かれたときには、積極的に他人からの助言などを受けるようにアドバイスする：苦労をともにしてきた仲間と話したり、スランプを抜け出した苦労話が書かれた本を読んだりする。

✓進歩とは、進んだり、戻ったり、ときにはあらぬ方向に寄り道したりしながら前進していくものであることを選手にわからせる。

3 勇気をもつ

ミッシー・メハーグ（P.169参照）率いるメリーランド大学女子フィールドホッケー部はある年、オールド・ドミニオン大学を延長の末、３対２で破り、ＮＣＡＡ選手権ベスト４に残った。そのシーズンの一年間、メリーランド大学で私は、一貫して「心でプレーする」ことの必要性と「個人よりもチームが重要だ」ということを口をすっぱくして言い続けた。これは、スター選手が多くいるチームではつねにつきまとう問題だ。結果的にメリーランド大学はチームの努力に対し最高の称賛と喝采をもらった。オールド・ドミニオン大学のコーチは、「メリーランド大学は、〝心〟で戦った。そういうチームに勝つのは難しい。メリーランド大学の勝利は、チームワークの勝利だ」と言った。

「心でプレーする」というコーチの真意は、いったいどういう意味を含んでいるのだろうか。「心」は「失敗の可能性があっても上達するために進んでリスクを冒すこと」と換言できるかもしれない。つまり、全力を尽くして、現在の能力を発見する勇気であり、失敗し、そこから学習し、前に進む柔らかさであり、勇敢に、粘り強く、大胆にプレーすることであり、相手を見据え、やれるならやってみろと挑発するように大胆であることなのだ。

次に勝利者になるために必要な「心」について述べてみたい。

「心」を込めず「頭」だけでプレーする選手は、自我意識が強すぎ、勝敗に過度にこだわりがちだ。一方、勇気ある選手やコーチは勝ちたいという強い思いがある。だが、たとえ勝てなくてもみずからの価値を勝ち負けだけで評価したりはしない。

選手の失敗を許すことによって、コーチはチームに勇気を培うことができる。そして選手に、失敗や挫折は、上達のための必要不可欠な要素であるということを学ばせることができる。失敗から学ぶことによって、もっとも挑戦しがいのある難しい技術を身につけることができるのだ。一方、失敗が絶対に許されないとなると、リスクを冒す勇気もわかず、成功へ上り詰める道の途上で完全に立ち往生してしまう。

！失敗を恐れずに取り組めるような環境をつくる。

選手が失敗をしたら、一歩下がって失敗を受け入れ、そこから学ぶことを提案する。必要なら別の方法を試みるようにアドバイスすることも必要となるだろう。そして、「コーチは失敗にこだわっていない。チャレンジする勇気こそがもっとも期待されているのだ」ということを選手に認識させなければならない。どんなことであれ、失敗したときは時間を割き、（練習中ならその場で、試合ならば翌日にでも）選手に次のように尋ねてみることだ。

「失敗から何を学び、これから繰り返さないためにはどうしたらよいと思うか？」

選手が失敗したこと自体にこだわらず、「進歩するには避けて通れない経験をした」と納得すれば、多くを学び取ることができるはずだ。選手が、リスクを冒して、挫折し、がっかりしていたら、「進歩するために必要なものを、失敗の経験から学び取る方法はある」と言って安心させることができる。

この教訓を見逃したり、そこから学ぶことをしないと、選手は技術の向上を妨げる壁をつくってしまう。このことは、バスケットボールでルーズボールを思い切って取りに行ったり、サッカーのヘディングで相手と激突して頭をしたたか打った場合に当てはまる。それは、「全力を尽くしたのだから負けてもくよくよしなくてもいい」ということにほかならない。あるいは、連続五回もノーマークショットをミスしても懲りもせずショットを打ち続け、相手チームの応援席を平然と見て、どんな状況であろうと「やるべきことは必ずやる」という肝っ玉が大きいことを見せつけることかもしれない。

選手に上達するためのリスクを冒させる勇気を育むには、あえて危険を冒した場合の最悪の事態を想像させるという方法がある。それが受け入れられるなら、思い切ってやらせるように励ますことだ。迷いがあるようならしっかりと心の準備ができるまで待たなくてはいけない。

かつて、十二歳になるポイントガード(バスケットボールのポジション)のショーンに「がっちりマークされているけど、思い切ってゴール下にドリブルで切り込んで行ったら、ひどいことになるかもしれないな」と言ったことがある。すると思っていたとおり、「自分よりずっとでかい選手とぶつかり、フロアに叩きつけられるかもね」と答えた。そこで、「でも、もしかするとディフェンスがファウルしてくれて、ショットは成功するかもしれないな、少しは痛い目をするかもしれないけど」と示唆した。次の試合で彼は、ゴール下に向かって敢然と切り込んでいき、フロアに突き飛ばされても、へこたれることなくすぐに起き上がり、なんと十二得点も稼いだ。

どんな状況でも何が起こるか予想し、リスクを冒すことを計算しておかなければならない。これこそいま述べたとおりの話であって、プレーするときには、問答無用でただ全力を尽くすだけである。失敗を予想していないのは、失敗を計画しているようなものだ。準備することは、成功の可能性を増し、リスク要因を減らす。そして、得られたリスクを教訓に、次に備えるときは、リスクが減るようにさらに巧みに準備できるものだ。

選手が冒すリスクのほとんどは、いずれ解決できることがわかっているはずだ。選手の「失敗への恐れ」は、たいていは現実にはならないし、リスクを冒したことで気持ちが切り替わることも多い。練習中にリスクを冒したとき、プレーを止めて次のように言ってやれば、選手はさらにリスクを冒しながらも必死な取り組みをするだろう。

「いいぞ。新しいことをやってみるのは、大事なことだ。そのチャレンジ精神を買おうじゃないか」

結果にかかわらず、リスクをいとわない姿勢を評価する。試合や競技会では選手にぜひトライしてほしいリスクをひとつだけ強調するとよい。だが無謀なリスクを冒すことを提案しているわけではない。

いずれにせよ、本来、リスクをともなうすべての行動を適切に実行するには勇気がいるものだ。

4　がんばり抜く気持ち

選手が勇気をもってあらゆる危険を覚悟しながら、上達するためにチャレンジすれば、失敗や挫折、敗北を避けては通れない。それは言ってみれば「必要悪」も同然で、そのままを受け入れなければならない。しかし、何度も失敗や挫折を繰り返すと、徐々に落胆の度合いが高まり、選手は自信を失い始める。その選手の精神的な強さ、有形無形のチームへの貢献、この先待ち受けている可能性などを自覚させ、積極的な取り組み方を見つけてやることによって、その後ろ向きな傾向に歯止めをかけることができる。選手に成功の可能性を信じさせるには、まず選手の優れた点をひとつひとつ確認し、本人に意識させることだ。

1．選手みずからに言い聞かせることばを使う

すべてのパフォーマンスは、選手が見たり思い浮かべたり、言ったり聞いたりしたものをすべて集めた結果である。パフォーマンスについて、選手が自分で言ったり、ほかの人から聞いたりしたことは、約束のことばとして括ることができる。それは、しっかりとした目標や方向性をかたちづくる、強く、前向きで、簡潔なフレーズである。約束のことばとは、選手を順調に前に進ませるひと言であり、表現である。それは、否定的な表現を肯定的なパワーの源に変え、何度も繰り返すことによって可能性をもたらすことばとなる。

フィールドホッケーのシーズン前に、メリーランド大学の女子選手は、次のような約束のことばをロッカールームに貼りつけた。

「私たちは、ＮＣＡＡ選手権のチャンピオンだ。それにふさわしいチームとして戦おう」チームはこのことば通り、チャンピオンの座に居続けるために価値あることは、何でもやってみようということになった。そして実際に、五か月間毎日、このことばを繰り返し、グラウンドではこのことばを身体であらわそうとプレーに集中した。「目標達成」に向かって、とにかくあらゆる努力を惜しまなかった。その結果、二十四勝一敗でカンファレンスで優勝し、ＮＣＡＡタイトルも獲得した。選手がとなえることばは、往々にして未来の現実を生み出す種となり、しばしば人生も変えることができる。

試合や練習中に「強く簡潔なフレーズ」を用いた選手は数多くいる。しかしながら、そのことばはしばしば否定的なものが多く、選手やチームの思っている方向とは逆方向に作用してしまう恐れがあった。プラスとなる約束のことばと否定的なそれとには大きな違いがある。否定的なことばは、不安と自己不信をまねき、プレーを拘束してしまう。だから、心とことばの否定的な要素を覆し、前向きな可能性を育むようなことばに変えることが必要だ。

ことばの力を実証するために、次のふたつのことばを、選手にその気持ちになって言わせてみてほしい。

1. 私は強く、バイタリティに満ち、才能溢れる選手だ。技能レベルもずば抜けている。
2. 私は弱く、価値もなく、平凡だ。にもかかわらず、自分を消耗させている。

たぶん1は気分も高揚し、自信と力がみなぎり、希望に満ち、やる気も出るだろう。2は疲れて、気分は落ち込み、悲しく、希望もなく、暗澹たる思いにとらわれるにちがいない。このように肯定的、否定的なそれぞれのことばは、プレーにも強く影響を及ぼすことになる。

わかりにくい否定的な約束のことばを使う選手もいる。たとえば幅跳びの選手などは、「踏み切り板をうまく蹴って遠くまで跳ぼう」と言う代わりに「ファウルにならないようにしよう」と言ったりする。前者は、「どのようなジャンプを目ざしているか」に力点を置いているのに対し、後者は否定的であり、選手が「しないでおこう」ということを強調している。また、ウエイトトレーニングルームでトレーニングをしている選手に、くだらないと思われても、「強くなりたい、必ずなれる。強くなりたいし、必ずなれる」と大きな声で何度も繰り返させてみたらどうなるだろうか。次に、違うトレーニングをさせながら「このトレーニングは、嫌いだし、できるわけがない。このトレーニングは、嫌いだし、できるわけがない」と言わせ、選手に両方の表現を比較させてみる。結果は言わずもがなであろう。

！「できる」と言い切った選手にそのつもりになってやらせると、それまでには見せなかった能力を安定した状態で発揮する。

過去二十三年間、プロやオリンピック選手、大学、高校のチームや個々の選手に約束のことばを教えてきた。主としてやったのは「私はできる」という自己暗示のしかたを教え込むことだった。「できる」

と断言することで、やる気、自信、勇気などすべて前向きな特質で中枢神経を刺激することができる。

この方法を取り入れることで、潜在能力を無限に切り開くことができるのだ。

結果を出せるコーチとして同じような方法で選手を支援できる。ロッカールームの壁や個人のロッカーに、チームと個人の約束のことばを貼る。選手に名刺のような紙が入っている箱をわたし、その一枚一枚に約束のことばを書いてもらう。常時携帯して時間のあるときに目を通す。さもなければ、引き出しやクローゼットなど、要するに自宅の目のつくところに貼っておいてもいい。

よい「約束のことば」をつくるためには次のようにするとよい。

✓フレーズは短く、力強く、簡潔で簡単に。

✓積極的であること：やりたくないことを表明するのではなく、やりたいことを表明する。たとえば、「今日はやられないようにしよう」の代わりに「チャンピオンにふさわしい技術でプレーする」と言おう。

✓現在形を使う：未来が「いま」であるかのようにフレーズをつくる。「ベスト10に入ろう」ではなく、「ベスト10に入っている」と言おう。

✓選手に公言したとおりにすれば、結果はおのずとついてくる。

✓一貫しておこなう：一週間に一時間ではなく、毎日数分、口に出して繰り返す。イメージしながらおこなうとよい。ことばの内容を思い描く。

✓リズムを使う：韻を踏めば思い出しやすい。たとえば、「ストライク、（攻撃）をしかけバイク、（自転車）で勝つ」

この指針に従った例をいくつか挙げると次のようになる。

セルフイメージの約束のことば

私は、自分が好きだし、評価している。
体が引き締まって調整できている。私は勝つためにプレーする。
私はすべてに完璧な選手だ。

能力

日一日と走るのが速くなる。
落ち着いて、自信をもち正確にプレーする。
私は、疲れを知らない鹿のように風のごとく軽やかに動く。

敵

よい対戦相手は、私のなかの最高のものを引き出してくれる。
相手はだれでもいい。私はだれと戦ってもいいように万全の練習をやっている。
私は、いつでも対戦相手を受けて立つ備えができている。

自信

動くたびに私は進歩している。
私は、実に見事なフォームでプレーする。
勝負には勝てないかもしれないが、驚くほどすごいレースをする。

集中

いま、このときに集中する。
いま、やるべきことだけに集中する。
気晴らしで注意力を高める。

目標

私は目標を定め、金メダルを目ざす。
挫折は目標到達に生かせるチャンスだ。
絶対成功すると思え。

けが

さらに丈夫でたくましく。そしてその持続を。
しなやかで柔軟性に富んだ体は、自分の体を健康な状態に戻してくれる。
私は、健康で、けがなどしない。

「約束のことば」を使うときには、ことばによってつくり上げられた「イメージ（想像図）」を思い描いてみる。そのイメージとは、脳の中枢神経に働きかけ、リラックスした状態で選手の動作や行動がこのイメージを現実化する可能性を増すよう助けるためのものである。

！「約束のことば」は自己を導くものであって、自己をごまかす行為ではない。

2. 失敗を学ぶ機会として生かす

選手に自信を植え付ける方法は、ほかにもある。選手が感情的になっているときに、失敗を荒立てて注意したりすると、余計に自信を失いかねない。いい方法は、うまくいかないところを選手自身に見つけ出させることだ。「再び同じ状況になったときに、どうすべきか」を選手に答えさせることだ。第9章で述べるが、「失敗は最良の教師」だ。行動を修正し、より向上するために必要な変化を起こすことができるのを理解できれば、さらに自信が深まるということを選手に気づかせる。コーチは、このように選手が失敗を乗りこえながらみずからの能力に自信を取り戻し、さらにレベルアップするように支援できる。そのうえ、コーチとしての信頼はいっそう深まり、選手は以前にも増してリラックスし、状況を好転させることができるようになる。コーチが失敗を「成功にいたる当然の段階」と考えていることを選手が知れば、選手は、上達するためのリスクを冒すことを恐れなくなる。

最近目立った失敗はしていないのに、競技前になると自信をなくす選手については、どうしたらよいだろう。ひとつの方法として、その選手と会話をもち、こう尋ねる。

「どうすれば自信が取り戻せると思う?」

そうすると、彼らの言う自信の九五パーセントは、われわれがあらかじめコントロールできないこと、つまり〝結果〟が出たときのことだという。しかし、自信はあとでついてくるものであり、事前にもてると勘違いしているとわかる。

結果をコントロールできるとしたら、それは競技にならない。このことについて印象的なことばがあるので紹介しよう。

「射手が弓を射ることが好きならば、その射手には、やがてすべての技能が備わる。金品目当てに射るとしたら、視力がなくなり、的を射ることができなくなる」

選手がプレーする喜びに集中すれば、すべての自信が備わるし、結果にこだわるようなら自信は失せるのだ。

3．過程をたいせつにする

一度失った自信は、みずからがコントロールできることに集中し直すことによって回復できる。私がいっしょに組んでいるコーチの何人かは、選手をそれぞれの可能なレベルに導くことに成功した。こういうコーチたちは、絶えず結果を出し続ける「プロセス・フォーカス」と呼ぶ方法を取り入れている。

たとえば、敵を破ることやタイトルを獲得すること、他人を思いのまま従わせることなどに執念を燃やしている選手を抱えているとしよう。そういう選手は、結果を得るまでの自分を律することができないから、当然、不安でストレスを感じ、緊張している。そして、自己不信におちいっている。あげくの果てに、その選手のプレーは悪くなる一方だ。

結果ばかり気にする傾向を直すために、選手に「ベストの状態を維持するには、何に気をつけたらいいと思う?」と尋ねてみる。この質問で選手は、準備や大胆さ、勇気や熱意といったみずからがその気になればできることにだけ集中するようになる。パフォーマンスのこれらの要素をコントロールすることができるようになった結果、選手は、リラックスし、柔軟になり、実力をつけ、みずからの能力のレベルでプレーする過程に自信を取り戻すことができる。コーチと選手はともに、腰を据えてこの新しい焦点について話し合い、選手は、次のような約束のことばをつくらせる。

✓私は、勇気ある選手だから、いつも最高のプレーができる。

✓私は、いつでも自分のやるべきことを精一杯やる用意ができている。

私は、日ごろから選手に「敵は、試合前に決まって相手の目を見るものだ」ということを思い出させるようにしている。相手は、コーチの自信や大胆さ、勇気などを探り、これに反応するため、相手がこちらをどう見るかで結果が決まることもある。

私は、選手たちに次のように言う。

「敵に、君たちの心に燃えさかる情熱や勇気を見せつけてほしい。そして、その激しさに挑戦してくるようあおり立てたらいい」

これもまた、やればできることだ。選手ならだれだって勇気や熱意を見せることはできる。日ごろの練習で選手に「十分間、ありったけの熱意を見せてみろ」と言う。それと同じくらい、いとも簡単にできることだ。「相手をやっつける」という選手の気持ちとは対照的に、自分がコントロールできることに集中してプレーする気持ちをいっそう強くもたせることができる。

! ゲームでどうプレーするかという判断を自信をもってできるよう選手を鍛える。結果と違い、そのプロセスはコントロールできる。

選手が「自分は勝てる」と強烈に感じているときがある。それはいいことだ。しかし、勝利以外のことを何も考えていないとすれば、一方でそれはすごく不安な状態でもある。そういう場合は、競技中に「いまどういう状態にあるのか」、「どのようにプレーしたらいいのか」に集中させるべきである。勇気をもち、恐れず、忍耐強く、大胆であるという意識に集中させたらよいだろう。そして、結果をそうしたアプローチの副産物とするのだ。競技への期待をこのように考えるコーチのほうが、選手は落ち着けるし、熱意をもってプレーできる。そういう選手は、パワーを得ることができる。そのパワーとは、必ずしも敵を支配する力ではなく、みずからの能力を示し、かつ、それを最大限に利用する力である。

自信とは、こちらが相手よりも優れたチームあるいは選手かどうか、という問題ではない。それは、全員を同じ条件にしたとき、リスクを冒したり、苦しんだり、恐ろしい思いをしたりする勇気があるかどうか、ということである。

メリーランド大学女子ラクロス部は、ライバルのプリンストン大学との戦いで、前半は、4対3で負けていた。コーチのシンディ・ティムキャル（P.18参照）は、とくに選手を叱咤するようなことはしなかった。ティムキャルは穏やかに、「落ち着いて、勇気をもち続けること」、「大胆にプレーすること」という約束と、「全速力で守備に戻ること」など、選手みずからが意識すればできることに注意を向けさせた。そしてこう話した。

「勝敗は終わってみないとわからない。だけど、こんなときはどうプレーしたらいいのかわかっているわね。ＮＣＡＡのチャンピオンらしく、自信をもち、約束ごとに誠実にプレーしなさい。この試合でやると決めた約束ごとが四つか五つあったでしょ。結果はあとからついてくるし、結果に関係なく、あなたたちはチャンピオンなんだから」

この穏やかなコメントを聞き、選手は、自信をもってプレーすればいいのだということを再確認した。そして、後半を制し、強敵を16対7で破った。試合後のミーティングでは、得点についてはほとんど触れず、話の大半は、選手たちが経験した「内面の勝利」についてだった。敵に追いつき、敵を破ること（自分たちがコントロールできないこと）に焦るより、単に自分たちにとって最高の試合をすることで「本物の自信」を利用することも学んだわけだ。

勝つことだけにこだわる自信過剰なチームは、不安定要素をかかえながら自己過信に陥っているだけだ。だれもみずからがコントロールできないものに対して、自信などもてっこない。本物の自信とは、「自己の能力を出し切る方法を知っている」ということである。

！自信とは、最高のチームだとか、最高の選手だと感ずることではない。それは、リスクを冒し、苦しんで、恐ろしいと感じても立ち向かう勇気をもっていると感ずることである。

選手の自信をつくり上げるということは、結果にこだわることなく、自分の準備など、「いま」に集中する感覚を育むことである。選手に毎日、「たかぶることなく、自信をもち、どの瞬間も真のチャンピオンのようにふるまおう」と、約束のことばを繰り返させる。そうすれば、この約束のことばは、目先の結果にあくせくすることなく、自分の能力への自信を深めることになる。

4．成功への段階を設ける

成功ほど、自信が培われるものはない。練習や試合のために短い間にほんとうに達成可能な目標をもたせることがたいせつだ。たとえば、達成度が確認でき、レベルアップの可能性を高めるような十の目標を設定する。結果として大きな動きに見えたとしても、それぞれの種目におけるひとつひとつの成果は、小さな結果の集大成である。小さな目標達成を積み重ねることで、優れた反応を得られる機会が増えるのだ。成功を感じ取れる機会を入念に設ける必要がある。

パデュー大学男子バスケットボール部コーチのジーン・キーディ（Gene Keady）は、試合中に勝てると判断した時点で若手を起用し、選手に自信を植えつけている。もし難しい状況で、経験不足の選手を起用し、失敗しようものなら、彼らは、「大学のレベルで自分の力が通用するだろうか」と自信を喪失してしまいかねない、とキーディは考えている。過去の成功体験は、自信を築き上げるうえで重要で強力な役割を果たす。選手に、過去の記憶から、成功した試合のパフォーマンスを思い出させ、どうプレーしたか、どう自信をもって動いたかを振り返らせる。この体験を、どのように有効に利用してプレーできたかを思い描かせるのだ。この方法は、ミーティングで使える。選手には、「あのときできたのだから、今度だってやれば絶対できるし、それ以上のこともできるはずだ」ということを再認識させる。

5 限界なんて存在しない

ときに選手たちのなかには自信喪失におちいってしまう者もいる。そういう選手は、「チームが一致団結できない」、「気持ちをコントロールできなくなる」、「重要な指示を実行できない」と、マイナス思考ばかりになってしまう。彼らはコントロールできることを、コントロールできないと思い込んでいるだけなのだ。本当に自信をもつべきところを見失っている。自分の能力に対する自信が足りないと、おそらく、対戦相手をずっと優位な立場に立たせてしまう。

選手の「コントロールできることをコントロールする能力」に対する信頼、つまり、「自分ならできる」という気持ちを強化する方法を見つけなくてはならない。「私はできない」と考えたり、口に出してしまうだけでも可能性の限界までがんばろうとする努力を鈍らせてしまう。こういうときには意識を「私はできる」に変えると、「やる気」、「勇気」、「発奮」、「喜び」、「情熱」、「熱意」といった、あらゆる重要な心理的特性に生命を吹き込むことができるようになる。それは同時に、抱いている夢の達成に向かって突き進む起爆剤にもなる。

長年、だれも破れなかった「一マイル四分」というスピードの壁を、ロジャー・バニスター（P.183参照）がクリアしたのを聞いて、ほかのランナーもバニスターの記録に続こうとやる気を起こし、一年半で四十人以上のランナーが「一マイル四分」の壁を破った。こんにちでは、一マイルを一回続けて四分切るのがあたりまえになっている。

！限界は思い込みにすぎない。いったん試してみれば、これをこえる方法を見つけることができる。

事を成そうとする場合には「限界」という視点でとらえずに「無限」という観点で考えることがた

＊71　ウェイン・グレッキィ
［1961～］
多くのファンには「史上もっとも優れた選手」と目されており、ニックネームは“Great One”（グレート・ワン“偉大なるかけがえのない存在”）。1985年から88年にかけて、エドモンド・オイラーズでNHLを3回制覇するも、アメリカのロサンゼルス・キングスに移籍。その後、セントルイス・ブルース、ニューヨーク・レンジャーズに移籍、1997年に引退。1984年にはカナダ最高の勲章である「オーダー・オブ・カナダ」を受賞、1998年には長野冬季オリンピックに出場（4位）、1999年にはESPN（アメリカのスポーツ専門テレビ局）が選出する「20世紀最高のスポーツ選手」の第5位に選ばれた。
（Photo by Rick Stewart/Getty Images/AFLO）

いせつだ。成功しているコーチの共通点は、不可能に思えることにチャレンジさせていることである。選手に自信をもたせ、リスクを冒してもチャレンジさせるためにこまかくデータ集めをする。こういうコーチは、可能性を試すため、選手の気持ちを大事にすることにより、可能性を発揮する。このような環境をつくり出すことで選手は、みずからの可能性に迷うことなくチャレンジでき、限界に挑むことができる。また、自分がわかっていてできた壁を乗りこえる方法を見つけるので心配はいらない。私の好みのコーチは、自分の選手にいつもこう言う。
「できるかどうかの鍵は君が握っている。私はすでに君がやってのけたのを見ているし、今度もこれからも、当然やってのけると確信している」
こういうことばを聞くと、選手は一様に目を

＊72　ウィルマ・ルドルフ
［1940〜1994］
4歳のときに小児マヒとしょうこう熱にかかり、片足の歩行具を使う後遺症が残る。母親は毎晩、ウィルマのベッドわきで「いつか必ず歩行具が要らない日が来るからね」とマッサージしてくれたという。その甲斐あってか、12歳の時には歩行具を外せるほどに回復。16歳の時、メルボルンオリンピックのアメリカ代表選手に選ばれ、400mリレーで銅メダルを獲得。その後、テネシー州立大学に入学。1960年のローマオリンピックでは、100m（11秒0）、200m（22秒0、オリンピック新記録）、400mリレー（44秒5）の3種目で金メダルを獲得。1962年に引退、1994年にガンのため54歳で他界。
(Photo by Popperfoto/Getty Images/AFLO)

輝かせ、やる気を見せ始める。コーチは、選手が身につけている「強さ」に集中するのを助け、そして選手にとっては、そのような強さは、かつては克服できない弱点だと思い込んでいたことを思い出させるのだ。

「やればできる」の指導法として、ほかの人の成功体験の物語を読ませてみるのもひとつの手であろう。できれば、ハンディをのりこえ、まわりの人や状況がもたらす逆境を克服したものがいい。たとえば、偉大なるウェ[＊71（写真）]イン・グレッキィ（Wayne Gretzky）の物語だ。

グレッキィによると、アイスホッケーにとりつかれたころ、「体が小さすぎるし、走るのも遅すぎる」ととやかく言われたが意に介さなかったという。ほとんどの人が「NHLでプレーできるわけがない」と言ったが、本人は「それを変えてみせる」と答えていたという。グレッキィのような多くの優れたオリンピック選手やプロ選手は、勤勉であるのはもちろんだが、「自分は絶対できるんだ」という強い意志をもち、限界を克服したのだ。

[*72（前頁写真）]ウィルマ・ルドルフ（Wilma Rudolph）の成功例も「私はできない」と思い込んだ選手にとっては参考になるだろう。彼女は、アメリカのいなかで、二十二人の子どもを抱えた生活苦にあえぐ貧しい家庭に生まれた。子どものときに小児マヒにかかり、「歩行具をつけなかったらおそらく歩けなくなるだろう」と宣告された。しかし、子どものころから入退院を繰り返しながらも、決して落胆することはなかった。小児マヒは必ず克服できるとつよく信じていたからだ。そして奇跡のごとく、女性として初めてオリンピックで三個の金メダルを獲得した。

　彼女もそうだが、われわれのほとんどは、「やればできる可能性を秘めたただの人間」である。ほかのことを考えずに「できる」と信じ、そのことに集中すればいいのだ。選手に「私はできる」と言わせる。そして、選手が真実を見極め、このことばをかたちにしていくための情報や知識を集めるように促す。こういう考え方をしたら、選手も生き生きとし、本来もっている並はずれた可能性を一気に発揮することができる。スポーツのみならず人生においても、「挑戦もせずにできないと決めつけてしまう」ことが多い。選手がかたくなにならないように励ますのだ。選手が厳しいと感じているようなら、ソフトで柔軟に、事実がそうでないと証明されるまでは、何ごともやれるのだと信じるよう語り続けるのがたいせつだ。

! 決定的にまちがいが証明されるまで、自信をもって行動する。

かつてマラソンに挑戦していたときに、二十三マイル（三十七キロ）地点で激しい痛みを感じたことがあった。「自分は完走できるのだ」と自分に言い聞かせて、あきらめてしまったらどうなるのか、いろいろ考えながら走り続けた。「私はできる」と自分に宣言をすることで、いままで隠れていた余力がわいてきて、「恐怖」、「疲労」、「自己不信」に対する応じ方がわかった。この経験から、「つねに限界に挑戦してみることがたいせつだ」ということを学んだ。そして、以前よりもはるかに選手として成長した。「ちょっと無理かもしれない」とか「これしかできない」と先に自分の可能性に限界をつくってしまう選手は、要注意だ。そのような選手がいたら可能性の限界を切り拓くように育てていかなければならない。「自己批判」を慎み、思いこみが実はそうではないことに気づかせ、可能性に挑戦するように導いていかなければならない。「自分を縛ってしまう言い方」はよくないことに気づかせ、次のように改めさせる。「私はじゅうぶんではない」を「必要な資質がある」に。「私はできない」を「できる」に。また、「私はそれに値しない」を「値する」に。「私は準備ができていない」を「予定通り順調だ」に。

プレーへの自信を深めさせるために次のように考えてみることをすすめる。

✓○○であるがごとくふるまう。

自分ができないと思っていることを、うまくできている選手をイメージし、そのイメージどおりまねてみる。

✓約束のことばを使う。

選手が「こうしたい」と思うことを文章にさせる。たとえば、自分が丘を登れないと思い込んでいる自転車競技選手なら、「私は強く、パワーに満ちた自転車競技選手だ。だれにも劣らず登りきることができる」と宣言させる。約束のことばは行動を目標に向かわせる。登るたびにこのようなことばを繰り返せば、より楽に登れるようになる。

✓「歳をとりすぎている」とか、「背が低い」とか、「私は足が遅い」などといった、みずからの思い込みが障害になっているような状況をイメージさせる。次に、必要な技術を生かして、正確にプレーしているようにイメージさせる。

選手には、着実に進歩するにつれて、自信がわいてくるように感じさせなければいけない。

✓選手が自己不信におちいったり、どうすることもできないときには、「自分が限界だと信じるのは勝手だが、どうやって確かめるのだ」とみずからに向かって問いかけさせてみる。

広い視野に立ってみると、自己不信などというものは、ほとんど取るに足らぬものだ。さらに、それを正反対のことばにおき換えると、どのような効果があるか、検証させる。たとえば、「私はまったくだめだ」を「必要とされているものは、何でも備えている」と変えてみるのだ。

Coaching Point

1. 粘り強さはものごとを達成するための長所である。辛抱強く事を成せば、いっそう高い次元の満足感を得られる。
2. 選手に挫折を受け入れさせる。そこから学び、適切に修正することがたいせつなのだ。
3. 選手をヘルプするときは、熱意を失うことなく、勇気があふれ、危険を顧みず立ち向かう戦士のような競技者にさせる。
4. ことばは実際のかたちで見えてしまう。それゆえ、慎重に選ばなければならない。
5. 選手がチームに寄与しているさまざまな努力を確認させる。
6. 選手に「いかにあるべきか」を考えさせると、彼らの自信はふくらみ、勝てそうだという気分になる。
7. 選手が不可能なことを目ざして失敗したとしても、その努力は必ず報われる。だから、筋の通っていない理由で否定されるのを断固拒否する。

PART

III

競技力をさらに発揮させる

Unleashing Prepared Athletes

第8章
とらえ方を変える
Strategizing With Focus

相手を支配しようとしてはいけない。勝負の心構えができ、準備万端、ベストの状態であると相手に感じさせ、自分たちの強さをアピールするのだ。

多くのコーチは、作戦を練るときに×や○などの記号を使って、相手との体格・体力などの比較や練習してきたオフェンスの作戦などを検討するが、チームの能力を目一杯引き出す準備はこれだけではない。たとえば、選手の「心」の問題がある。コーチは心のコンディションが重要だと理解しているけれども、そのことを指導する具体的な方法に関してはあまり熟知していない。せいぜい、いいタイミングでモチベーションがあがるような話をするくらいであり、パフォーマンスにとってもっとも重要な要素を生かす機会を無駄にしているのである。本章で示しているアイディアは、競技におけるいろいろな要素をしっかりと把握し、能力を最大限に発揮させる「精神的勝負強さ」を鍛えることをねらっている。私が一年間指導してきたチームに、このアイディアを採用したところ、七チームがNCAA選手権ベスト4に進出し、そのうちの二チームが優勝した。

ここに示した「精神集中法」をおこなうことによって、練習への備えができ、試合中の作戦をもっと効果的に展開できるであろう。集中力を効果的に高めるためには、「いまという貴重な瞬間を大事にする」ことだ。とくに、ビッグゲーム前の楽勝しそうな試合のときこそ重要になってくる。目前の試合よりも次の試合のことを考えていると、往々にして負けてしまうことが多い。

つねに高いレベルのプレーをしようとする選手やチームは、一回一回の試合に集中している。集中を促す方法はいくつかあるが、よく見かけるのは、相手チームや選手の名前をロッカールームのドアや鏡など、よく目につく場所に貼り、目前に迫った試合の役割を何度も何度もいやというほど目に触れさせたりするものだ。また、ほかにも、それぞれの選手が各ゲームでおこなうパフォーマンスに、特定の目標を設定することによって、次の試合に不可欠なミッションを成功させるという方法もある。

正しい思考法とよい心理状態は、計画どおりにゲームを展開するために必要な集中力や自信などをさらに磨きあげ、すでに詳しく述べてきたアイディアや考え方などをきちんと実践すれば、さらに効果を発揮するにちがいない。

1　経験を生かす

スポーツの体験から学んだことや、上達していく楽しさを味わわせ、その体験を意識させることはとても重要なことだ。

メディアの大げさな報道がプレッシャーとなり、本来の「スポーツをすることができるすばらしさ」

を忘れがちな選手があまりにも多すぎる。そういう選手たちは、「スポーツをする」という行為そのものの価値も損なってしまう。大げさな報道や期待に対し不安感をもってしまい、このために、好プレーもできなくなってしまう。試合に出るチャンスを獲得し、全力で戦い、楽しむべきなのだ。私は、「この世で好きなことができるという自由に勝るものはない」ことを思い出させ、選手がその瞬間を楽しむようすすめている。

結果を気にしない選手はいない。そのことが不安な気持ちをつのらせ、プレーの妨げとなる。選手に、プロセスに集中し、自分ができる心構えをさせておくことで、いっそう役に立つ経験ができるのである。

たとえば、選手の目標を次のようにしぼってみよう。

✓そつなくプレーする。
✓何か本当によいことをする。
✓現時点での上達ぶりをプレーで示す。
✓経験、成功、挫折から学ぶ。
✓勇気をもつ。
✓積極的な気持ちを失わない。

スポーツは、勝っても負けても、人生におけるもっとも価値ある楽しみのひとつだ。選手に「できるかどうか」と考えさせるのではなく、「どうすればできるか」を考えさせよう。大きな夢を抱かせ、「やってみよう」と声を掛けよう。選手たちは協力し合いながら、目標を達成する方法を探し求めるにちがいない。

2 相手よりも勝っていることを誇示せず、自分たちのよい点をアピールする

選手やコーチは、作戦を練るとき、主題からそれて、対戦相手を支配するベストの方法は何かということに重点を置いてしまう。でも、作戦でコントロールするのは無理である。対戦相手を自分の思うようにすることはできないけれど、試合中に求められた動きや技を発揮することは可能だ。また、試合のために準備してきたことを発揮することも可能である。競技というものは、必ずしもだれがもっとも優秀で、強く、すばらしいかを競うものではない。だれがもっとも強い闘争心をもっているか、だれが全力で相手に挑もうとする激しい気持ちをもっているかを競うものだ。

選手が強い意気込みをもって試合に臨むようにするには、どうしたらよいか。まずは、ミーティングにおいて、「やる気（勇気、大胆さ、粘り強さなど）」のあるプレーとはどのようなものかを、選手に言わせる。次に、その日の練習において五分間真剣にプレーをおこない、その「やる気」をどのように発揮したらよいかを話し合う。もし五分間発揮できたとしたら、選手はどのようなプレーをすれば

よいかという具体的な手がかりに気づく。それによって、「やる気」がおき、長時間発揮し続けようと努力することも可能になる。

チームの一員として自分のプレーに集中できる選手は、意欲あふれるプレーをすることができる。このように選手を燃えさせる最善の方法は、次のように選手に聞いてみることだ。

「勇気や思いやり、大胆さ、熱心さなどを相手にアピールしようとした場合、しぶとく競り合い、頭を使って動き、的確に判断をくだしながらできることは何か？」

たとえば、選手はやる気を示すために、「全力を尽くしてすべての危機を乗りこえる」とか「ルーズボールに飛び込む」などと言うかもしれない。このように、いったん「やる気」を具体的に言いあらわすことによって、そのようなプレーに専念し、勇気と意欲あふれたプレーをするようになる。

決勝戦では、シーズン中のプレー以上に特別なことを要求されるのではないかと選手は考えがちだが、これはまちがっている。自分のプレーと、なぜ競技するのかということに集中させる。「実際、この競技のどこが好きなのか。なぜプレーしているのか」と問いかけてみよう。プレーをする楽しみや情熱を意識し続けることによって、逆にリラックスした状態になり、自己の能力を最高に発揮することにつながるのだ。

予定になくとも選手にはコーチングスタッフとそういう対話をするようにさせている。それがチームの結束力を強める練習になるからだ。たとえば、選手たちに、もっとも信じていること、力を与えてくれることは何かと質問し、その絵や写真、あるいはそれに関連するものを自分のロッカーに貼らせる。聖書、詩、歌詞などから感動的な一節を選ぶ選手もいれば、ある人物（その種目に関連しているかに関係なく）によって力がわき起こる選手もいるだろう。もしシーズン中につらいときがあれば、「ロッカーに貼ってあることばを覚えているかい」と声を掛け、思い出させ、「やる気」をよみがえらせる。これ以外に、選手自身が考えることができる質問を以下に示す。

✓「自分たちのチームは、相手からどのように見られているのか。相手はどのような気持ちを抱いているのか」

このように相手側の視点から試合を見るようにすすめる。そうすることで、どのようなチームで、どのようなプレーをしているのか、というように、自分のチームを新鮮にとらえ直すことができる。あるチームはこう言うかもしれない――「このチームはタフで、相手に情け容赦しない。自分ならこんなチームと対戦するのはごめんだ。絶対に手加減はしてくれないし、いつも前に立ちはだかってくるし、運動能力が高く、強くて、とてもすばやいからだ」

✓「対戦相手にメッセージを送るとしたら、どんなメッセージなのか。真剣なメッセージであることを示すには、どのようにすべきか」

このような問いかけによって、対戦相手について考えると同時に、試合に集中し、できる範囲内で何を達成したいのかをじっくりと考えさせる。メッセージには、次のようなものが考えられる。「受けて立とうじゃないか」、「負けるくらいなら、疲れ果て、傷だらけになろうと、その場にぶっ倒れるほうがまだましだ」などである。

そうすることによって、選手は、全速力で攻撃したり、ルーズボールに飛び込んだり、ネットに体当たりをしたりするなど、自分たちの粘り強さや勇気、大胆さを相手に示す方法を考えることができるのである。

✓「自分たちのレベルを上げるのにどれだけ真剣かを、今週の練習や試合において四つわかりやすく見せるとしたらどうするだろうか」

このことを考えることで、選手が自分のパフォーマンスにしっかり集中できるようになる。たとえば、意識的に張りきったプレーをしたり、チームメイトとコミュニケーションをとったり、ボールから目を離さなかったり、ルーズボールに飛び込んだりすることにあらわれてくる。選手に、やってみたいことと、それを実践する方法を四つずつ選ばせる。そして、その答えをチェックカードに記入させ、約束のことばのように、サインをさせる。これをスタッフやチームメイトたちの間で見せ合う。こうすることで、選手は責任をもつとともに、達成意識を感じ、一瞬一瞬をたいせつにしている気持ちを行動で示し、結果よりも自分のできることに集中するようになる。こうして満を持した選手が競技場に乗り込めば、彼らにやる気や集中、熱意がみなぎっているのが、対戦相手に伝わるだろう。

✓「自分がプレーや精神面でチームにもたらしたものとは何か」

プレーでは「足の速さ」「高い技術」「豊富な経験」、精神面では「勇気」「粘り強さ」「頼もしさ」といった返事が返ってくるだろう。

✓「引退したあとになって、自分のプレーをチームメイトからどんなふうに評してもらいたいか。そのためにいまなすべきことは何か」

「チームプレーに徹した選手」、「リーダー」、「ムードメーカー」、「努力家」、「誠実な選手」など、いろいろなあらわしかたがあるだろう。決まれば、それを具体的にプレーで示す方法を列挙する。

✓「チームに貢献するいちばんの方法は何か」

これは、選手がチームでどんな役割を果たすかについて明確にするための質問である。

✓「いまの自分が勝利に貢献できる理由は」

選手はこんな風に答えるのではないだろうか。「じゅうぶんに準備し、集中し、やる気をもって、全力でぶつかる覚悟ができており、自分のプレーに自信があるからだ」

✓「能力を出し尽くしたという感じは、どんな状態をいうのだろうか」

このような質問を設定し、それについて考えさせることによって、能力を発揮させることができる。ミーティングのときに、選手に時間を与え、質問についてじっくりと考えさせよう。

子どもは、遊んでいるときに結果や勝ち負けのことは気にしない。子どもは遊び自体が楽しくて遊んでいるのであり、あとのことはまったく考えていない。このように子どものような気持ちがあればあるほど、その選手は、能力をさらに発揮できるのだ。精一杯プレーしていたら、率直にその努力をほめてやろう。それこそがまさにチャンピオンのプレーなのだから。このようなプレーをするとき、重要な場面に極限まで集中力を高めた理想的な心理状態をつくるメンタル・トレーニングによって、「無心の境地」にいたる可能性が増えるだろう。このようなプレーのイメージを、練習や試合前のイメージトレーニングに利用すべきだ。また、選手のほうも、これまでの質問に対する返答に合致した場面やプレーをイメージしなければならないことはいうまでもない。

3 対戦相手はパートナーだ

ジョージ・レオナード（George Leonard）が、『The Ultimate Athlete（究極の競技者）』という雑誌のなかで、真の競技スピリットについて、こう述べている。

「全力で攻撃してくれるようなよきパートナーを見つけることができるかどうか。合気道家は、必ず次のような問題に直面する。気合いのこもった真剣な攻撃、ブロックするか避けなければ致命的なダメージを受ける打撃は、相手からの最高の贈り物なのだ」

メリーランド大学女子バスケットボール部のコーチ、クリス・ウエラー（P.15参照）と話し合ったことがある。あるシーズンの成績が、六勝二十一敗と、惨憺たるものであった。その結果からわかったことは、選手がより高いレベルに達するには「対戦相手がパートナーとして、いかに役に立つか」ということをわからせる必要があることと、「対戦相手が全力で対抗してくれることによって、さらに高い目標を目ざすことができる」ということだった。次のシーズンの目標は、「プレーのレベルを上げること」、そして、「勇気や勇敢さ、粘り強さや大胆さを追求し、獲得して、一瞬一瞬、前半や後半、一試合一試合、つねにミスのない引き締まったプレーをすること」に決まった。選手たちは、「地道にやること（コートを全力で走る、ボックスアウト、アシスト、ターンオーバー、ディフェンスのヘルプ）」に集中し、それをやり通せばよいと考えた。マネージャーは、試合ごとにこの徹底度を記録した。選手たちは、やがて自分たちがレベルアップしていることを実感し始めた。ゲーム中やシーズン中には当然、選手たちの勢いが衰えることもあったが、そのようなとき、ウエラーは、気持ちを新たにし、再び「地道にやること」に集中させることを心がけた。これを毎日繰り返すことで、選手は著しく成長したのだ。

これまで述べてきたことはすべて、「競争の精神」にかかわることだ。「競争」という語は、「共に追求する」を意味するラテン語に由来する。失うものは何もなく、得るものは山ほどあるといった気持ちで全力でプレーをした結果、メリーランド大学は、そのシーズンを勝ちこし、シーズン後の全米大学女子招待選手権（ＮＩＴ）では、ベスト８へと進んだ。対戦相手を「パートナー」とみなすことが実際にあらたな視点となり､チームの精神面の強化と自信を深めるのに役立った。こうすることで、選手は「競争」の本質的で重要な側面を経験することができた。結果として勝つことは大事だ。けれども、戦いそのものに没頭することと、お互いのパートナーシップを失わないように集中すること抜きにしては、勝利への道は開けない。最終的には、このことがひとりひとりの選手に最高の結果をもたらすのだ。

！対戦相手が自分たちの潜在能力を限界にまで引き出してくれる。

もちろん、ウエラーのような有能なコーチでも、絶対に勝てるという自信はなかった。しかし、勝つことができたのは、精神面のトレーニングを一貫して続け、その状態を確認しながら対戦相手を巧みに選んだからだ。このように、ウエラーと選手たちは、対戦相手のことを「教訓を与えてくれる存在」として考え、自分たちができること、つまり努力や試合の作戦、調整などに集中し、リラックスすることと闘争心を忘れないようにプレーすることを心がけたのだ。

真の意味での競争の精神で、われわれは好敵手を見つけなければならない。そして同時に自分自身も、相手にとって「価値ある存在」でなければならない。互いにけん制し合うことで、大きな成功を収めることができるのだ。

試合で負けたり、失敗したとき、それは、選手にとって、自分自身や他人に対する思いやりの重要性を学ぶ機会となる。そして、チームやコーチとの関係について学ぶ機会ともなるのだ。チームの一員として協力し合い、練習や試合で切磋琢磨することが、試合における質の高いプレーへとつながるだけでなく、人生そのものをよりよくすることにつながることを学ぶことができる。「互いに最高の相手を望んでいる」と知ることで、そこから何かが生まれるのだ。

選手とスポーツの関係も重要だ。スポーツは偉大な教師であり、長い一生の縮図でもある。スポーツは、凝縮された一定の時間内に、何が真実で、何が有意義で、何が重要かを、発見する機会を与えてくれる。私たちの社会は、スポーツの一面的な見方しか教えないことが多い。つまり対戦相手とは「悪玉」であり、「痛めつけ」、「粉砕し」、「たたきのめす」存在である、というように。だが、このような考え方では、スポーツから得られるものはほとんどない。もっと建設的な気持ちで試合に臨むべきだ。

競技のパートナーシップを強化するには、次のようなイメージトレーニングをするとよい。まず瞑想から始める。リラックスした状態になったら、全員に「今日は、相手と協力し合い、自分たちの能力を最大限に発揮しよう」と言わせる。アイコンタクトで挨拶し、相手がそこにいてくれることに感謝しているようすを思い浮かべさせる。相手の存在のおかげで自分の能力が最高に引き出される喜びと感謝の気持ちを抱く。あらゆる努力をして、互いに誠実な態度で臨み、相手も喜んでくれていると感ずる。どちらも勝たせたい。試合が始まる。相手に攻撃され、それに立ち向かうスリルを感じる。試合が終わる。勝敗の結果よりも、プレーの質を省みて、相手に感謝の気持ちを示す。

試合で負けているなど、選手が厳しい立場に立っているときは、相手から逃げる方法を探すよりも、「いま自分にできることは何か」、「どうしたら対戦相手を自分自身のために役立てることができるか」という基本的な問題について考えさせる。マラソン選手なら、三十二キロ地点でほかのランナーに追い抜かれたとき、あきらめたり追いつこうとしたりするよりも、その選手を八百メートルほど先導役として利用しようと考えることで、その状況を好転させることにつなげるのだ。そうすることで気持ちを楽にすることができる。結果的に「パートナー」から「力」をもらい、思いもよらないほど粘り強くなっていることに気づく。すばらしいライバルのおかげで、自分自身の新しい一面を発見することができるのだ。

4 助け合いの精神

選手は、仲間の成長を助けることによって、勝負強さを鍛えることができる。ここで重要なのは、練習のときに互いに競争し合い、全力で真剣にわたり合うことだ。チームのリーダー役をひとりかふたりだけに任せるのではなく、選手全員に体験させる。一シーズンあるいは一週間交代で、チームとスタッフ全員でキャプテンを選ぶ。キャプテンに選ばれた者は、試合開始のコイントスといった細かいことにも気を配り、代表として審判と話し合ったり、必要に応じてミーティングを開いたりする。

だが、「キャプテンに任命された者だけが本当のリーダー」という勘違いにおちいらないように注意すべきだ。全米選手権で優勝するようなチームに共通していえることは、リーダーシップとは、チーム全員の役割であり、ほかの選手を励まし、模範的態度や尊敬の念、礼儀、忠誠心を示すことであるということだ。練習中につねにチームメイトが上達するのに役立つようリードするのだ。このようなことをしない選手はリーダーではなく、チームの足を引っ張ることとなってしまう。リーダーシップを発揮し、チームへ貢献するいろいろな方法を意識するようになることで、リーダーとしての尊敬を得られるよう指導しなければならない。

選手同士が互いに協力し合うよう指導することも重要だ。上手な上級生が新入生にプレーや練習方法を指導する。上級生と新入生でペアを組ませ、上級生が教育係となり、後輩にチームのシステムや技術・練習方法などを教えるようにする。

重要なのは身分や立場ではない。勝ったときも負けたときも、うれしいときも悲しいときも、長くつらい道のりをともに耐え続けるたいせつさを教えるのだ。ミーティングのときに、円陣を組んで感謝の気持ちを述べ、お互いに気持ちを伝え合う。ミーティングで自分をどう表現するかは、試合中に自分のプレーをどのように発揮するかということでもある。つねに協力、友情、援護、相互の尊敬、思いやりをたいせつにしながら、勝利を目ざすように心がけさせる。これはスポーツを通して学ぶことのできる絶対的真理であり、すばらしい人生を送るためのコツでもある。

5 オープンな精神で

コーチとは、権威者であり、選手やスタッフ、その他の関係者にとってはとくに改まったことば遣いや態度をとるべきポジションにある人だ。たいていのコーチは自分が知らないことは何もないと信じているか、または、知らないことがあってもそれを認めようとしない。しかし、プロとして、自身の能力をじゅうぶんに発揮したいのなら、新しい情報や考え方などを柔軟に受け入れるようにしなくてはいけない。ベストセラーとなった『禅へのいざない』のなかで著者の鈴木俊隆氏はこう述べている。

「初心者の心には多くの可能性が秘められているが、権威者の心にはそれがほとんどない」

ときには、心を「白紙状態」にし、意識をあらゆる可能性に集中することによって、何かが得られることもある。偏見や固定観念は、環境に順応するときのマイナス要素となる。われわれはいつも、山のような計画や心配ごと、問題などにわずらわされている。その結果、あらゆる可能性に集中することができず、自分の仕事を効率よく処理できないでいるのだ。

そういうわけで、私たちは、寛大で、柔軟性に富み、偏見のない、穏やかで、目の前の課題へ集中力を高めてくれるような「初心者の心」から何かを得ることができるはずだ。コーチも選手も、精神統一の訓練によって、特定の瞬間に集中すべきこと以外はすべてを心から締め出すことができれば、そこから得るものは大きい。

精神統一は、練習や試合のなかで、目の前の重要な課題の細部に集中する助けとなるテクニックだ。

シカゴ・ブルズの選手とスタッフは、ビジョンの実現へ向けて集中力を高めるために、瞑想とイメージトレーニングを学んだ。

『シカゴ・ブルズ　勝利への意識革命』（P.21参照）のなかで、コーチのフィル・ジャクソンは、チームのビジョン（目標と任務）をコート上で日常的に達成するために、どのように精神統一のテクニックを利用したかを記している。精神統一のおかげで、周囲のいろいろな要素に悩まされたり気をそらされたりしそうなときでも、自分たちのビジョンをはっきりと維持することができた。

シカゴ・ブルズの選手とスタッフは、ビジョンの実現へ向けて集中力を高めるために、瞑想[*73]とイメージトレーニングを学んだ。これをおこなうことで、攻撃や防御を実際にやっているような感覚を抱くことができた。もちろん、このような方法に反発して、なかなか受け入れようとしない選手もいたが、選手に強制しなければならないということではない。シカゴ・ブルズ

*73 **瞑想**　禅僧からじかに教えをうけ、瞑想を欠かさないほど「禅」に傾倒。彼はペンテコステ派の牧師をつとめる厳格な両親のもとに生まれ育ったことと無縁ではないかもしれない。ともあれ、「禅」の道にその手がかりを求めたジャクソンのコーチングフィロソフィーが本書の著者J．リンチの理念と通じるので、本書の「推薦のことば」の寄稿に応じたものと思われる。

のなかでも、柔軟な精神をもっている選手は、練習のなかから多くのことを学んだ。瞑想とイメージトレーニングを継続することによって、選手の習得プロセスを早め、集中力を高め、自信を強め、より高度なレベルで安定感のあるプレーができるようになった。

最初は、このような練習方法に対して選手はとまどうかもしれないが、一、二週間、毎日の練習に取り入れ、結果を見るようにすすめたい。プレーが慎重になり思慮深くなっていることに気づくはずだ。コートを離れた日常生活のなかでも、その効果を実感するであろう。選手たちは、よりリラックスできるようになり、何かを生み出すようになり、集中できるようになった。精神の訓練には時間がかかる。筋肉と同じく、精神を鍛えて強くするには、毎日伸ばしたり動かしたりする必要がある。コーチも選手も、この日常的な訓練が、最高のプレーを実現するためにいかにたいせつであるかを肌で感じるだろう。メリットはたくさんある。円陣を組むだけで、何もしなくてもチームに一体感が漂うのもそのひとつだ。

選手たちがこのような可能性について受け入れない場合、この方法が、いかに自分の種目に要求される課題と結びついているかを具体的に説明し、重要性を理解させ、選手が受け入れるよう促すこともできる。このようなイメージトレーニングによって、いかに心が明晰になり、「いま」という瞬間に集中できるようになり、意見や価値判断、外部の「雑音」から解放されるかということを示そう。この精神的訓練は、選手が新たな技術を身につけるプロセスをも促すだろう。精神統一は、心的・感情的障害からわれわれを解き放ち、「いま」という瞬間に集中することを可能にしてくれるのだ。

! 精神統一は、集中力、やる気、リラックス状態を維持し、つねに実力を最大限発揮することができる有効な方法である。

1. 心の雑念を拭いさる

精神統一で重要なことは、どの選手もたいせつな試合の前に経験する消極的な考えや疲労感、苦痛などをうまく処理する方法を見つけることだ。これらの要因は、選手のなかに自己喪失や恐怖、心配、ストレスを生じさせるような要素をつくり出してしまう。ミーティングを開き、トップレベルの選手でも自己喪失や恐怖を抱くものだと選手たちに話す。全米チャンピオン、世界チャンピオン、オリンピック選手、そしてNCAA代表選手のすべてが、このようなメンタル面でのプレッシャーと闘ってきたのだ。それを乗りこえる方法は、どの選手も同じで、日々の瞑想とイメージトレーニングしかない。試合前や試合中に、消極的な考えや気持ちが生じたときには、自分自身にこう言うのだ。

「いまはこの試合を終えることで手一杯だから"お前"に関わっている暇なんてない。試合が終わったら、"お前"の相手をしてやるよ」

消極的な考えと対話をすることで、不安要素が自分のなかに存在していることをきちんと受けとめることができ、それゆえ、その不安を払拭することができるのだ。消極的な考えを無理やり締め出そうとしたり、そのような考えが存在しないふりをしたりすると、かえって消極的な考えを強めてしまうことになる。そういったことに労力を費やすと、問題をさらに複雑にしてしまう。この方法は、疲労を感じたとき、練習中に自信をなくしたときや試合中にも効果を発揮する。

2. 瞑想

多くのコーチは、瞑想が有効だと言う。瞑想によって、意識を広げ、創造性を養い、選択肢の幅を広げ、自分とほかの選手のすばらしさを認め合い、心のなかにある「くだらない考え」をうまく処理できるようになる。日ごろから、コーチとしての意識を高めるために精神統一の訓練を重ねれば重ねるほど、リーダーとしての活力と影響力を実感できるのだ。

アイオワ大学のある有名なコーチは、次のようなエピソードを話してくれた。

練習の最初に精神統一のトレーニングをしたところ、選手は「これまでにないほど充実した練習ができた」と言ったという。選手の態度には、準備万端、気合いが満ちあふれ、全力プレーの気力に満ちているようすが強くあらわれていた。選手たちは、体も気持ちも「そこ」にあったのだ。コーチングスタッフもそのことに強く感動し、その日はふだんよりも充実した指導をおこなったのだった。

瞑想をしたり、精神を研ぎ澄ましたりする方法はたくさんある。たとえば、「呼吸視覚法」という方法だ。これはコーチと選手どちらにも有効だ。練習の二十分前、試合の一時間前に、精神統一の時間を八〜十分程度とる。この時間は、意識をロッカールームから試合場へと移していく時間となる。

1. いすに楽に座り、背筋を自然にまっすぐ伸ばし、両脚を自然に開いた状態にする。
2. 外部からの刺激をなくすために目を閉じる。
3. 目を閉じたまま、鼻からゆっくりと息を吸い込み、白い雲状の空気が肺いっぱいに入り込むようすを思い浮かべる。
4. 肺がいっぱいになったら、息を五秒間止めて、新鮮な空気が体の隅々に（つま先まで）行き渡るようすを思い描く。この呼吸が、緊張と有害毒素を消し去ってくれるのを想像する。
5. 鼻からゆっくりと息を吐き、毒素、ストレス、その他の有害なものに満ちた灰色の空気が、二酸化炭素として体外に排出され、自然にリラックス感が生じる感覚を味わう。そしてその黒ずんだ空気が消え去っていくようすを想像する。
6. 完全に息を吐き出した後、再び一、二秒間息を止め、肺の中ががらっぽになっている状態を想像し、その後、再び息を吸い込む。
7. このプロセスを最低七回繰り返す。そして、徐々に空気が体内に浸透し、両腕から指先へ、両脚からつま先へ達するようすを感じ取るようになる。

このような精神状態になると、深い安らぎを味わえるだろう。この段階に達したら、次に、精神統一のためのイメージトレーニングと約束のことばに集中し始めることができる。

3. イメージトレーニング

練習や試合で生き生きと積極的にプレーしている姿を思い浮かべよう。自分のもてる力を最大限に発揮している姿をイメージするのだ。完璧なプレーを想像するときには、できるだけ多くの感覚を取り入れるようにする――心地よい興奮やラケットを握った感覚、空気や芝生や汗の臭い、観客やチームメイトの声など。試合全体のようすを視野に入れ、全体を見渡すようにしよう。自分が望むプレーや、自分のすばらしさをアピールできるプレーを思い描こう。

4. 約束のことば

精神統一する過程の最後にくるのが、約束のことばだ。つまり、目標を強く宣言して、自分の意志を肯定的で確固たるものにすることである。たとえば、「勝敗や結果に関係なく、チャンピオンのようにプレーする」とか、「私はだれよりも強くたくましい。いつでも全力でがんばる」ということばを繰り返すのもよい。それを繰り返すときには、それを視覚化して、現実感を強めるようにする。「口に出し、目で見る」、これが秘訣だ。

デューク大学女子バスケットボール部が、この方法によって、大きな結果を出した。私がコーチに加わって一年目、精神統一のトレーニングによってNCAA選手権ファイナル4まで進出したのだ。

ヘッドコーチのゲイル・ゴーステンコルス（P.123参照）は、毎日練習前の十分間を利用した。ロッカールームの照明を落とすと、それが、呼吸視覚法による精神統一をおこなう合図となった。心を「無の状態」にして、これから始まる練習や試合をイメージし、自分の任務と作戦に集中し、最高のプレーをしている自分の姿を思い描かせた。こうすることで、自分の短期的・長期的目標への集中力をさらに高めることができた。たとえば、練習の目標を視覚化するだけでなく、NCAA選手権ファイナル4で試合をしている姿をも想像することで、練習前のモチベーションや意欲、責任感が高まったのだ。このような精神統一のトレーニングは、あらゆる選手のレベルを上げるためにきわめて重要だと、コーチとスタッフの意見は一致した。実際に、そのトレーニングの導入後、チームの結束と団結力がさらに強まるのを実感したのだ。

雑念のない状態にし、リラックスし、イメージトレーニングに適した状態をつくる方法はほかにもある。ハタ・ヨーガ[*74]を実践するチームもあれば、火のともったろうそくを円陣の中心に置き、ろうそくの炎をじっと見つめ、心を研ぎ澄まし、リラックス感と集中力を高めようとするチームもある。

呼吸視覚法を導入したチームが成果を収めたことからもわかるように、このトレーニングは時間をかけ、努力するだけの価値がある。選手の身体と精神を調整するために必要な要素（雑念のない状態にするための瞑想、イメージトレーニング、目標を確固たるものにするための約束のことば）がすべて含まれている。年齢や経験に関係なく、どの選手も、練習中や試合ではいろいろな雑念が入り込み、集中力が散漫になってしまうものだ。学業、社会生活、家族関係、恐怖、自信喪失、心配、疲労、な

*74 ハタ・ヨーガ
「ハ（ha）」は太陽、吸う息、窓、「タ（tha）」は月、吐く息、拡大を表し、「ハタ」は太陽と月、陽と陰がひとつに結ばれた意味。「現実を強く生きるヨガ」、「猛烈なヨガ」とも呼ばれる。ゆるやかなストレッチと呼吸法によって、精神統一と同様の効果を期待できる。

どが入り込み、意気込みや集中力、没頭することを妨害してしまう。そのため、雑念のない状態にすることが重要なのだ。「無」の状態はスポンジのようなもので、適切なイメージのなかに浸すと、まるでそのイメージが本物であるかのように、それを吸い取ってしまう。リラックスし、落ち着き、気力に満ち、集中した状態によって、選手とコーチは迷うことなく勝負に打ち込むことができるのだ。

! 精神統一によって、自分でコントロールできないことは気にせず、コントロールできることに対する自信をさらに高めることができる。

精神統一は、雑念を払い、身体をリラックスさせ、試合のいろいろな場面で確実に集中できる状態をつくる。これは自分をいわば迷いのない「無心の境地」に集中させていく、信頼できる効果的な方法だ。精神統一は、迷いを起こすような身のまわりの雑音をいっさい断ち、ゲームに対しての心の備えを整えるのに役立つ。自分がやれるプレーを明確にし、それに集中し、確固たる自信を回復させることができる。

すでに述べたが、プレーの質を高める方法として、選手たちが挙げた「四つの具体例」を思い出してほしい。選手はその四つを、毎日繰り返すべき課題としてチェックカードに記入し、それを見ることで、集中力を維持することができるのである。精神統一によるイメージトレーニングをしていると き、実際にプレーしている自分の姿を、生々しく想像させる。

精神統一の効果を最大限に引き出すには、毎日の練習のなかで継続することが重要だ。その日の決まった練習内容以上のことをする必要はないと思う人もいるかもしれない。しかし、自分ひとり、あるいはチームメイトといっしょに心を研ぎ澄まし、集中し、イメージトレーニングすることで、より短い時間でより効果的な練習をすることが可能になり、ひいては、集中していない長時間の練習から生ずる問題を避けることもできる。

何人かのコーチからの報告によると、精神統一を十分間おこなうと、通常の練習量を三十分早くこなしてしまう。つまり全体として、「一日二十分の時間を短縮できる」ことになる。精神統一の時間を取り入れることで、集中力、やる気、意気込みがさらに高まり、通常、より短い時間でより質の高いプレーをすることができるのだ。頭の半分を練習や試合に向け、もう半分がほかのことに向いている状態では、両者が入り混じり、目の前のことに専念することができなくなり、学習曲線は長くなるばかりである。練習時間のなかに、精神統一のための時間を八～十分間確保する。練習や運動（ウエイトトレーニング、循環器系トレーニング）の前に、精神統一を十分間おこなう。試合当日の朝に個人的にやるのもよいし、試合の一時間前にチーム全体でやってもよい。

過去十年間で、精神統一のトレーニングを実行した私のチームのうち、二十三チームが、全米大学選手権ベスト4へ進出し、十二チームが優勝した。同様に、過去十年で、同じトレーニング方法で指導した選手のうち二十一人が、全米チャンピオンになった。精神統一によって、最大の能力を発揮する可能性が確実に高まったことの証だ。

Coaching Point

1. 選手に心の準備を入念におこなわせる。そうすることで、完璧にコンディションが整った選手の実力を最大限に引き出すことができる。
2. 対戦相手を自分にとって「役に立つパートナー」とみなすことで、選手は、不安や緊張感から解放され、リラックスし、潜在能力を最大限に発揮できる。

スポーツで「ともに追求すること」は、ひとつの技術であり、それを洗練させていくには時間を要する。この新しい方法に注目することで、かつての敵があなたの教師になったり、逆にあなたがかつての敵の教師になったりして、協力し合いながら、想像していなかった質の高いレベルへ到達することができるのだ。これによって、選手は、リラックス状態と集中力を維持しつつ、文字どおり最高の状態で、どのような試合の場にも臨むことができるのだ。

第9章

勝負から学び取る

Succeeding Through Victory and Defeat

Creative Coaching

勝利の多くは「勝とう」と思っても得られるものではなく、ゲームの展開の結果として生まれるものだ。

「勝利」と「敗北」を、努力の結果として並列させることを不思議に思うかもしれない。それには意味がある。というのは、敗北もまた、最後に勝利を獲得するために必要な要素だからだ。敗北をうまく使いこなせて初めて、勝利が訪れる。失敗に耐え、それを受け入れなければならない。それができたとき（負けたことをぐっと飲み込み、負けは負けと吹っ切れたら）、肩の力は消え、相手から学ぼうと謙虚になり、今度こそ勝とうという気持ちになる。これこそまさに「敗北による成功」にほかならない。

結果を出し続けてきたコーチのように、私もまた自分のコーチングの成果は数ある失敗がもたらしてくれた副産物だと思っている。失敗することで、試行錯誤して、進歩し続ける方法を学び、長い時間をかけて失敗の意味を正しく理解できるようになる。失敗から学ぼうとする態度をたいせつにすれば、失敗は価値ある経験となる。これを実現するには、失敗を受け入れ、最後に成功する手段として生かさなければならない。何かを失うことによってのみ、貴重な何かを得ることができるのだ。

1 失敗から学ぼう

こんにちの卓越したコーチたちのなかには、就任当初からすばらしい結果を出せなかった人もいる。コーチK（P.174参照）がデューク大学で指導し始めた最初の三年間は、まさに手探りも同然だった。強豪ぞろいのアトランティック・コースト・カンファレンス（ACC）で、三年間で十三勝二十九敗とまったくさんざんだった。しかし彼は、「人は失敗から学ぶ」ということ、「逆境のなかから重要なものが生まれる」ということがわかっていた。この信念で、選手たちが辛抱してがんばり、学び、徐々に上達できるように教えようと決意した。この方針はぜひ見習いたいものだ。有能なコーチは、自分の失敗を、未来の成功に向かって積み上げていく「踏み台」として生かしているのだ。

! 敗北や挫折や失敗は、成功するための貴重な教師である。

ＮＣＡＡ男子バスケットボール界のランキング一位というケンタッキー大学が、ホームコートで、サウスカロライナ大学に予期せぬ敗北を喫したとき、選手たちはひどく落ち込んだ。ところが、コーチのリック・ピティーノ（Rick Pitino）[*75（次頁写真）]は逆だった。このときこそ、何かを学び、よりよいチームをつくるためのチャンスだと考えた。敗北から学べることをすべて受けとめた。そして、敗北を教訓としてたいせつにし、試合態度を反省するよう、選手たちに言い聞かせた。そうすると「チームが自信過剰になっていた」、「プレーの真剣さが足りなかった」、「責任を果たさなかった」ということばが選

＊75　リック・ピティーノ
［1952～］
シラキュースダ大学、ハワイ大学でアシスタントコーチを経験した後、1978年にわずか25歳でボストン大学のヘッドコーチに。その後、NBAニューヨーク・ニックス、プロビデンス大学、再びニューヨーク・ニックス（ヘッドコーチ）を経て、1989年、ケンタッキー大学のヘッドコーチとなる。1996年にはチームをNCAA選手権優勝に導いた。
（Photo by Jonathan Daniel/Getty Images/AFLO）

手からもれてきた。選手たちに問題点を気づかせ、それを克服するのに必要なことを教える教師として、彼は敗北を生かしたのだ。それ以降、チームはNCAA選手権を勝ち続け、二年連続決勝に進出し、アリゾナ大学に惜敗した。選手たちは、後のシーズンや人生にとって貴重な教訓をいくつか学んだ。省みれば、この敗北はつらいものであり、立ち直り、教訓を学べるようになるまでには時間がかかった。だが、しばらくして、よりはっきりと事態を認識できるようになり、ひとつ上のレベルに達するために必要なものは何かを理解できるようになったのだ。

　優秀なコーチや一流選手は過去に多くの挫折を経験している。だが、「失敗こそ最高の教師」だということを理解しているので、その教えに耳を傾け、前進することができた。マイケル・ジョーダンは、高校二年生のとき、チームから外された。だが、彼を励まし続けてくれた〝指導者〟（ジョーダンの父親）のおかげで、再び挑戦し、さらに強くなったのである。[*76]

記録に残る選手は「敗北によって勝利が得られる」という教訓を理解している者ばかりだ。結果を出せるコーチは、選手の過去の失敗を振り返り、その経験がどんなに価値のあるものかを選手に理解させ、選手も自分も、この教訓を明確に把握するように心がける。試合のあとにビデオで確認し、「ここから何を学ぶことができるだろうか」と尋ね、内容について話し合うのも価値あることだ。日誌をつけさせたり、試合のあとのアンケートに答えさせたりすることを習慣化し、一対一の話し合いや全員のミーティングで意見を出し合うようにする。知っていること、できることのほとんどは、過去の失敗や挫折のおかげであることを選手に言い聞かせ、気づかせる。選手というものは、このようにして学びながら上達していくのだ。

*76 **さらに強くなった**
高校二年時に身長（一八〇センチ）が低いことを理由にチームメンバーからはずされる苦渋を味わうが、身長が伸びた三年時には二五点のアベレージを残すプレーヤーに成長した。

2 敗北に耐える

仏教では、「百本の矢の失敗があってこそ、的の中心に矢が命中する」という考え方がある。アーチェリーでは、一流の射手こそ、いちばん失敗を経験しており、一流選手こそ、もっとも多くミスをしているものだ。一流選手と二流選手の最大の違いは、一流選手は何年もかけて失敗、挫折、敗北に対する忍耐力を養ってきていることだ。だれも敗北を快く思う者はいない。だが、一流選手は、敗北を自

一流の射手こそ、いちばん失敗を経験しており、一流選手こそ、もっとも多くミスをしているものだ。

分の学習と成長のために必要な要素だということがわかっている。そして、そこに学ぶべきものがあることを知っている。的に向かって何本も矢を放ち、ねらいを修正する。何本も失敗したからといって、決してあきらめない。結果の出ない選手のほとんどは勝利の可能性が見え始める前にあきらめてしまっているのだ。結果を出す者は、失敗をたいせつにする。嵐のような状態に耐え、自力でそこから脱出するための「手がかり」を見つけだすことができるからだ。勝者にとって、敗北は貴重な資料であり、そのおかげで、一流のプレーとはどのようなものかを理解することができるようになるのだ。

！ 勝者はだれよりも多くの失敗を経験している。

結果を出せるコーチは、「失敗は何としても避けなければならない」という旧来の考えを超越した指導を自分にも選手にも心がけている。潜在能力を最大限に発揮できるようなチャンスがあるならば、たとえリスクをともなおうとも、それに挑戦させようとする。そして、選手が逆境を真摯に受け入れ、挫折を前向きな方法で跳ね返すのを助けるのである。選手はコーチを通して、敗北を後の勝利につなげる方法や、危機を上達のチャンスに変える方法と同様に、失敗にどう耐え、受け入れるかについて学ぶのである。

選手が敗北に耐えられるようになるために、次に示すことの背景を選手に説明して、試してみてほしい。これは、結果を出した多くのコーチが実践したものだ。

✓すべての身体技能は（それがいかに高度なものであれ）、つねに試行錯誤によって完成していく。

赤ん坊が直立歩行を覚えるようす（人間が習得する身体的技術のなかでもっとも難しいもの）や、自転車の乗り方を覚えるようすを思い出させる。そして、何度も何度も転んでは立ち上がって、覚えていくことを説明する。

✓有能な選手は、失敗のなかから自分が何を学んだかを明確にし、その経験を、より質の高いレベルに達するために役立てていることを知る。

優秀な選手やチームが試合で大敗し、そこから何かを学び、その経験を活用した実践例を具体的に話す。

✓スポーツでも人生でも、つねに成功し、好成績を残せる者などひとりもいないことを納得させる。

浮き沈みがあるのは当然で、勝つときもあれば負けるときもあることを理解させる。

✓思いがけない失敗や敗北を経験したときに、「自分を責める」無意味さをわからせる。

深刻になりすぎても何の解決も生まれないことをわからせる。

✓失敗は破滅ではない。

落ち込んでもよい。全力で戦った結果、失敗・敗北したのであれば、いままでどおり必要な選手であることを伝え、今後もチームの一員としてがんばるように言う。

✓失敗は、すばらしい人生経験の一部である。

ほんとうの失敗、おそらく唯一の失敗といえるのは、「成功のために挫折がいかに重要であるかを理解しようとしないことだ」ということをよく説明してわからせる。

✓失敗を避けては通れない。

「失敗する者」と、「いつか失敗する者」のたった二種類の選手だけが存在する。だから、徐々に失敗の価値を学び取っていくように理解させる。

失敗を受け入れ創意工夫することで、選手の進歩を助けることができる。つまり、積極的にリスクを利用する環境をつくるのだ。失敗することが認められている――この環境なしに結果を出すことはできない。さらに、選手に対して思いやりの気持ちをもつ。どのように敗北や失敗について感じるべきで、それがチームにとってどれだけたいせつかを伝えるのだ。思いやりをもって、失敗を恐れず挑戦し続けようとする選手の勇気を評価し、ことばをかける。失敗してもよいのなら、選手たちは、成功と失敗を繰り返しながら、思いきって自分の長所を発見しようと努力し続けることができるのだ。

失敗をして自信を失う選手もいる。そこで、結果を、勝敗や記録だけでとらえるのではなく、いろいろと分析することがきわめて重要になる。試合で負けても、内容的にうまくいった点を具体的に指摘しよう。選手は、勝利を実感できるほかの基準をもっている必要がある。それは、スコアボードの点数とは異なった基準で示されるものなのだ。うまくできたことを示してくれる細かいことでいいのだ。「失敗を恐れない勇気＋思いやり＝成功」という挑戦の方程式における思いやりの重要性を忘れないことだ。

挑戦せずに失ったものと、成功できずに失ったものとは違うのだということを教える。何にでも挑戦するように勇気づけ、たとえ失敗したとしても、いつかは成功すると確信させることがたいせつだ。

！ すべての技術は失敗を通して進歩する。
　失敗もまた進歩の過程の一部であると。

3 外面的な勝利と内面的な勝利

スタンフォード大学フットボール部の前ヘッドコーチ、ジャック・エルウェイ（P52参照）は、かってこう言った。

「うちのチームは、ここ何年も勝ち続けているよ。ただスコアボードの点数はそうなっていない」

南カリフォルニア大学男子バスケットボール部のヘッドコーチ、ヘンリー・ビビー（P.94参照）は、NCAA選手権での過酷な戦いに敗れた後、こう言った。

「うちのチームは負けてはいない。でも、どういうことかわかってくれる人は少ないだろうけど」

このふたりに限らず、このような優秀なコーチは、「勝利」ということばを、結果や勝敗だけに限定せず、より広い意味でとらえているのだ。数字の上の勝利も重要だが、心や精神・努力の面での勝利も同様に重要なのだということを知っているからである。この内面的な勝利とは、困難を乗りこえ、徐々に上達し、自己ベストを更新し（ジャンプの距離やタイムなど）、肉体を限界まで鍛え、潜在能力を引き出し、発揮することを指している。自信喪失や恐怖、失敗、うぬぼれにうち勝つことができたとき、コートで勝利を手にすることができるのだ。

コーチは、勝利や成功には多くの側面があることを説明し、重要かつ意義ある勝利の意味を選手（あるいはチーム全体）に理解させなければならない。ここでは、そのような指導を実践し、選手ひとりひとりが理解するにはどうしたらよいか、具体的な方法をいくつか提示する。当然のことながら、先に述べた、敗北から学び、学ぶことによって「勝つ」というとらえ方が重要だ。

ジェノ・オーリーンマ（Geno Auriemma）という優秀なコーチは、コネチカット大学女子バスケットボール部をつねに最高レベルの水準に維持していた。自分の理念と方針を理解できる選手を入部させ、もちろん勝利を追求しているが、重要視するのは勝利だけではない。正しいことをすることが重要なのだということや、勝利とは得点だけではなく、基本を忠実にプレーするよう努力することだと細心の注意を払いながら教えた。それができれば、質の高いレベルがおのずと付いてくるのだ。よい結果を出すには、この過程を何度も繰り返さなければならないと考えている。真の内面的な勝利とは「ものごとを正しくおこなう」ことなのだ。

アーカンソー大学女子サッカー部のヘッドコーチであるアラン・カークアップ（P.33参照）も、ライバルのフロリダ大学とのカンファレンス決勝戦で、内面的な勝利を経験した。フロリダ大学と同じ競技場に立つこと自体、だれも予想しなかったが、アーカンソー大学は、接戦の末、３対４で惜敗した。しかし、この内面的な勝利によって、選手たちはさらに自信を得て、次のシーズンに向けてさらに強いやる気を示した。強豪チームと対戦する機会に恵まれることで、自分たちの予想以上の実力を発揮できることがわかったのだ。勝つことへのこだわりから解放されたことで、リラックスした最高の試合をすることができた。選手たちは真剣にプレーし、自分の潜在能力を実感できたのだ。

1．一歩ずつ確実に

勝利を望まない人などいない。得点するのは、勝ちたいという気持ちがあるからだ。勝つことで、自分の成功をより客観的に実感することができる。しかしあまり勝利にこだわりすぎると、コーチと選手に大きなプレッシャーがかかり、プレーをさらに上達させるために必要な感情や思考、精神、肉体の成長が妨害される危険性がある。

勝利ばかりを気にしてしまうと、スポーツ教育を通して培われる「スポーツマンシップ」が失われてしまう。『スポーツ・イラストレイテッド』誌が一九九〇年に、アレゲーニー大学のダニエル・サリバン（Daniel Sullivan）学長にインタビューをしたとき、このことを話題にしている。「アメリカの大学に対する社会的信頼が損なわれてきている理由としては、多くの大学によっておこなわれるＮＣＡＡディビジョンⅠ・Ⅱにおける大学対抗戦にあると考えられる。大学組織自体が、勝利ばかり追い求めてみずからの清廉さを汚している。それなのに、授業では知を探求し、目的意識と奉仕意識をしっかりもった人生について学ぶことの清廉さを教えることなどは、もはや困難かつ矛盾にも近い。だが、本学運動部は違う」と学長は誇っている。

勝利をたいせつにするが、同時に、スポーツとは、喜びと楽しみを生み出しながら、選手の人間としての潜在能力を啓発する手段だと考えている。この考え方こそ、運動部としての方針の肝心な部分なのである。

周囲に認められるために勝利を追求すると、大きな不安とストレスに苦しんでしまう。なぜなら、結果をコントロールできる人などいないからだ。このような状態では、勝利の見通しははかないものになってしまう。それを変えるには、自分がコントロールできること（技術、プレー、心構え、態度など）をうまくこなすことに、意識を集中させる。勝利の意味はひとつではないという考えを重視するのだ。伝統的な意味での〝勝利〟は一過性のものだが、すばらしいプレーは繰り返しずっと続く。

優れた結果を出せるコーチたちは、選手が少しずつ確実に前進しながら、練習や試合中によいプレーをするように絶えず注意している。練習の後、スタッフはめざましい働きをした選手について話し合い、厳しい練習、熱心な努力、高い基準へのこだわりなど、勝つためのあらゆる方法について話し合うのだ。この考え方を理解できるように、初日からそれを説明し、それぞれの項目を、練習中・試合中にスタッフに記録させる。また、コーチがこれらの項目を重視しながら選手の動きを見ていることを、選手自身に意識させる。深い意味での勝利（精一杯の努力、精神力、スポーツマンシップ）が認められた選手を、週間優秀選手として表彰するというアイディアもよい。

!　勝利とは、高いレベルのプレーを達成するために積極的に努力する姿勢を意味する。

2. 的を射た選手への質問

勝利にこだわらないということは、勝利への意志がないということとは違う。「勝利の必要性」とは、勝つことのみを目的と考えてしまうことである。このような考えは、すばらしいプレーや綿密な作戦をうまく実行したときに得られる真の価値を減じてしまう。この必要性から選手を解放するため、プレーの前に的を射た質問をおこなう。

一般的に、選手は「自分は何をすべきなのか」と考える。その答えはたいてい、勝敗に関するものになる。たとえば、「得点しなければならない」、「敵を倒さなければならない」、「タイトルをとらなければならない」などである。勝敗をコントロールすることはできないから、自信喪失や恐怖、ストレスに悩まされることになり、その結果、プレーの質が下がってしまう。このような事態を避けるために、「自分はどうあるべきか」と質問し、考えて答えさせることで、自分のできることに集中させることが可能だ。選手は大胆さや勇敢さ、根気強さ、リラックス、柔軟性、心構え、情熱、勇気などを意識するようになる。このようなことに集中すると、選手はリラックスし、自信と力を得ることができるのだ。自分ができることを自由に試すことができれば、プレーのレベルを上げることができる。

勝利へ導くために、こう質問するのも有効だ。

「全力でプレーするということは、どういうことだろう。”全力で戦う“ということを、目に見えるかたちで示すことができるだろうか」

”全力で戦う“という感覚を思い浮かべ、それを五分間繰り返させる。あとでこのことを思い出させたいときは、思い浮かべた際に得た感覚を手がかりとして使うとよい。ミーティングで、勇気や大胆さ、勇敢さ、熱意、情熱とは何を意味するのかを選手に考えさせ、さらにこう質問する。

「それを実際にはどのようなかたちで示すことができるだろうか」

3．チャンピオンのように

話し合いの場で、「チャンピオンのようにプレーしてみたいか」と質問してみる。チャンピオンのプレーとはどういうプレーか、特徴、態度、動きについての具体例を四つ挙げて定義させる。たとえば、チャンピオンは得点に関係なく、ルーズボールにも積極的に飛び込み、全力で攻撃に参加し、全力で防御に戻り、得点をリードされていても決してあきらめない。種目によって違いはあるが、選手は勝者がするようにふるまえば勝てるのである。私は新しくチームや選手にかかわると、きまってこのような問答をやった。そして勝利を目ざして前向きになるようなことばを彼らに紹介したものだ。

チャンピオンの特徴を明確にしたら、そのなかから自分自身に取り入れてみたいものを選ばせる。そして、練習や試合のたびに、それらの特徴を実践させ、チャンピオンになったつもりで真剣にプレーするように指示する。約束のことばを作成して、選手に署名させる。ミーティングのときに、選手からの回答をすべて集め、各選手の課題をお互いに見せ合うことで、選手ひとりひとりの使命感が強まる。何試合かやってみて、自分の現時点でのレベルをより深く理解していくことで、その課題は達成できる。この方法は一シーズンずっと使えるし、何度でも繰り返すことができるのである。

最後に、選手全員につぎのような「決意表明」をさせる。

「勝つか負けるかわからないが、一流のチャンピオンのつもりでプレーする（チームが定めたチャンピオンの特徴に従いプレーする）」

これによって、選手やチームは、勝たなければならないという義務感から解放され、プレーすることだけに集中できる。

この「決意表明」を、これまでの全米チャンピオンは、頂点を目ざす過程で利用してきた。たとえば、オリンピック陸上競技選手のリジャイナ・ジャコブス（Regina Jacobs：一五〇〇、五〇〇〇メートル走）とジェイソン・ピラー（Jason Pyrah：一五〇〇メートル走）は、どちらも世界クラスの選手だが、全米チャンピオンを目ざす過程でこれを活用していた。ふたりはこう言っていた。

「勝敗はともかく、全米チャンピオンのように、力強く精一杯走ろう」

ときに自信がないことをコーチとスタッフに打ち明けるのをためらう選手もいるだろう。そのようなとき、「どんなにすばらしい選手でも、自信を失うことがあるものだ」などとことばをかけて、選手の気持ちを和らげる。そのことばによって選手はリラックスし、「自分も自信を喪失することがあってもおかしくない」ことをすなおに受け入れられるだろう。そして、選手にこう言ってみる。

「自分がコントロールできないことに自信をもてるはずがないだろう」

できないことに努力しても無駄だということを理解したら、自分がコントロールできることに自信を見つけるように導く。実はそれが「勝つためにはこうしたらいいのだ」という示唆にほかならない。勝敗にこだわらず、自分のできることに専念し、それを楽しむように言う。そうすることによって、選手は「これが真の勝利だ」と感じ取るに違いない。勝利への自信は実にもろい。だが、それを再びつくるのは並たいていのことではない。大敗続きのあとであれば、なおさらだ。

スピードスケート選手のダン・ジャンセン（Dan Jansen）がその例だ。彼は、一九八四年から一九九四年の間の何年も、世界の第一シードの地位を守り続けた。だが、三回連続オリンピックの五〇〇メートルに出場したが、そのいずれにおいても結果を残せなかった。彼はかつてないほどの自信喪失を味わったにちがいない。世界ランキングの正しさを証明するには、勝負に勝たなければならない。しかし、オリンピックの決勝では勝てなかった。五〇〇メートルで勝つチャンスはもうなかった。コーチは、一〇〇〇メートルへの出場を提案し、「結果にこだわることなく、のびのびと、楽しんで滑るように」とアドバイスした。勝利のプレッシャーから解放されたジャンセンは、チャンピオンの滑りをよみがえらせ、一九九四年に新記録を出して金メダルを獲得した。試合で結果を出すには、まず勝利へのこだわりを捨てなければならないという「真理」を、彼は実証して見せたのだ。

！　勝利にこだわらず、どのようにプレーするかという点に集中すれば、自信をもち続けることができる。

選手に自信を取り戻させるには、どんな状況においても、自分が能力を発揮できることを実感させることが重要だ。「どのようにプレーするか」に集中することはこの点からも有効な方法だ。重くのしかかったプレッシャーを和らげる方法は何かを探り当てなければならない。どうなるかわからない結果についてメドも立たないうちからあれこれ言うのではなく、勝敗はゲーム中の瞬間、瞬間にどれだけ磨き上げた技術と覚え込んだ知識を発揮して相手と戦えるかどうか次第だと、選手によく噛んで含めることだ。この考えを説き込むことで、選手が精一杯がんばれる環境が整うのだ。ジャンセンの例にならって、本来とは違うレースやポジション、役割を試しに経験させてみてもよいだろう。「勝敗を度外視してプレーできるチャンス」を与え、楽しませるのだ。

Coaching Point

1. 「失敗とは何かを失うことではなく、何かを得る機会だ」とわからせることで、質の高いプレーをすることが可能になる。成功への途上で経験する挫折をたいせつにすることが、実は非常に重要であることを選手に教える。
2. 勝敗にこだわるよりも、プレーの内容に集中するとき、勝利の可能性は大きくなる。

このふたつのことについて、ジョン・ウドゥン（P.13参照）が、著書『ウドゥン』のなかで、完璧に言いあらわしている。

「相手よりも多く点をとることだけが勝利ではない。真の勝利とは、身体的、精神的、心理的に、自分の実力をすべて出しきったときに、初めて得られるこの上ない心の静けさのことを言うのだ」

第10章

心理作戦をほどこす

Implementing Mental Tactics

Creative Coaching

過酷な練習をするのではなく効率的な練習をしよう。対戦相手がつらい練習で疲れている間に、休息をとって相手に勝つための準備を整えよう。

結果を出しているコーチは、効果的な心理作戦をうまく取り入れている。失敗を恐れず、失敗にうまく対処し、敗北から学び、その一連の過程がうまくいき、選手の潜在能力を引き出すことができる段階に達したら、最大限の力を発揮する最終段階として、心理作戦を用いるとよい。ここでは、試合前に相手よりも優位に立てるよう精神面の簡単な作戦について述べる。試合中、自分ができることにつねに集中できる選手には、この作戦を用いるとよい。雑念を締め出す能力が磨かれれば、状況に応じて冷静に、相手を欺き、驚かせる簡単な方法で、敵に対し優位に立つことができるのである。

1 相手を欺く

いまやバスケットボール界における伝説的コーチであるハンク・アイバ（P.74参照）は、かつてこう言っていた。

「勝負は、いかに相手を欺くかだ」

相手を欺く技は、すでに何千年も前に、多くの人に読まれていた戦術書である孫子の『兵法』のなかに、いろいろな作戦のひとつとして述べられている。簡潔に説明すると、敵を効果的に欺くには、実際の計画とは反対のこと、あるいは事実とは逆のことを相手に見せればよい。そして、相手よりも優位に立つには、相手に知られないうちに相手をよく知ることが重要である。ただし、敵をだましても、自分の選手をだまさないように。相手を欺くための行為を、選手がそうであると混同しないように注意しなければならない。対戦相手には、自分の弱さや準備不足を印象づけておきながら、実はそうではない、このうその情報は、メディアや対戦相手を欺くためのもので、チームの確固たる信条とはもちろん、まったく違うということを選手によく言い含めておく。相手のことに過剰なまでに関心を示すのはこの作戦のときだけにし、それよりも、自分がコントロールできること、実現可能なこと、試合で何をしなければならないかということに集中することが重要だということを忘れてはならない。敵を欺く作戦は、一見単純なようだが、強力な効き目を発揮するのだ。

！　敵に手の内を明かさないように、無力で無能なようにふるまう。
自分の動きをだれにも知られないように、実際とは逆の動きを見せるのだ。

私が指導した全米チャンピオン級のある自転車選手は、この心理作戦をみごとに活用した。レース前に、彼はボディランゲージを使って、自分は相手にとって何の脅威にもならないように思わせる。こうすることで、相手を油断させ、相手が予期しないような行動に出るのだ。次に、自分のコンディションが悪いと相手に思い込ませる。たとえば「ずっと休息なしでやってきたから、すごく疲れている」、「もう一週間自転車に乗っていない」、「背中が痛む」といった具合だ。このようなことばを聞くと、相手は、彼の調子がよくないと思い込むだろう。そして自分の調子の悪さを話すと同時に、相手をおだて、意識的にもち上げる。調子が悪く、コンディションがよくないふりをすることで、相手を安心させ、自信過剰にさせるのだ。相手は彼のことを軽く見て、油断する。そしていざレースが始まると、電光石火のごときスピードで、ほかの選手を一気に抜き去るのだ。

この戦術を実に巧みに利用しているコーチもいる。主力選手にけがをしているふりをさせたり、練習では見せるだけのオフェンスをおこない、試合で、相手がまったく予想していなかった試合展開で叩きつぶしたりする。また、そのコーチは、相手をおだてるのもいとわない。相手チームがいかに強く、「勝つにふさわしい本命チームだ」いうことをメディアに強調し、相手をうぬぼれさせ、楽勝試合になると思わせるのだ。

2 不意打ち

もうひとつの有効な作戦は、不意打ちだ。相手は、どこから攻撃が迫ってくるかを絶えず気にしなければならなくなる。相手を欺く場合には、対戦相手やメディアに、相手を惑わせるような情報を提供するのだが、不意打ちの場合は、自分のもっている重要な情報を、相手に知られないように隠すだけである。これをうまくやるには、情報を隠し、相手がまったく予想していなかったような攻撃ができるような状況をつくらなければならない。相手が偵察報告から推測できないような、新しい作戦を実行するのが効果的である。ディーン・スミス（P. 8参照）が数年前に編み出したフォー・コーナー[*77]ズは、多くの人々を驚かし、バスケットボール界の常識を変えた。

自分の作戦を相手に知られないようにすれば、勝利のチャンスは大きくなる。状況に応じて絶えず編成を流動的に変化させ、敵の不意をつく才能である。しかし、選手が試合そのものに集中できず、ベストを尽くせない状態になってしまうほど、複雑な作戦をしないこと。たとえば、陸上やクロスカントリーの場合、ほかの選手がゆっくりとしたペースで走るようなところで、猛スピードで走るという作戦ならまだましだ。ヘンリー・ロノ（Henry Rono）をはじめ多くのケニア人フンナーは、この作戦を有効に利用している。ロノは集団のなかで走りながら、突然猛スピードで抜け出し、ほかの選手たちをあとに残して先行する。そのうちスピードを落とし、ほかの選手たちに追いつかれそうなふりをする。距離が縮まり、いまがチャンスと思ったときに、彼は再びペースを一気に上げ、追いすがる選手たちの士気を完全にふり切るのだ。

＊77　ボールを相手に奪われないようにキープしながら時間をかせぐ戦法。

3 適応力を身につける

ひとつの作戦に固執せず、適応力を養って、状況の展開に応じて変化することも、効果的な作戦のひとつである。ひとつのことに凝り固まってしまうと、変化に対応できずに壊れてしまう。一方、変化に対し、柔軟に適応することができれば、流動的に乗りこえていくことができる。適応力のある者が優位に立つのだ。選手は適応力を身につけなければならない。練習のなかで、オフェンスの選手がディフェンスの変化に適応できるような環境をつくることもひとつの方法だ。適応力は経験によって習得するものであり、それを養うためには、まず練習中に状況の変化に反応する機会を与えてやり、次にある状況における反応が効果的であったかどうかを、選手とコーチがいっしょになって話し合うことである。この話し合いを通して、選手とコーチは、試合で同じような状況に遭遇したときのために、もっとも効果的な適応方法を見出すことができるのだ。いろいろな状況について考えることで、選手とコーチは、事前に作戦を練ることができるし、もともとの「計画」を覆してしまうような試合状況になっても慌てずに適応することができる。

適応するということは、変化が生じたときに、もともとの計画や考え方を変えるということである。たとえば、競技場が土であったり芝生だったり、暖かい晴れた日が冷たい雨に変わることもある。スポーツで予測できることといえば、それが「予測不可能」だということである。それゆえ、適応力のある選手のみが、よいプレーをできるのだ。選手は、柔軟性と「流れに身をまかせる」能力を練習によって身につけていかなければならない。変化は決して障害ではないことを理解し、それに適応していくことができれば、試合において心理的優位に立てることは明らかである。変化に逆らおうとすると、緊張や不安、ストレスが生じ、プレーの質が落ちてしまう。

! 相手に不意打ちをされても、どんな変化にも適応できるようにする。柔軟に流れに身をまかせるようにすること。

コーチは選手の適応能力を高めることができる。試合で起こる変化を予測し、そのための準備をしておくのだ。あるフィールドホッケーチームは、ふだんは濡れた芝生で練習していた。芝生が濡れているとボールが跳ねないからだ。だがコーチは、試合場が乾いたフィールドになる可能性を考慮し、大会前にいろいろな状態のフィールドで練習させた。これによって、選手たちは適応力を養っただけでなく、どんな芝生でもうまくプレーできるという自信を深めることができた。決勝戦で、チームは乾いたフィールドでプレーすることになったが、コーチの「読み」のおかげで勝つことができた。

ときには、予想していなかったような変化が生じ、それに適応しなければならない事態が起きることもある。たとえば、決勝戦の開始時刻が、テレビ放映時間の都合で、直前になって変更されることもたまにある。オリンピックの決勝ではこのような事態は珍しくない。トラックに立ち、スタート直前に、スタートが予定よりも一時間遅れると言われたら、どんな気持ちになるだろうか。レースに参加する選手はだれもが気が抜けた状態になってしまう。多くの選手は、神経がいらだち、レース開始が気になり、集中力を失い、エネルギーを無駄に消耗してしまうだろう。試合開始の遅れを冷静に受け止め、その状況にうまく適応し、瞑想によってリラックスし、レースのイメージトレーニングなどをしながら時間を有効に利用できる選手は、ほかの選手よりもずっと優位に立つことができる。コーチは起こり得る緊急事態――天候、突然のテレビ放映のスケジュールによる遅れやコースの変更など――を予想し、試合本番の何週間も前から、状況にうまく対処できるようにメンタルトレーニングをすることで、効果的な準備を整えることができる。こうすることで、状況が変化しても、落ち着いて適応できるのだ。

あるバスケットボールのプレーオフの試合で、接戦のまっさいちゅうに、停電のため試合が四十五分間中断したことがあった。その時点では同点だった。一方のチームのコーチは機転をきかせ、選手を集め、ロッカールームへ連れて行き、全力でプレーしている姿のイメージトレーニングをさせた。もう一方のチームは、その場に立って、停電が終わるのを待っているだけだった。照明が戻り、試合が再開されると、ロッカールームでイメージトレーニングをしたチームは、立て続けに10点獲得し、圧勝した。相手チームは、集中力をなくしてしまっていたのだ。

試合中に起こり得るいろいろな要素や障害を見極めて、選手が状況の変化を受け入れ、それにうまく適応できるようになるようトレーニングさせる。だが、あらゆる不測の事態をシミュレーションするのは不可能だ。予期せぬ事態に備えた最善・最適な方法は、その状況を恐れずに適応することである。いかなる状況の変化にも適応することが重要であることをわからせていれば、実際にそのような事態が起こったとき、それがどのようなものであっても、適応する心構えができており、自信をもって適応することができるだろう。そして、対戦相手が思いがけない攻撃や守備をしてきても、柔軟に対応し、流れに身をまかせればよいとわからせる。いろいろな状況に適応する自分の姿をイメージさせる。頑固で柔軟性がないと、最後にはひびが入って砕けてしまう。柔軟に適応できる選手は、変化に適応しながら、いろいろな状況に対処し、勝利へと結びつけていく。

4 平静さを保つ

一般的に、選手が相手よりも優位に立つことができるのは、たとえ心のなかでは闘志が燃えていても、外見的には感情を抑え、平静さを保ち、そしらぬ顔をしているときだ。この状態を「静かな満を持した状態」と呼んでいる。このことは、コーチと選手のどちらにも当てはまる。怒りやいらいらや狼狽を態度に出してしまうと（ときにはこのような状況は避けられないだろうが）、自制心を失い、頭のなかが相手のことでいっぱいになっていると思われてしまう。とくに個人競技の選手は、感情が乱れ始めると、敗北へとつながってしまう。このような感情を表に出すと、気持ちが不安定になり、気が散ってしまうのだ。作戦として、感情にとらわれないようプレーすることが賢明である。テニスやゴルフはそのよい例だ。選手がクラブをへし折ったり、ラケットを投げつけたりすれば、対戦相手は、勝利を確信して内心ではにんまりだろう。

感情をあらわにしすぎれば、たいていの過剰行為と同様に、疲労、注意力散漫、決断力の喪失、困惑、そして不安定な精神状態を引き起こすことになりかねない。試合に闘志とやる気を注ぎ込んだ結果としての感情を表にあらわすべきだ。クロスカントリー・マウンテンバイクの全米チャンピオンでオリンピック選手のトラビス・ブラウン（Travis Brown）は、過酷なレースの優勝ゴールの瞬間、まるで大きな子どものように、両手を上げてにっこりと笑った。過酷で厳しいレースから解放されて初めて、彼は感情を表に出したのだ。

Coaching Point

1. 変化に富んだ、予測不可能な攻撃による不意打ちをかけることで、相手よりも有利に展開できる作戦を秘密にしておく。
2. できるだけ感情を抑え、冷静、無関心なようすを装う。

勝敗、競り合いについて、しっかりとした考え方を身につけていくのと同時に、これらの心理面の駆け引きを使うことで、結果を出せるコーチとして、どんな試合に臨んだときでも最高のプレーができる選手を育成し、さらに選手の実力を最大限に発揮させることができるようになるのである。

引用・参考文献

＊Associated Press (New York). 1996. Interview with Pete Sampras as reported on June 27. Cited on www. canoe.ca.

＊Bradley, Bill. 1998. *Values of the Game*. New York: Artisan.

＊Cleary, Thomas, trans. 1996. *The Book of Leadership and Strategy*, ed. Emily Bower. Boston: Shambala.

＊Dreher, Diane, and Lao-Tzu Tao Te Chung. 1997. *The Tao of Personal Leadership*. New York: Harper Collins.

＊Hannula, Dick, and Nort Thornton, eds. In press. *The Swim Coaching Bible*. Champaign, IL: Human Kinetics.

＊Jackson, Phil, and Hugh Delahanty. 1996. *Sacred Hoops: Spiritual Lessons of a Hardwood Warrior*. New York: Hyperion.

＊ Leonard, George Burr. 1975. *The Ultimate Athlete*. 1st ed. New York: Viking.

＊Libby, Bill. 1972. *The Coaches*. Chicago: Henry Regnery Company.

＊Looney, Douglas S. 1990. *More than a win*. Sports Illustrated 73(25), Dec. 17, 38-39.

＊Lynch, Jerry, and C.L. Huang. 1999. *Tao Mentoring*. New York: Marlowe and Co.

＊Sun-Tzu. 1984. *The Art of War*. New York: Delacorte.

＊Suzuki, Shunryu. 1988. *Zen Mind, Beginner's Mind*. Trumbull, CT: Weatherhill.

＊Wooden,John R. 1997. *Wooden*. Chicago: NTC/Contemporary.

【訳者　引用・参考文献】

第1章、2章

＊Blais, Madeleine. 1995. *In These Girls, Hope Is A Muscle*. A Time Warner Company.

＊ Feinstein, John, and Auerbach, Red. 2004. *Let Me Tell You a Story*. Little, Brown and Company

＊Gallon, Arthur J. 1974. *COACHING Ideas & Ideals*.1st ed. Houghton Mifflin Company.

＊Holbrook, James E, and Barr, Keith L. 1997. *Contemporary Coaching Issues and Trends*.1st ed. Cooper Publishing Company.

＊Martin, Carry L, and Lumsden, Joan A. 1987. *COACHING An Effective Behavioral Approach*.1st ed. Times Mirror/Mosby College Publishing.

＊Neal, Patsy. 1978. *Coaching Methods for Women*. 2st ed. Addison-Wesley Publishing Company.

＊Pieron, Maurice, and Graham, George. 1984. *Sport Pedagogy*. Human Kinetics Publishing Co., Inc.

＊Saboc, R.J. 1989. *THE COACH*. 1st ed. Human Kinetics Publishing Co., Inc.

＊Wolff, Rick. 2000. *Coaching Kids for Dummies*. IDG Books Data Group Company.

＊Wuest, Deborah A, and Bucher, Charles A.1999. *Foundations of Physical Education and Sport*. 13th ed. MCB McGraw-Hill.

＊ＣＴＩジャパン 訳『コーチング・バイブル』東洋経済新報社、二〇〇二年
＊朝日新聞 be編集部『一流を育てる』晶文社、二〇〇三年
＊織田淳太郎 著『コーチ論』光文社、二〇〇二年
＊勝田隆 著、河野一郎 監『知的コーチングのすすめ』大修館書店、二〇〇二年
＊久保正秋 著『コーチング論序説』不昧堂出版、一九九八年
＊嶋田出雲 著『スポーツ・コーチ学』不昧堂出版、一九九八年
＊高畑好秀 監『アスリート・コーチングＢＯＯＫ』池田書店、二〇〇五年
＊竹内靖雄 著『チームの研究』講談社、一九九九年
＊田近秀敏 著『実践ビジネス・コーチング』ＰＨＰ研究所、二〇〇三年
＊日本スポーツ方法学会コーチ学研究委員会『コーチ学入門』一九九四年（非売品）
＊「コーチングの極意」『潮』二〇〇四年五月
＊「特集　勝利への執念」『潮』二〇〇四年八月
＊「特別企画　人材育成の要諦」『潮』二〇〇六年二月号
＊パトリック・Ｊ・マッケナ／デビッド・Ｈ・マイスター著、井上原弓訳『初めてリーダーとなる人のコーチング』日経ＢＰ社、二〇〇三年

第3章、5章、6章、7章

＊相田みつを、佐々木正美 著『育てたように子は育つ』小学館、一九九九年
＊伊藤守 著『絵で学ぶコーチング』日本経団連出版、二〇〇三年
＊岡田武史、平尾誠二、古田敦也 著『勝利のチームメイク』日本経済新聞社、二〇〇三年
＊勝田隆 著、河野一郎 監『知的コーチングのすすめ』大修館書店、二〇〇二年
＊小出義雄 著『女性を活かす人育て術』二見書房、二〇〇〇年
＊酒井雄哉 著『ただ自然に　比叡山・千日回峯行』小学館、二〇〇六年
＊野老稔ほか 著『コーチングスキル構築のための基礎的研究』スポーツ方法学研究、二〇〇五年
＊中村和雄『心をこめて』スポーツイベント、一九八九年
＊二宮清純 著『スポーツを視る技術』講談社、二〇〇二年
＊日本スポーツ方法学会『コーチ学入門』日本スポーツ方法学会、一九九四年
＊ハーバード・ビジネス・レビュー編集部 訳『コーチングの思考技術』ダイヤモンド社、二〇〇一年
＊平尾誠二 著『人は誰もがリーダーである』ＰＨＰ研究所、二〇〇六年
＊松下幸之助著『指導者の条件』ＰＨＰ研究所、一九九七年
＊宮下充正、石井喜八 著『運動生理学概論』大修館書店、一九九二年
＊モーガン・ウットン 著、水谷豊ほか 訳『バスケットボール勝利へのコーチング』大修館書店、一九九四年
＊柳田邦男 著『言葉の力、生きる力』新潮社、二〇〇二年
＊山崎純男『続・チームを創る』日本文化出版、一九九四

年
＊李想白 著『指導籠球の理論と実際』春陽堂、一九三〇年
＊レイナー・マートン著、猪俣公宏 訳『メンタル・トレーニング』大修館書店、一九九六年
＊ローバート・W・クリステナ、ダニエル・M・コーコス著、豊田博ほか 訳『スポーツ技術の指導』大修館書店、一九九八年

第4章、8章、9章、10章

＊Abdul-Jabbar, KAREEM, and McCarthy, Mignon. 1990. *KAREEM.* Random House.
＊Allen, Phog. 1996. *The Father of Basketball Coaching.* Master Press.
＊Feinstein, John. 1989. *Forever's Team.* Simon & Schuster Inc.
＊Mellen, Joan. 1989. *Bob Knight: His Own Man.* Avon Books.
＊Rice, Russell. 1994. *Adolph Rupp: Kentucky's Basketball Baron.* Sagamore Publishing Inc.
＊Riley, Pat. 1988. *Show Time.* Warner Books.
＊Rupp, Adolph F. 1957. *Rupp's Championship Basketball.* Prentice Hall.
＊Smith, Dean. 1981. *Basketball, Multiple Offense and Defense.* Prentice Hall.
＊Smith, Dean. 1990. *A Biography.* John F. Blair Publisher.
＊Wooden, John. 1980. *Practical Modern Basketball.* Wiley.
＊アーノルド・アウエルバッハ 著、竹市行男 訳『アウエルバッハのバスケットボール』日本文化出版、一九七五年
＊ジェリー・クロウゼ 編、水谷豊ほか共訳『バスケットボール　コーチングバイブル』大修館書店、一九九七年
＊ジョン・ウドゥン、ビル・シャーマン著、日高明 訳『プレーヤーとコーチのための図解バスケットボール』ベースボールマガジン社、一九七六年
＊ジョン・ファインスタイン著、桜井真紀子ほか 訳『瀬戸際に立たされて』日本文化出版、一九八九年
＊鈴木俊隆 著、紀野一義 訳『禅へのいざない』PHP研究所、一九九八年
＊テックス・ウィンター 著、笈田欣治 監訳、村上佳二、森山恭行 共訳『バスケットボール　トライアングル・オフェンス』大修館書店、二〇〇七年
＊ビル・ウオルシュ、グレン・ディッキー 著、秋元諭宏 訳『NFL　王者の哲学』タッチダウン、一九九二年
＊フィル・ジャクソンほか 著、中尾真子 訳『シカゴ・ブルズ勝利への意識革命』PHP研究所、一九九七年
＊ボブ・グリーン 著、土屋晃 訳『マイケル・ジョーダン　リバウンド』文芸春秋、一九九五年
＊ボブ・ナイト、ピート・ニューエル 著、笠原成元 監訳『ウィニング・バスケットボール』大修館書店、一九九二年
＊モーガン・ウットゥン 著、水谷豊、野老稔、笈田欣治ほか 訳『バスケットボール勝利へのコーチング』大修館書店、一九九三年
＊ラルフ・J・サボック 著、大神訓章ほか 訳『ザ・コーチ』日本文化出版社、一九八八年

【脚注　引用・参考文献】

第1章

＊1 http://en.wikipedia.org　＊2 http://en.wikipedia.org
＊3 http://en.wikipedia.org, http://www.cstv.com　＊4 水谷豊訳『バスケットボールその起源と発展』　＊5 http://www.basicfamouspeople.com　＊6 http://ja.wikipedia.org　＊7 http://en.wikipedia.org, http://www.imdb.com　＊8 http://ja.wikipedia.org　＊9 http://www.ncaa.com, http://wikipedia.org, http://www.hoophall. com　＊10 http://www.ncaa.com, http://en.wikipedia.org
＊11 http://www.ncaa.com, http://en.wikipedia.org　＊12 http://www.ncaa.com, http://en.wikipedia.org, http://www.cstv.com
＊13 http://www.nba.com, http://en.wikipedia.org　＊14 http://ja.wikipedia.org, http://en.wikipedia.org　＊15 http://www.ncaa.com, The New York Times, March 6, 2002"　＊16 http://en.wikipedia.org ＊17 The Official Site of Patriot League, http://umterps.cstv.com　＊18 http://en.wikipedia.org, http://www.nba.com
＊19 http://en.wikipedia.org　＊20 http://www.nba.com, http://ja.wikipedia.org　＊21 http://www.ncaa.com, http://en.wikipedia.org
＊22 http://www.ncaa.com, http://en.wikipedia.org, http://www.nfca.org, Arizona Daily Wildcat　＊23 http://www.ncaa.com, http://en.wikipedia.org, http://www.activejoints.com　＊24 http://www.marquette.edu'http://en.wikipedia.org　＊25 http://www.cstv.com, http://atmizzou.missouri.edu　＊26 http://www.soccerfla.com, http://www.bayoaks.net, 2005 Women's College Directory, Gator Soccer Coaching Staff@GatorZone.com　＊27 http://www.calvarymemorial.com, http://www.keepbelieving.com　＊28 http://en.wikipedia.org, http://www.dallasnews.com, http://d3. zedo.com
＊29 http://en.wikipedia.org, http://www.canoe.ca　＊30 http://ja.wikipedia.org　＊31 http://en.wikipedia.org, http://ja.wikipedia.org, http://www.spopara.com　＊32 http://en.wikipedia.org, http://www.sfgate.com

第2章

＊33 http://www.onlinesports.com, http://www.goslugs.com, The NorCal Call-Winter 2002　＊34 Bradley, Bill. 1998. Values of the Game. New York:Artisan.　＊35 http://hooppedia.nba.com, http://en.wikipedia.org　＊36 http://en.wikipedia.org, http://www.nytimes.com　＊37 http://www.profootballhof.com, http://en.wikipedia.org　＊38 http://www.nba.com, http://en.wikipedia.org
＊39 http://en.wikipedia.org, http://www.bookrags.com

第3章

＊40 http://en.wikipedia.org, http://query.nytimes.com　＊41 http://en.wikipedia.org　＊42 http://www.nytimes.com　＊43 http://www.onlinesports.com, http://www.goslugs.com, The NorCal Call-Winter 2002　＊44 http://sports.jrank.org, http://findarticles.com, http://en.wikipedia.org　＊45 http://en.wikipedia.org, http://www. hickoksports.com

第4章

＊46 http://sports.espn.go.com, http://en.wikipedia.org　＊47 http://ja.wikipedia.org　＊48 http://www.nba.com, http://ja.wikipedia.org　＊49 http://www.livestrong.org, http://en.wikipedia.org
＊50 http://en.wikipedia.org　＊51 http://www.noramsports.com, http://www.cstv.com

第5章

＊52 http://www.badensports.com, http://en.wikipedia.org
＊53 http://www.hoophall.com, http://www.aakp.org　＊54 http://umterps.cstv.com, http://www.cstv.com　＊55 勝田隆 著、河野一郎 監『知的コーチングのすすめ』大修館書店　＊57 http://www.ncaa.com, http://en.wikipedia.org

第6章

＊58 松本剛史 訳『パーフェクトマイル』ソニー・マガジンズ　＊59 酒井雄哉 著『ただ自然に　比叡山・千日回峯行』小学館　＊60 http://en.wikipedia.org, http://football.about.com, http://www. profootballhof.com　＊61 http://en.wikipedia.org/http://football.about.com　＊62 http://en.wikipedia.org　＊63 ロバート・W・クリスチナ、D・M・コーコス 著、豊田博 他訳『スポーツ技術の指導』大修館書店　＊65 http://www.olympic.ca, http://www.cbc.ca, http://www.ishof.org

第7章

＊66 http://www.selectaspeaker.com, http://en.wikipedia.org, http://www.runningbuzz.com　＊67 http://www.selectaspeaker.com, http://en.wikipedia.org, http://www.runningbuzz.com　＊68 FIBA. A CONCISE DICTIONARY OF AMERICAN BASKETBALL
＊69 http://en.wikipedia.org　＊70 http://en.wikipedia.org
＊71 http://en.wikipedia.org　＊72 http://en.wikipedia.org

第8章

＊73 http://en.wikipedia.org, http://www.nba.com　＊74 内藤景代 著『綺麗になるヨガ』実業之日本社

第9章

＊75 http://en.wikiped a.org, http://www.nba.com　＊76 ボブ・グリーン 著、土屋晃 訳『マイケル・ジョーダン リバウンド』文藝春秋

第10章

＊77 ラルフ・J・サボック 著、大神訓章他 訳『ザ・コーチ』日本文化出版

あとがき

いきなり、話が十六世紀に遡ってしまうのですが、〈コーチ〉という語はハンガリーのとある町 Kocs（'コーチ'）で作られた二輪・四輪の荷馬車のことを指し、のちにスペルも英語では現在の 'coach' となりました。やがて大型馬車を意味するようになり、そこから派生して、鉄道の普通客車・長距離や観光用の大型バスなどを意味するようになったのです。（だから、英和辞典にはそういう意味が含められています。）それが一八四〇年代に（あるいはそれよりもちょっと前に）オックスフォードやケンブリッジの大学で学生が「受験指導をおこなうプライベートな家庭教師」という意味で使うようになりました。さらに一八八〇年代に「スポーツ競技—とくに競漕—で選手を訓練する者」も「コーチ」と呼ぶようになり、クリケットでも同じように使われ始め、十九世紀末には今日のスポーツ界で認識されている意味が定着しました。

他方、いつのことであるのか、正確に特定する知識を持ち合わせていないのですが、「ここ数年、日本の企業で広まってきた〈コーチング〉という考え方は、"人間の個性を尊重し、伸ばしていく"という発想に基づいている」とし（本間正人『最高の能力を引き出す　コーチングの教科書』、まえがき）、一九五〇年代からコーチングはスポーツ界とは異なる分野（マネジメント）でも注目されるようになりました（前掲書、P.21）。二〇〇〇年代に入ると、副題が「人がよりよく生きるための新しいコミュニケーション手法」という『コーチング・バイブル』（原題：Co-Active Coaching の和訳書）

や『実践　ビジネス・コーチング』(田近秀敏)が刊行されました。後者では国際コーチ連盟の定義「コーチングとは個人及び組織が急成長し、さらに満足できる成果を創り上げることを手助けする対話型のプロセスである」が紹介されているのです（P.7〜8)。また、これとは別に「コーチングと聞いて、スポーツのスパルタ指導のようなものを想像される方がいるかもしれません。つまり、"コーチ＝スポーツ活動の指導者"というイメージです。しかし、それは必ずしも正しくありません」と指摘されています（本間正人、前掲書、P.20)。

それはともかく、"コーチ＝スポーツ活動の指導者"という実態のもと時が経つなかで、さまざまなコーチング指南書が出版されました。今日、アメリカでは全国中高協会連盟（NFHS）が採択している『サクセスフル・コーチング』(Rainer Martense：SUCESSFUL COACHING Human Kinetics)というコーチ教本が知られています。もちろん単一種目のコーチングを解説したものではなく、広くスポーツに共通する「うまくいくコーチング」を説いたもので、アメリカではベストセラーのコーチングマニュアルとされています。

さて、ここまで述べてきましたことを背景とするかのように、長いことスポーツのコーチングに関わっているアメリカのジェリー・リンチ博士が『クリエイティブ・コーチング』(CREATIVE COACHING)を上梓しました（Human Kinetics, 2001)。直訳すれば「創意に富んだコーチンク」となります。私たち（笈田・野老・水谷）は表紙の「あらゆる種目の選手とチームのポテンシャルを最大限引き出す新しい方法」というキャッチフレーズに注目しました。内容はこれまで私たちがかじってきたバスケットボールだけではなく、他の種目の成功事例も引きながらの分析と「勝たせる・結果を出せるコーチング方法」の提言でした。初めに（私たちには及ばない難題かもしれないという）ためらいもありましたが、「勝たせるには、結果を出させるには、こういうコーチングの考え方もあるよ」というような読み物風にまとめてみようと翻訳に取り組んだのが本書です。したがって、原著の逐語訳書になっていません。そのエッセンスからできる限り逸れないようにしつつ、部分によっては削除・補筆・加筆して翻案していることをお断りしておきます。また、登場するコーチや選手の姿がイメージできるように、おいたちやエピソードを訳者注（＊印）の形で加え、原著にはない写真も掲載しました。（用いた主な参考・引用文献を巻末に載せました。）

校正の段階になって、私たちが感じたのは「人間は一人一人異なるし、チームの特徴も一様ではないので、それに適切にフィットさせていくコーチングとはまさに〝生きもの〟だなあ」ということでした。そして、本書のネーミングは「こころのコーチング」とか「コーチングの不易」「選手の主体性を生かすコーチング」……などではどうかと話し合いました。つい最近、こういう私たちの実感が当たらずといえども遠からずの書が刊行されました（原口佳典『人の力を引き出すコーチング術』）。それによると、コーチングとは「よりよいコミュニケーションを行えるようにするという目的に対して〝役に立つ技術〟を集めて作り上げたコミュニケーションスキルアップの体系」と定義されているからです（P.24）。さらに、一九七二年に刊行された『インナーテニス』というヨガを生かした斬新なコーチの手法を説いた書を取り上げ、「勝つことは単なる結果でしかない。大切なのは、プレーヤーが自分の最高のパフォーマンスを発揮することであり、コーチができることは、試合で最高のパフォーマンスを発現できるようにしてあげることなのだ」ということも紹介されているからです（P.40）。省みると、本書は（ひとえに私たちのちから不足ゆえのことですが、）最初の意気込みからはいささか空振り気味の内容になってしまいました。その外聞をはばかることなく、あえて次のような言葉を読者の皆様に贈りたいと思います。先ほど述べたアメリカのNFHSが採択しているコーチ教本の『サクセスフル・コーチング』に書いてあるものです。

本書は駆け出しコーチのために、
長いキャリアで得た知識を洗い直し、見直し、さらに広げたいベテランコーチのために、
そして、とくに数種目を担当する高校コーチや子どもたちを教えるコーチのために
書かれた。

＊

本書を構想して大修館書店の平井啓允氏に説明したのはもう五年も前のことになります。私たちの愚考に耳を傾けて下さって本書が実現しました。心から厚くお礼申し上げます。そして、校正刷りにこぎ着けるまでの推敲では飯笹奈津子氏に根気づよく多くのご示唆をいただきました。感謝の気持ちでいっぱいです。編集段階では粟谷修氏にいつものように書き尽くせないほどお世話になりました。このたびも、ほんとうにありがとうございました。

二〇〇八年三月　水谷　豊

［訳者紹介］

水谷　豊（みずたに　ゆたか）
岐阜県生まれ。
1966年東京教育大学体育学部卒業。
1973年東京教育大学体育学部体育学研究科修士課程修了。
現在、武庫川女子大学教授。
担当：第1章，2章　ほか

笈田欣治（おいた　きんじ）
大阪府生まれ。
1964年東京教育大学体育学部卒業。
現在、関西大学教授。
担当：第4章，8章，9章，10章

野老　稔（ところ　みのる）
千葉県生まれ。
1968年東京教育大学体育学部卒業。
現在、武庫川女子大学教授。
担当：第3章，5章，6章，7章

[著者紹介]

ジェリー・リンチ（Jerry Lynch）

1942年生まれ。

アメリカ西海岸のカリフォルニア州サンフランシスコの南に位置するサンタクルーズでタオスポーツヒューマンポテンシャル・センターを創設。同ディレクターを務める。スポーツ心理学者として20年以上にわたってアメリカのプロ、オリンピック代表、大学のさまざまな種目の多くのコーチや選手と現場で取り組んできた。かつては長距離ランナーとして全米選手権や地区選手権で活躍し、選手生活を終えた後、年少者や高校の選手やコーチの指導を手がけた。

これまでに7冊の著書を出版している。なかには『Running Within』（Human Kinetics, 1999）、『Working Out, Working Within』、『Thinking Body, Dancing Mind』という七カ国語に翻訳されている好著もある。このような書がNBA（全米バスケットボール協会）のサンアントニオ・スパーズ、シカゴ・ブルズ、デトロイト・ピストンズ、クリーブランド・キャバリアーズのコーチや選手に読まれていたことはよく知られている。

PGA（全米プロゴルフ協会）、NFL（全米フットボール連盟）、NBAの選手やコーチたちのアドバイザー役も務めている。グローバルレベル（世界選手権やオリンピック）から国内レベル（NCAA選手権）まで、幅広く数多くのコーチや選手と現場をともにしてきた。さらに、定期的に全米各地でコーチングクリニックを開いている。

こういった実績については、『スポーツイラストレイテッド』誌などの専門雑誌やニューヨークタイムズ、ワシントンポストなどの各紙に取り上げられている。また、自身も『Runner's World』誌（ランニングスポーツ専門誌）の「メディカルトレーニング・アドバイス」というコラムのアドバイザーを務めており、『Velo News』誌（サイクリングスポーツの専門誌）にも寄稿している。ほかにもフィットネストレーナーの専門組織のウエブサイトの編集や寄稿もおこなっている。

選手《せんしゅ》の潜在能力《せんざいのうりょく》を引《ひ》き出《だ》すクリエイティブ・コーチング

NDC783 ／ xvi，321p ／ 19cm

初版第1刷—— 2008年5月15日
第2刷—— 2010年9月1日

著　者———ジェリー・リンチ
訳　者———水谷《みずたに》　豊《ゆたか》／笈田《おいた》欣治《きんじ》／野老《ところ》　稔《みのる》
発行者———鈴木一行
発行所———株式会社　大修館書店

〒101-8466 東京都千代田区神田錦町 3-24
電話 03-3295-6231（販売部）　03-3294-2359（編集部）
振替 00190-7-40504
[出版情報] http://www.taishukan.co.jp

装丁／扉デザイン————井之上聖子
本文デザイン————飯笹奈津子
表紙カバー／本文イラスト——太田秀明
編集協力————錦栄書房
印 刷 所————厚徳社
製 本 所————司製本

ISBN978-4-469-26616-0　　Printed in Japan